AF198822

Mensch Macht Mörder 2100
Verfall der Umgangsformen?

Horst Hanisch

© Erste Auflage: 2020 by Horst Hanisch, Bonn

Bibliografische Information der Deutschen Nationalbibliothek: Die Deutsche Nationalbibliothek verzeichnet diese Publikation in der Deutschen Nationalbibliografie; detaillierte bibliografische Daten sind im Internet über dnb.dnb.de abrufbar.

Der Text dieses Buches entspricht der neuen deutschen Rechtschreibung.

Die Verwertung der Texte und Bilder, auch auszugsweise, ist ohne Zustimmung des
Autors urheberrechtswidrig und strafbar. Dies gilt auch für Vervielfältigungen, Über-
setzungen, Mikroverfilmung und für die Verarbeitung mit elektronischen Systemen.

Die Ratschläge in diesem Buch sind sorgfältig erwogen, dennoch kann eine Garantie
nicht übernommen werden. Eine Haftung des Autors und seiner Beauftragten für Per-
sonen-, Sach- und Vermögensschäden ist ausgeschlossen.

Aus Gründen der einfacheren Lesbarkeit wird auf das geschlechtsneutrale Differenzie-
ren, zum Beispiel Mitarbeiter/Mitarbeiterin weitestgehend verzichtet. Entsprechende
Begriffe gelten im Sinne der Gleichbehandlung für alle Geschlechter.

Idee und Entwurf: Horst Hanisch, Bonn

Lektorat: Alfred Hanisch, Bonn; Annelie Möskes, Bornheim

Buchsatz: Guido Lokietek, Aachen; Horst Hanisch, Bonn

Umschlag: Christian Spatz, engine-productions, Köln; Horst Hanisch, Bonn

Fotos/Zeichnungen: Sofern nicht anders angegeben: Horst Hanisch, Bonn

Herstellung und Verlag: BoD – Books on Demand, Norderstedt

ISBN: 978-3-7494-9999-1

Mensch Macht Mörder [2100]
Verfall der Umgangsformen?

Horst Hanisch

Inhaltsverzeichnis

Inhaltsverzeichnis

Prolog

„Seid gut zueinander"

Glaube immer – und du wirst wohl dabei fahren – dass die Menschen nicht halb so gut sind wie ihre Freunde sie schildern, und nicht halb so böse, wie ihre Feinde sie ausschreien.

Adolph Freiherr von Knigge
(1752 - 1796)

Unterstützendes zwischenmenschliches Miteinander

Das Wort Knigge steht als Synonym für zwischenmenschliche Umgangsformen. Wer sollte etwas gegen freundlichen und respektvollen Umgang miteinander einzuwenden haben? Trotzdem waren Knigges (Adolph Freiherr von Knigge, 1752 – 1796) Ideen nicht jedem recht und seine Ausführungen umstritten.

Knigge setzte sich scharfen Angriffen aus. Er ließ sich aber nicht beirren und setzte sich durch sein energisches Eintreten für die Ziele der Aufklärung ein.

Knigge arbeitete als Romanschriftsteller und Satiriker sowie als politischer Schriftsteller. Er gehörte den Freimaurern an.

Knigge ist auch heute noch vor allem durch sein Buch ‚Über den Umgang mit Menschen' (1788) bekannt.

Er beschreibt darin eine praktische Lebensphilosophie im Umgang mit Mitmenschen. Er gibt gutgemeinte Anleitungen und vielfältige Anregungen, wie mit den Mitmenschen ‚vernünftig' umzugehen ist.

Knigges Hoffnung baute darauf, dass Menschen glücklich und froh zusammenleben könnten. Sein damals erschienenes Buch war für kurze Zeit in fast allen Haushalten zu finden. Über 230 Jahre lang prägten sich seine Ausführungen im Bewusstsein der Leser als praktisches Handbuch über gutes Benehmen ein.

Über den Umgang mit Menschen

In seinen Inhalten geht Knigge auf ganz unterschiedliche Zusammentreffen ein, wie beispielsweise:

- Über den Umgang mit Leuten von verschiedenen Gemütsarten, Temperamenten und Stimmungen des Geistes und des Herzens (Erster Teil, 3. Kapitel)
- Über den Umgang mit Frauenzimmern (Zweiter Teil, 5. Kapitel)
- Über die Verhältnisse zwischen Herrn und Dienern (Zweiter Teil, 7. Kapitel)
- Über das Verhältnis zwischen Wohltätern und denen, welche Wohltaten empfangen; wie auch unter Lehrern und Schülern, Gläubigern und Schuldnern (Zweiter Teil, 10. Kapitel)
- Über den Umgang mit den Großen der Erde, mit Fürsten, Vornehmen und Reichen (Dritter Teil, 1. Kapitel)

Tausende Menschen schafften es, sich den Werten der sozialen Gesellschaft einzuordnen, sei es mit oder ohne Knigges Hilfe.

Tischsitten, Etikette, Umgangsformen bildeten sich im Laufe der Jahrhunderte – manchmal, wie in der politischen Diplomatie – bis ins kleinste Detail ausformuliert, aus. Die Regeln sorgten für Ordnung in Dörfern, Gemeinden, Städten und Staaten.

Festgelegte soziale Rolle

Allerdings waren auch vor Knigges Zeiten viele Regeln so strikt gefasst, dass sich der Einzelne aus seiner definierten sozialen Rolle kaum herausbewegen durfte.

Gut erkennbar ist das im Mittelalter bei den Ständen. Klerus, Adel, Bürger und Bauern – jeder befand sich in seiner ‚Kaste', hatte sich dementsprechend zu verhalten und sogar zu kleiden.

Hierarchien ergaben sich von Anfang der Menschheitsgeschichte an und wurden durch dieses Stände-Denken fast zur Perversion strikt durchgeführt. In den erwähnten Ständen zeigte sich klar, dass der Adelige mehr Rechte als der Bauer hatte. Die Hierarchie und damit die Macht und Kraft richteten sich eindeutig von oben nach unten.

Muckte einer aus der unteren Kaste auf, folgte sofort eine empfindliche Reaktion von oben. Der Höherstehende hatte (gesetzlich definierte) Macht über den anderen – und nutzte diese in der Regel schamlos aus.

Es war einfach so – bestimmt von einer göttlichen Macht; so war es zumindest, auch wenn die Regeln von Menschen geschaffen wurden.

Obwohl die detaillierten Regeln der Umgangsformen eine Ordnung in der sozialen Stellung und den daraus abzuleitenden Verhaltensmustern vorgaben, baute sich hierdurch ungewollt vielmals große Ungerechtigkeit auf. Angst, Betrügereien, Lügen, Diebstahl, Übergriffe, Strafen, Kämpfe, Kriege und andere waren – und sind nach wie vor – die Folgen.

Der heutige mündige Mensch hat die Möglichkeit, rückblickend die entstandenen Ungerechtigkeiten und Fehlentscheidungen zu analysieren. Er hat die Intelligenz, grausame Vergehen der Vergangenheit nicht zu wiederholen. Er kann voraussehend planen, organisieren und so handeln, dass keine kriegerischen Auseinandersetzungen drohen.

Viele Einzelne und viele politisch Verantwortliche gehen entsprechend vor und sorgen für ein möglichst reibungsloses Miteinander.

Ein wirrer Kopf genügt

Bedauerlicherweise bedarf es nur eines ‚wirren Kopfes', um das feingliedrige Kartenhaus des friedlichen Zusammenlebens wackeln oder gar einstürzen zu lassen.

Die aktuelle weltweite Politik zeigt einige berüchtigte Beispiele diverser Staatenlenker. Diese betrachten nur ihre eigenen Vorstellungen als allein richtig, die sie anderen ohne jegliche Absprache aufzwingen wollen.

Sie erzeugen dadurch viel Durcheinander im Leben der Menschheit. Unglaublich hohe Geldsummen, kaum messbare materielle Werte und wichtige geschäftliche Beziehungen gehen für immer kaputt. Zulasten des Einzelnen und der Weltbevölkerung.

Muss das so sein? Weshalb schafft es die ach so gebildete Menschheit nicht, in Frieden und zum Wohle aller miteinander umzugehen?

Selbstverständlich und glücklicherweise gibt es genügend Menschen, die ein angenehmes und wertschätzendes Miteinander pflegen, wo immer es geht.

Allerdings zeigt sich bei genauer Betrachtung, dass es unzählige Menschen gab und gibt, die sich in einer ‚Grauzone' bewegen und andere, die sich für illegales und strafbares Verhalten entschieden haben.

Machte sich jeder die Mühe, etwas mehr von Knigges Gedanken ins eigene – reale – Leben zu übertragen, könnte sich vieles verändern. Viel Kleines ergibt Großes. In diesem Sinne ...

Zweifelhafte Charaktereigenschaft des Menschen?

Das Böse begehrt immer das Böse.
Euripides, gr. Dichter
(480 - 406 v. Chr.)

Der Mensch ist böse?

Der Mensch ist böse. Eine gewagte Behauptung. Oder doch nicht?

Die Frage nach ‚Gut‘ und ‚Böse‘ ist so alt wie die Menschheit. Immer wieder haben Wissenschaftler und Philosophen die Frage nach ‚Gut‘ und ‚Böse‘ gestellt. Eine eindeutige Definition scheint es offensichtlich nicht zu geben. Immanuel Kant (dt. Philosoph, 1724 – 1804) sagt: „Der Mensch ist von Natur böse.“

Dem widerspricht Jean-Jacques Rousseau, ein Schweizer Philosoph (1712 – 1778). Er vertrat die Meinung, dass der Mensch von Natur aus gut sei, erst die Gesellschaft ließe ihn böse werden. Er meinte: „Das Erste und das Wichtigste, was ein Kind lernen muss, ist, Leiden zu ertragen.“

Was stimmt denn nun? Eine der beiden Behauptungen oder doch beide, gegensätzlich wirkende? Hat der Mensch sowohl das Gute als auch das Böse in sich?

Schauen Sie sich ein Neugeborenes an. Was hat es Unrechtes getan? Nichts! Also ist es lieb.

Mehrere Jahre später kann das schon ganz anders aussehen. Das ehemalige „Ach so süße“ Baby hat bereits eine registrierte Serie von Straftaten vorzuweisen. Diebstahl, Bedrohung, Erpressung, tätlicher Angriff, versuchter Mord.

Wie konnte das geschehen?

Entwicklung der Charaktereigenschaften

Die Entwicklung des Kindes und damit sein Charakter werden zunächst durch die Eltern als Bezugsperson beeinflusst und später durch Erfahrungen in seinem sozialen Umfeld geprägt. Dabei können sich einschneidende Erlebnisse auf das spätere Leben als Jugendlicher und Erwachsener wie oben beschrieben auswirken.

Immer wieder behaupten Wissenschaftler, dass durch die Gene bestimmte Verhaltensweisen vorbestimmt seien. Sollte das so sein, haben sie einen Einfluss auf die Entwicklung der Persönlichkeit. Die Einbindung ins soziale Umfeld, die Erziehung und Ausbildung, die Geschehnisse im Leben lassen die möglicherweise schlummernden Charaktereigenschaften dadurch vielleicht etwas stärker ausgeprägt erscheinen als bei einem anderen Menschen.

Geklärt ist das alles noch lange nicht, sodass vorerst davon ausgegangen werden darf, dass jedes Individuum selbst aktiv dazu beiträgt, seine Verhaltensmuster auszuleben.

Mensch, Macht, Mörder

Der Buchtext ist in drei Kapitel gegliedert: Mensch, Macht und Mörder. Zuerst soll nachvollzogen werden können, weshalb es einem Individuum wichtig ist, zu überleben. Damit es sich und seine Art erhalten kann, scheint es lügen, tricksen, manipulieren zu müssen. Wohlgemerkt – ob es will oder nicht.

Nach wenigen Jahren kann der Mensch alle Tricks anwenden, um in der Gesellschaft bestehen und überleben zu können. Soweit kann das Verhalten als ‚in Ordnung' bezeichnet werden.

Im zweiten Schritt (und Kapitel) dreht sich der Themenbereich um Macht. In diesem Kapitel werden Beispiele gezeigt, welche Rolle die Ausübung von Macht, Status und Kraft im Leben einnimmt und wie sie praktiziert wird.

In dieser Phase ist nachvollziehbar, wie der Mensch seine Stellung in der Gesellschaft ausbaut. Einige Vorgehensweisen müssen als fraglich oder im Ansatz sogar als illegal bezeichnet werden.

Im dritten Kapitel, Mörder, geht es um Mord und Totschlag, um Attentat und Krieg. Es ist nicht immer leicht, manchmal sogar unmöglich zu entscheiden, ob das Vorgehen noch gut oder von vornherein (geplant) bereits böse ist.

Treffen zwei Kontrahenten aufeinander, empfinden sich (meist) beide im Recht. Sie fühlen sich ‚gut', sehen den anderen als schlecht, als ‚böse'. Genügend Beispiele sind bekannt, die das Böse im (anderen) Menschen offenbaren.

Manches brutale und aggressive Verhalten wird durch die Regierenden legitimiert. Außerhalb dieser Legitimation wäre das Vorgehen als illegal zu bezeichnen. „Du darfst niemanden erschießen – im Krieg schon."

Bedauerlicherweise lässt sich manches Individuum oder manche Organisation dazu hinreißen, bösartig, zulasten anderer, illegal vorzugehen. Tote säumen den Weg.

Dreiteilung

Mit dieser Dreiteilung soll der Gedankengang des Buches geordnet werden.

Mensch
gut und böse

Der einzelne <u>Mensch</u> will überleben und seine Nachfahren überleben lassen. Dazu muss er sich durchsetzen, was Raffinesse, Energie und oftmals Geld bedarf. Je kräftiger einer wird, desto mehr Macht kann er ausüben und gleichzeitig das Fortkommen der ‚eigenen Sippe' garantieren.

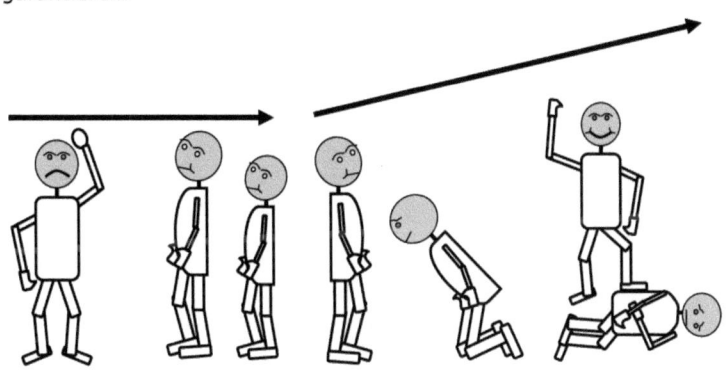

Macht

überwiegend böse

Allerdings: Wer einmal Macht geleckt hat (analog zu ‚Blut lecken'), will davon nicht mehr loslassen. Die erhaltene Macht wird gnadenlos geschützt und rigoros ausgebaut, wobei häufig die Grenze vom Legitimen zum Illegitimen überschritten wird.

Übergriffe, Verbrechen und Straftaten sind die Folgen.

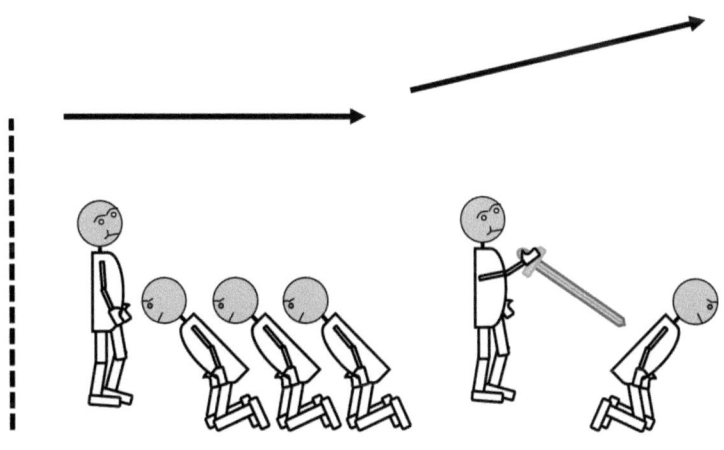

Unsichtbare Linie

Mörder

gewalttätig

Wer es zu weit treibt, wird zum Täter und – vielleicht – zum Mörder.

Überschreiten der unsichtbaren Grenze zur Illegalität

So wie das Wort ‚Gut' das Vollkommene meint, meint das Wort ‚Böse'
nichts anderes als den Verlust des Vollkommenseins.
Thomas von Aquin, it. Philosoph
(1224 - 1274)

Ab wann ist der Böse böse?

Wurde die unsichtbare Grenze überschritten, sind alle Dämme gebrochen. Das verbrecherische Verhalten wird immer extremer und ist schließlich kaum mehr zu rechtfertigen.

Welches Verhalten ist denn nun tatsächlich böse? Ist ein Mörder automatisch böse? Auch dann, wenn er seine/n Lebenspartner/in im Falle eines bewaffneten Angriffs nur durch das Töten des Angreifers schützten kann?

Einige Beispiele im vorliegenden Buch mögen das verdeutlichen.

Manche Frage in dieser Richtung lässt sich nur schwer oder gar nicht ‚richtig' beantworten.

Weiter sind alle aufgeführten Beispiele im vorliegenden Buch nur als solche zu betrachten. Sie wurden exemplarisch ausgesucht aus einer unüberschaubaren Fülle an weltweiten Vorkommen der vergangenen Jahrtausende. Der vorliegende Text ist nicht als jugendliches Werk zu betrachten.

Szenische Rekonstruktionen

Bewusst werden sogenannte ‚Szenische Rekonstruktionen' (fiktive Geschichten und Interviews) eingefügt, damit die Leserin, der Leser sich in die Gedankenwelt und die Gefühlswelt einzelner Personen und Situationen hineinversetzen kann. Diese Textteile sind kursiv dargestellt. Sie sind manchmal bewusst ‚schockierend' geschrieben, um Anstöße zum Nachdenken zu geben.

Es wurde versucht, aus möglichst verschiedenen Themen Beispiele zu sammeln. Natürlich gibt es viel, viel mehr Beispiele, die zu jedem Thema gepasst hätten. Liebe Leserin, lieber Leser, betrachten Sie die Auswahl deshalb als subjektive Auswahl des Autors.

Einige dieser Geschichten/Interviews sind aus der Perspektive des Täters, andere aus der des Opfers betrachtet. Täter heißt in diesem Zusammenhang meist frei erfunden, trotzdem möglichst mit Bezug zum historischen Geschehen oder realen Vorkommnis.

Nachdenken oder Kopfschütteln

Diese Textparts sollen zum Nachdenken oder Kopfschütteln anregen. Einige Beispiele werden der Leserin, dem Leser bekannt vorkommen und führen zur Bestätigung von selbst Erlebtem.

Andere werden neue Erkenntnisse bringen und möglicherweise Verknüpfungen mit bisherigem Wissen herstellen.

Einige erhalten schockierende Momente oder Beschreibungen. „War das wirklich so?", wird sich der eine oder andere fragen. „Wie kann jemand nur so etwas tun?"

Vielleicht schrecken manche der Informationen aus den Berichten auf, sodass ein eigenes Verhalten reflektiert wird. Dann ist ein großes Ziel dieses Buches erfüllt.

Es liegt nicht im Sinne des Autors, jede einzelne Situation als richtig oder falsch bewerten zu wollen. Das wäre sowieso eine subjektive Betrachtung und damit nicht allgemeingültig.

Es soll auch niemand in seiner eigenen Betrachtung oder politischen, religiösen, sexuellen oder gesellschaftlichen Einstellung beleidigt werden. Sollte sich trotzdem jemand beleidigt fühlen, gilt schon jetzt eine ehrlich gemeinte Entschuldigung.

Aha-Effekt

Vielleicht entsteht bei dem einen oder anderen ein Aha-Effekt, der zukünftiges Verhalten im Sinne des verstärkten, positiven Zusammenlebens fördert.

Deshalb werden immer wieder Hinweise gegeben, wie durch andere Einstellungen oder Betrachtungen zwischenmenschlicher Umgang optimiert werden könnte; beruflich wie gesellschaftlich. Natürlich bleibt die Entscheidung jedem selbst überlassen, ob und wie er sein Verhalten anpassen will.

Es ist kaum anzunehmen, dass nach 32 Millionen Jahren menschlichen Lebens mit den vorliegenden Überlegungen schlagartig alles ins Positive geändert werden könnte.

Könnte jeder Mensch ein klein weniger ‚böses' Verhalten zeigen, würde sich das menschliche Zusammenleben radikal ändern. Jeder trägt Verantwortung für die Zukunft.

Vielleicht lässt die Lektüre der vielen ungeheuerlichen Grausamkeiten unserer Vorfahren das eigene Verhalten in der Zukunft überdenken.

Wilhelm Richard Wagner (dt. Komponist, 1813 – 1883) meinte: „Wandel und Wechsel liebt, wer lebt."

Lassen Sie uns leben!

Ich wünsche viele Gedankenanstöße

Horst Hanisch

Teil 1 – Mensch

Das Lebewesen Mensch

Keine Wesenheit ist in sich böse. Das Böse hat keine Wesenheit.
Thomas von Aquin, it. Philosoph
(1224 - 1274)

„Ich will und ich muss überleben."

Die Natur hat es so eingerichtet, dass ein Lebewesen einer Spezies weiterleben soll. Da das Lebewesen seine Kräfte und Möglichkeiten nach einer gewissen Zeit aufgebraucht hat und schwächer wird, übergibt es der nachfolgenden Generation die Aufgabe, die eigene Art zu erhalten.

Dabei werden kleinere ‚Fehler' der Spezies korrigiert und neue Anpassungen im Verhalten und Körperbau vorgenommen. Das Lebewesen passt sich an; es optimiert sich.

Dieser Vorgang ist bei Pflanzen, bei einfachsten tierischen Lebensformen bis hin zum hoch entwickelten Homo Sapiens zu beobachten.

Vereinfacht ausgedrückt lässt sich behaupten, dass die Aufgabe des Lebewesens darin besteht, sich selbst beziehungsweise seine Art am Leben zu erhalten.

Widrige Natureinflüsse könnten einem Lebewesen die Lebensgrundlage entziehen. Die Art müsste sterben, genauer gesagt aussterben – und zwar für immer. Das widerspräche dem oben genannten Ziel des Überlebens.

Dem Menschen, der die Kraft der Reflexion besitzt, dürfte dieser Gedanke gar nicht zusagen. Aufgrund der menschlichen Entwicklung, der Entdeckungen und Erfindungen, die er im Laufe der Jahrhunderte machte, wird er alles Können und alle Macht daransetzten, seine Art zu erhalten.

Survival of the fittest

Dürfen wir den Erkenntnissen des britischen Evolutionsforschers Charles Robert Darwin (1809 – 1882) folgen, so bleibt dem Lebewesen – zur Erreichung des Ziels – lediglich übrig, sich den Gegebenheiten anzupassen.

Darwin nannte das ‚Survival of the fittest', übersetzt ‚das Überleben der Fittesten'. Dabei ist nicht zwangsläufig der körperlich Kräftigste gemeint. Laut Darwin ist die Muskelkraft nicht (immer) ausschlaggebend. Unter ‚Fittest' ließe sich auch der ‚Anpassungsfähigste' verstehen. Darwin übernahm den Begriff vom britischen Sozialphilosophen Herbert Spencer (1820 – 1903).

Derjenige (das Lebewesen), der den für sich optimalen Weg findet, seine Art zu erhalten, überlebt; wenn es sein muss, mit aller Macht.

Das klingt nach einer gewissen Raffinesse oder sogar nach Cleverness oder Intelligenz.

Wie das bei Pflanzen funktioniert, versuchen Forscher noch zu klären. Beim Menschen scheint das leichter nachvollziehbar zu sein, besitzt er doch die fantastische Möglichkeit der oben erwähnten Reflexion. Er kann sein eigenes Handeln durchdenken und gezielt vorgehen.

Das Lebewesen sucht und findet (scheinbar) automatisch nach dem für sich besten Ort, weiterleben zu können. Übrigens ohne Rücksicht auf andere Kulturen oder die Natur.

Der 1. Platz

So weit, so gut – oder doch nicht? Der beste Platz ist der beste, er lässt sich nicht steigern. Aus Sicht des Individuums ist das wunderbar.

Ein anderes Individuum derselben Art kann den besten Platz nicht mehr wählen, denn dieser ist ja bereits belegt. Also muss es mit dem 2. Platz zufrieden sein; mit dem zweitbesten.

Das dritte Lebewesen nimmt den drittbesten Platz und so weiter.

Der Erste hat einen großen Vorteil, er entwickelt sich prächtig; er kann sich gut entfalten. Der Zweite und alle folgenden müssen sich zwangsläufig einschränken. Etwas brutaler ausgedrückt: Der Erste gewinnt und bringt die anderen in eine schwächere Position. Die anderen verlieren.

Lebensalternativen

Erkenntnis: Derjenige mit dem besten Platz überlebt am ehesten. Übertragen auf den reflektierenden Menschen ergibt sich Folgendes. Der Zweitplatzierte (und alle anderen auch) erkennt, dass der beste, der erste Platz vergeben ist. Hieraus ergeben sich zwei Handlungs-Alternativen. Erstens: Akzeptieren, aufgeben, resignieren, mit weniger im Leben auskommen, ein schwächeres oder kürzeres Leben haben. Oder: Den ersten Platz streitig machen.

Den 1. Platz streitig machen

Spielerisch zeigt sich das in allerlei sportlichen Wettkämpfen, bei denen es – trotz aller Behauptung „dabei sein ist alles" – vorrangig um den Gewinn geht. Also kämpfen, kämpfen um des Überlebens willen.

Der erste Platz muss mit allen zur Verfügung stehenden Mitteln erobert werden, und zwar psychisch und physisch.

Das heißt: Intrigen schmieden, Gerüchte verbreiten, am Stuhlbein sägen, verleumden, jemanden ins schlechte Bild stellen, verunglimpfen, übel nachreden, Mobbing aller Art und viele andere ‚Spielvarianten' mehr.

Oder aber auch Drohungen, körperliche Streitigkeiten, Handgreiflichkeiten, Über- und Angriffe, Attacken, Auseinandersetzungen unter Einsatz der Muskelkraft, Rempeleien, Schlägereien, Verletzungen und, und, und. Dem Menschen bieten sich zahllose Möglichkeiten.

Nicht vergessen: Es gibt nur einen 1. Platz – aber schier endlos viele ‚sonstige'. Fast alle Menschen versuchen nach vorn beziehungsweise nach oben zu kommen.

Und weswegen dieses Vorgehen? Nun, ‚nur' um den ersten Platz zu erobern. Das eigene Leben und das weitere Fortkommen soll (und muss) optimiert werden.

Dieses beschriebene Verhalten ist nachvollziehbar und gehört offensichtlich zwangsläufig zum Ziel, die eigene Art überleben zu lassen.

Daraus abgeleitet folgen alle weiteren Überlegungen in diesem Buch.

Wie alles begann

Böse Werke machen nimmermehr einen bösen Mann, sondern ein böser Mann macht böse Werke.

Martin Luther, dt. Reformator

(1483 - 1546)

„Wir müssen uns wehren!"

Lucy wachte auf. Die ersten Sonnenstrahlen blinzelten am Höhleneingang. Lucy gähnte einmal ausgiebig, sprang von ihrer Schlafstätte auf und streckte ihre Muskeln.

Auch die anderen Mitbewohner der Höhle erwachten fast alle zur gleichen Zeit. Es wurde das eine oder andere morgendliche Begrüßungsritual ausgetauscht, und schon war jeder der 14-köpfigen Gruppe in seine Arbeit vertieft. Lucy trank etwas erfrischendes Wasser, das an einer Stelle der Höhlenwand in ein Becken hineinlief.

Dann machte sie sich mit einigen anderen Bewohnerinnen auf die Suche nach genießbaren Beeren, Früchten und Reptilien- beziehungsweise Vogeleiern, die alle so gerne aßen.

Zur selben Zeit bewaffneten sich die erwachsenen männlichen Gruppenmitglieder mit Schlagstöcken, Schleudern und Spießen, um in ihrem Jagdrevier etwas nahrhaftes Wild zu erledigen.

Ein Tagesablauf, so wie an jedem Tag. Aber diesmal sollte er anders verlaufen.

Lucy war mit ihren Gefährtinnen gerade zurückgekommen, als die Männer kreischend und lautstark artikulierend in die Höhle stürmten. Jeder realisierte sofort, dass etwas Schlimmes geschehen sein musste. Lauthals gestikulierend und wütende Schreie ausstoßend, erklärten die Männer allen anderen, was geschehen war.

Die Jagdgruppe war gerade auf dem Weg zu einer Wasserstelle, an der sich schweineähnliche Tiere zu suhlen pflegten. Die Männer wollten ein schmackhaftes Jungtier erlegen. Und tatsächlich – die Rotte stand optimal. Es konnte nichts schiefgehen. Die Jagdgruppe bereitete sich vor, unentdeckt der Beute näherzukommen.

Gerade in dem Augenblick, als die Gruppe attackieren wollte, wurden von der gegenüberliegenden Seite Speere und Stöcke auf die Tiere geschleudert. Es folgte ein regelrechter Beschuss mit großen Steine, die gezielt von Schleudern abgeschossen wurden.

Ein fürchterliches Chaos entstand unter den Tieren. Schmerzhaftes Aufkreischen, entsetztes Brüllen und hilfloses Auseinanderrennen waren die Folgen. Zwecklos. Eine Horde wild gestikulierender Männer stürmte bewaffnet auf die Tiere zu. Gnadenlos wurden die verletzten Tiere niedergeknüppelt und regelrecht abgeschlachtet. Es gelang ihnen, die komplette Tierherde zu erlegen.

Da lagen sie nun, die vor wenigen Minuten noch sich friedlich suhlenden Tiere. Blutüberströmt, im Todeskampf zuckend – die komplette Rotte war ausgerottet.

Lucys Jagdgruppe verharrte erschrocken im Schutz der Büsche und Bäume. Entsetzt musste die Gruppe mit ansehen, wie ihre lebensnotwendige Nahrung von einer fremden Gruppe geplündert wurde.

Was hatten die fremden Typen in ihrem Jagdrevier verloren? Die sollten gefälligst in ihrer eigenen Gegend bleiben.

Lautlos zog sich Lucys Gruppe zurück. Nachdem sich die Männer in Sicherheit fühlten und von den anderen nicht mehr gesehen oder gehört werden konnten, rannten sie auf kürzestem Weg zu ihrer Höhle zurück.

Fassungslos hatten sich alle Mitglieder der Gruppe um die Erzählenden gesammelt. Nach einer kurzen Schockstarre, in der kein Geräusch zu hören war, schrien plötzlich alle durcheinander. Etwas musste geschehen. Lucy schaffte es, die Gruppe zu beruhigen. Alle setzten sich auf den Boden und begannen eine Diskussion. Wie sollten Sie vorgehen?

Schnell war klar, dass sie der anderen Gruppe deutlich die eigene Überlegenheit zeigen mussten. Ob sie wollten oder nicht – sie mussten sich auf eine kriegerische Auseinandersetzung vorbereiten. ...

Lucy – der erste Mensch

Lucys Geschichte ist natürlich erfunden. Aber tatsächlich könnte genau so etwas damals geschehen sein. Damals, vor 3,2 Millionen Jahren. Das ist eine Ewigkeit her.

Lucy gilt als erster Mensch der Welt, der manchmal auch Vormensch genannt wird. Dieser aufrecht gehende Vormensch erhielt den Namen ‚Australopithecus afarensis'.

Im Jahre 1974 wurden von Donald Carl Johanson (*1943), einem US-amerikanischen Paläoanthropologen, bei Ausgrabungen in Hadar im Afar-Dreieck (im heutigen Äthiopien) Teile von Lucys Skelett gefunden.

Die Wissenschaftler sind der Meinung, dass Lucy etwa im Alter von 25 Jahren starb.

Das Unheil war absehbar

3.200.000 Jahre; eine ungeheure Zahl, die kaum vorstellbar ist. Die obige Geschichte soll zeigen, dass es zur Erhaltung der lebenswichtigen Grundlagen zu Auseinandersetzungen kommen musste.

Alternativ hätte Lucys Gruppe auf das bisherige Jagdrevier verzichten oder es verkleinern können. Dann hätte das Revier nicht mehr genügend Nahrung abgegeben, die Gruppe hätte gelitten.

Also hätte sich die Gruppe in eine andere geographische Richtung orientieren müssen, mit dem Risiko, dort in das Jagdrevier einer weiteren Gruppe einzudringen. Egal wie sie vorgegangen wäre, das drohende Unheil war absehbar.

Obwohl es im Vergleich zur heutigen Zeit damals mehr oder weniger menschenleer auf dem Planeten war, kollidierten die Interessen parallel lebender Gruppen. Heute, mit fast 12 Milliarden Menschen auf dieser Erde, treten diese sich zwangsläufig am laufenden Band auf die Füße. Demnach scheint es gar nicht verwunderlich, dass es zu ständigen Streitereien kommen muss.

Egal ob der Mensch will oder nicht – er muss um sein Daseinsrecht kämpfen.

Emma entwickelt ihr Selbst-Bewusstsein

Das Böse ist eine Ausstrahlung des menschlichen Bewusstseins in bestimmten Übergangsstellungen.

Franz Kafka, österr.-ung. Schriftsteller

(1883 - 1924)

„Ich weiß, wer ich bin."

Das Wort Selbst-Bewusstsein steht hier im Sinne von ‚sich seiner selbst bewusst sein'.

Ist das Selbst-Bewusstsein für jede Person eine Selbstverständlichkeit? Ist sich jeder seiner selbst bewusst? Nun vielleicht doch nicht immer und nicht jede Person. Wie sieht es mit Säuglingen und Kleinstkindern aus? <u>Weiß</u>(!) ein Säugling, wer er ist – ist ihm bewusst, dass er ‚ist'? Wie sieht es mit Personen im (Wach-)Koma aus? <u>Wissen</u>(!) sie, dass sie da sind, dass sie ‚sind'? Einige wenige Patienten, die im Wachkoma liegen, scheinen die Umwelt wahrzunehmen. Gemeint ist, dass ihnen klar ist, im Koma zu liegen.

Für unsere Überlegungen ist der Gedanke um das Selbst-Bewusstsein bei Säuglingen vorrangiger. Denn: Nach gängiger Meinung der Wissenschaftler ist sich ein Säugling seiner selbst keineswegs bewusst. Ihm ist nicht bewusst, dass er <u>ist</u>. Der Wissenschaft ist bisher auch niemand bekannt, der sich beispielsweise an seine eigene Geburt erinnern kann.

Etwas älter geworden, wird das Kleinkind zuerst von sich selbst in der 3. Person reden. „Emma geht in den Garten." Das Kind nennt sich selbst bei seinem eigenen Namen. Erst einige Monate später wird Emma so formulieren: „Ich gehe in den Garten." Jetzt ist hörbar, dass Emma sich ihrer selbst bewusst ist, sich selbst als Individuum wahrnimmt.

Sie (er-)kennt nun sich, also das ICH und damit auch das DU. Sie kann sich selbst von anderen Personen deutlich unterscheiden. „Ich mache das – und du jenes." Der spannende Prozess des sich seiner selbst bewusst zu werden hat nun begonnen und nimmt seinen Lauf.

Wirkung auf andere

Emma beobachtet, entdeckt, kombiniert und wird Zusammenhänge in der Welt immer besser verstehen.

Nach und nach erkennt Emma auch, wie sie auf andere Menschen wirkt. Ihr wird bewusst, wie sie diese Wirkung gezielt einsetzen kann, um etwas zu erhalten. Etwas übertrieben ausgedrückt könnte behauptet werden, sie hat die Fähigkeit, andere um die Finger zu wickeln oder, noch krasser, zu manipulieren.

Obwohl der junge Mensch bei weitem sein Verhalten noch nicht so gut reflektieren kann wie der Erwachsene, entwickelt er die Fähigkeit, andere Menschen zu seinem Vorteil ‚zu benutzen'. Schimmert hier das vorgegebene Ziel der Natur durch, überall Vorteile zu suchen, um das eigene Leben (und das Weiterleben der Art) abzusichern?

Um diese Entwicklung durchleben zu können, braucht Emma ein soziales Umfeld. Erst durch Aktion und Reaktion, also durch zwischenmenschliche Interaktion, kann Emma lernen.

Das Verhalten anderer prägt sie, formt ihre Charaktereigenschaften aus und vermittelt ihr Wertvorstellungen und Verhaltensmuster rund um das Thema Umgangsformen.

Gerade die Wahrnehmungen in den ersten Lebensjahren werden die zukünftige Denk- und Verhaltensstrukturen deutlich prägen. Höchstwahrscheinlich baut sich das komplette Leben besonders auf diesen ersten Prägungen auf.

Sind die Eltern verantwortlich?

Selbstverständlich darf das soziale Umfeld nicht, allen voran die Eltern, verantwortlich dafür gemacht werden, wenn der Nachwuchs später schrecklich Böses anstellt.

Die Schuldzuweisung an die Eltern ist zu einfach. Denn Emma erhält nicht zählbare ,Inputs' jeder Person, mit der sie aktiv oder passiv zusammenkommt. Ergänzend werden Bilder, später Sendungen im Fernsehen und Internet dazu beitragen, die eigene Persönlichkeit zu formen. Die vererbten Gene nehmen natürlich auch Einfluss.

Eltern (und das nähere soziale Umfeld, das sich verantwortlich fühlt) können trotzdem dazu beitragen, Emma als authentischen, selbstbewussten Menschen zu erziehen, der andere Menschen achtet und wertschätzt.

Eigenverantwortliches Vorgehen

Spätestens nach der Pubertät hat der Jugendliche die eigene Kraft und Verantwortung über sein Handeln und seine zwischenmenschlichen Aktionen nachzudenken. Eigenverantwortliches Vorgehen ist möglich und wird erwartet.

Natürlich schließt das keineswegs aus, dass sich der Jugendliche weiterhin von seiner Umwelt beeinflussen lässt. Der Ausbau des Selbst-Bewusstseins hört nicht an einem Tag auf – er geht ein Leben lang weiter.

Je besser Emmas Selbst-Bewusstsein ausgeprägt ist, desto leichter wird es ihr fallen, auch auf neuartige oder unbekannte Situationen vernünftig reagieren zu können.

Dieses Verhaltensmuster gilt nicht nur für den Jugendlichen, sondern für jeden Erwachsenen. Solange ein Mensch aktiv am Leben beteiligt ist, wird er immer und immer wieder mit Neuem konfrontiert. Bleibt er mental flexibel, wird es ihm (trotz aller möglichen Mühen) gelingen, fair mit sich und anderen umzugehen.

Bei allen neuen Erfahrungen und Erkenntnissen wird er immer wieder mit der Überlegung konfrontiert, was richtig und falsch ist.

Schreitet der Mensch mit offenen Augen durchs Leben, wird er unter Umständen erkennen müssen, dass bisher etwas, was für ,richtig' gehalten wurde, neuerdings nicht mehr ganz so richtig ist oder mittlerweile gar als falsch angesehen wird.

Starrsinnigkeit wie „früher war das aber so" hilft hierbei nicht weiter. Mentale und analysierende Flexibilität ist gefragt.

Büchse der Pandora

Das Böse ist des Menschen beste Kraft.
Friedrich Wilhelm Nietzsche, dt. Philosoph
(1844 - 1900)

„Nicht rauslassen!"

Wie muss das Leben der Menschen schön gewesen sein, als es noch nicht Böses gab. Alle lebten in Frieden glücklich miteinander.

Ja, und dann kam Pandora (gr. ‚pan' für ‚all' und ‚doron' für ‚Geschenk, Gabe'), die Allbegabte.

Aber von Anfang an: Der griechische Gott des Feuers Hephaistos war einer der 12 olympischen Gottheiten, deren Chef Zeus war. Zeus war übrigens auch Hephaistos Vater, mit dem er allerdings ständig in Konflikt lag.

Hephaistos war zuständig für die Schmiedekunst, die Architektur und die Vulkane. Er hatte viel zu tun, zog meist eine Handwerkerkappe über und hatte in der Regel einen Schmiedehammer dabei. Soweit war er immer einsatzbereit.

Obwohl er viel zu tun hatte, schuf Hephaistos eines Tages auf Befehl seines Vaters aus Lehm Pandora. Diese sollte für den Diebstahl des Feuers Rache an Prometheus nehmen.

Außerdem schuf er eine wunderschöne Büchse, in die alles Übel und alle Hoffnung der Welt gegeben wurde. Sozusagen handelte es sich um die Dose allen Übels. Weiter sind in der Büchse alle der Menschheit bis dahin unbekannten Übel wie Krankheiten, Seuchen und Tod aufbewahrt.

Pandora, die selbstverständlich wunderhübsch und verführerisch gestaltet war, sollte Prometheus diese Büchse als hinterhältiges Geschenk überbringen.

Liebe und Neugierde

Natürlich kam es anders, als Zeus geplant hatte. Pandora verliebte sich in Prometheus' Bruder Epimetheus und heiratete diesen auch.

Was sollte sie nun mit dem Geschenk tun? Nachschauen, was in der kostbar gestalteten Büchse ist? Kann ja nicht so schlimm sein, musste Pandora wohl gedacht haben. Also öffnete sie neugierig die Büchse. Schneller als sie sehen konnte, entwich alles Übel dieser Welt. Erschrocken klappte Pandora den Deckel wieder zu, sodass lediglich die Hoffnung in der Dose übrigblieb.

Das hat die Menschheit nun davon. Von diesem Tag an gab es auf der Welt Krankheiten, Mühen, alle Übel, Diebstahl, Mord und Totschlag.

Nach griechischer Mythologie wird es nie wieder gelingen, all das Böse einzufangen und auf Ewigkeit in einer Büchse gefangenzuhalten. Die Neugierde hatte gesiegt.

Vielleicht gelingt es ja doch eines Tages, die Welt von allem Übel zu befreien? Bekanntlich stirbt die Hoffnung zuletzt. Die Hoffnung verharrt übrigens noch in der Dose.

Adam, Eva und der Granatapfel

Das böse Gewissen des Menschen hat die Tragödie erfunden.

Christian Friedrich Hebbel, dt. Dramatiker

(1813 - 1863)

„Probiere mal – er schmeckt so lecker!"

Der Granatapfel gilt als die älteste Frucht (und Heilfrucht) der Welt. Besonders gesund soll der Granatapfel, Punica granato, sein. Schon im alten Ägypten 1.500 v. Chr. half der Verzehr von Granatäpfeln gegen Darmparasiten.

Unabhängig davon schmeckte und schmeckt der Granatapfel frisch und belebend. War das ein Grund, weshalb der Granatapfel so verlockend auf Eva wirkte?

Baum der Erkenntnis

Laut Altem Testament (Genesis 3) lebten Adam und Eva glücklich und sorgenfrei im Paradies, im Garten Eden. Es gab keine Not, weder Stress noch Neid, alles Gewünschte war vorhanden. Alles durfte genutzt und benutzt werden.

Alles – außer der Frucht, die verlockend am Baum der Erkenntnis hing. Diese Frucht konnte Gutes von Bösem unterscheiden.

Da Adam und Eva gottesfürchtig lebten, hatten sie auch kein Verlangen nach diesem Apfel.

Zumindest solange nicht, bis die heimtückische Schlange auftauchte. Dummerweise gelang es ihr, Dank ihrer rhetorischen Überzeugungskraft, Eva zum Pflücken der Frucht zu verführen.

Nachdem Eva gekostet hatte, ließ sie auch Adam probieren. Danach bekamen beide ein schlechtes Gewissen, wussten sie doch, dass sie etwas Verbotenes gemacht hatten.

Er aber wird über dich herrschen

Sie versteckten sich hinter Bäumen, als Gott den Garten Eden betrat. Keine Chance. Gott war böse, er verwies beide aus dem Paradies, wobei er nicht versäumte, Adam zu beschimpfen: „Im Schweiße deines Angesichts sollst du dein Brot essen … Denn du bist Erde und sollst zu Erde werden."

Zu Eva gewandt sagte er: „Viel Mühsal bereite ich dir, sooft du schwanger wirst. Unter Schmerzen gebierst du Kinder." Und als wäre das nicht genug, fügte er hinzu: „Du hast Verlangen nach deinem Mann; er aber wird über dich herrschen."

Bei gleicher Gelegenheit verfluchte Gott übrigens auch die Schlange: „Weil du das getan hast, bist du verflucht unter allem Vieh und allen Tieren des Feldes."

Beim Verlassen des Paradieses rief Gott der Herr ihnen nach: „Siehe, der Mensch ist geworden wie unsereiner und weiß, was gut und böse ist."

Nachträglich überlegt, war es keine gute Idee Evas, von der Frucht zu kosten.

Verlockung und Macht

Obwohl in der Bibel lediglich von einer Frucht vom Baum der Erkenntnis gesprochen wird, wird bald der Apfel (malus domestica) auch für die Frucht eingesetzt. Interessanterweise tritt auch heute noch der Apfel stellvertretend für die Verlockung oder für Macht auf:

* In Brauchtümern: Paradiesäpfel am Weihnachtsbaum

* In Geschichten und Märchen: Wilhelm Tell, Schneewittchen, Der goldene Apfel

* In der Wirtschaft: Big Apple (New York) und Apple (das Unternehmen)

* In der weltlichen Macht der Herrscher: Reichsapfel

* In der Religion: Granatapfelförmige Aufsätze der Rollstäbe einer Torarolle (Aufsatz Tora: Rimonim)

* In der Mythologie: Iduna, Göttin der ewigen Jugend, Hüterin der goldenen Äpfel (bei Verlust beginnen die Götter zu altern)

* In der menschlichen Anatomie: Adamsapfel, Augapfel

* In der Tierwelt: Pferdeapfel

* Im zwischenmenschlichen Umgang: Zankapfel, Äpfel mit Birnen vergleichen

* In zahlreichen Redewendungen: „Der Apfel fällt nicht weit vom Stamm." „Der schönste Apfel hat oft einen Wurm." „In den sauren Apfel beißen." „Ein Apfel am Morgen vertreibt Kummer und Sorgen." „An apple a day keeps the doctor away."

Das Apfelbäumchen

Selbst der Reformator Martin Luther (1483 – 1546) soll empfohlen haben, ein Apfelbäumchen zu pflanzen: „Wenn ich wüsste, dass morgen die Welt unterginge, würde ich heute noch ein Apfelbäumchen pflanzen."

Abschließend noch ein kluger Spruch vom griechischen Philosophen Plato(n) (428/427 – 348/347 v. Chr.): „Wenn zwei Knaben jeder einen Apfel haben und sie diese Äpfel tauschen, hat am Ende auch nur jeder einen. Wenn aber zwei Menschen je einen Gedanken haben und diese tauschen, hat am Ende jeder zwei neue Gedanken."

Kain und Abel

Adam und Eva waren aus dem Paradies vertrieben. Sie begannen ein ‚normales' Leben der Menschen.

Bald freuten sie sich über ihre ersten beiden Söhne: Kain und Abel. Beide entwickelten sich prächtig. Ihren Fähigkeiten entsprechend arbeiteten sie: Kain war zuständig für den Ackerbau, Abel hütete das Vieh.

Wie das Leben so spielt – der eine war neidisch auf den anderen. Kain war krankhaft neidisch auf seinen Bruder. Als beide ein Dankesopfer brachten und Gott Abels Opfer vorzog, hasste Kain seinen Bruder immer mehr und erschlug ihn schließlich. Laut Bibel wurde er damit zum ersten Mörder.

Kain erschlug seinen Bruder Abel. Der erste biblische, menschliche Mörder ist erfasst.

Gott verstieß daraufhin Kain und versah ihn mit einem Kainsmal (Kainszeichen), damit ein jeder die Schande sehen konnte. Gleichzeitig diente das Mal dazu, ihn zu schützen, selbst zu einem Todesopfer zu werden.

Dismas und Gestas

Dismas (Dysmas, Dimas) und Gestas sind zwei Verbrecher, die mit Jesus hingerichtet und ans Kreuz genagelt wurden. Dismas gilt als der gute Verbrecher, da er Reue zeigt. Sein Kreuz steht zur Rechten. Zur Linken hängt Gestas, der böse Verbrecher, der Jesus noch am Kreuz verspottete.

Rechts ist das Gute – links das Böse.

Western – der gemeine Schurke und der rechtschaffene Retter

In früheren Kinofilmen kämpfte der Gute (immer) erfolgreich gegen das Böse. In klassischer Form gab es immer ein Happy End. Für die Zuschauer war von Anfang an klar, wer zu den Guten und wer zu den Bösen gehört. Das äußere Erscheinungsbild, das zwischenmenschliche Auftreten, verbale Äußerungen und so weiter machten die Zuordnung sofort eindeutig.

Die bösen Revolverhelden terrorisierten die anständigen Bewohner des kleinen, aufstrebenden Städtchens in den Weiten des wilden Westens. Jedem Zuschauer war klar, wie gemein und unfair das Verhalten der randalierenden Cowboys war. Die Bewohner waren hilflos und versuchten sich dem dominierenden Auftreten unauffällig unterzuordnen.

Dann, endlich, erschien der einsame und edle Reiter wie aus dem Nichts. Er schaute sich das Treiben eine Weile an, um dann Partei für die unterdrückte Bevölkerung zu ergreifen.

Endlich konnte diese ob der unerwarteten Hilfe aufatmen. Nach etwa anderthalb Stunden Kinofilmzeit unerbittlichen Kampfs gegen die Bösen, obsiegte das Gute. Bewohner und Zuschauer konnten aufatmen. Der einsame Held und Retter ritt in den Sonnenuntergang, zufrieden, die Ungerechtigkeit besiegt zu haben.

„Das hätte ich von dem nicht erwartet."

In späteren Kinofilmen waren die Filmemacher fies genug, den Guten und den Bösen nicht mehr sofort erkennen zu lassen. Der Böse sah anfangs harmlos, freundlich und hilfsbereit aus. Sein Auftreten und sein Outfit deuteten auf Gutes hin.

Dann – oh Schreck – konnte der Zuschauer erkennen, dass der Böse mit einer Maske seine Boshaftigkeit verborgen hatte. In manchen Filmen musste fast bis zum Ende gerätselt werden, wer nun der Gute und der Böse war. Zeigt sich in der Gesellschaft nicht genau solch ein Bild? Wer ist der, der sich richtig verhält und wer ist der, der die Regeln bricht? Oftmals ist das über Jahre nicht zu erkennen.

Wird dann jemandem bewusst, dass eine Person böse handelte, äußert der Nachbar in einem Interview der Presse: „Das hätte ich von ihm nicht erwartet." Die Öffentlichkeit war getäuscht. Mit jedem aufgedeckten Fall wird die Gesellschaft misstrauischer den Menschen gegenüber. „Ich kann ja niemandem hinter die Stirn schauen. Also lieber skeptisch sein."

Edel sei der Mensch, hilfreich und gut

Der Mensch ist selten im Ganzen gut oder böse.
Sigmund Freud (Sigismund Schlomo Freud), österr. Psychiater
(1856 - 1939)

„Sei lieb!"

Wurde bis zur Vertreibung aus dem Paradies angenommen, der Mensch sei edel, hilfreich und gut, konnte er nun Gut von Böse unterscheiden. Demnach wusste er, wenn er Böses tat. Nun half kein Verstecken mehr.

„Edel sei der Mensch, hilfreich und gut; denn das allein unterscheidet ihn von allen Wesen, die wir kennen!" Dieses Zitat stammt aus dem Gedicht ‚Das Göttliche' vom deutschen Dichter Johann Wolfgang von Goethe (1749 – 1832).

Hört sich das nicht wunderbar an? Der edle Mensch, wobei edel von Adel abgeleitet sein dürfte. Ein adeliger, von vornehmer Gesinnung. Jemand, der anständig und uneigennützig für Ordnung sorgt. Eine Person, die in hochpolierter Rüstung gütig lächelnd auf seine Mitmenschen (herab-)schaut.

Hilfreich – er ist reich an Hilfe. Er ist sich nicht zu schade, andere zu unterstützen, ihnen Trost zu spenden und für sie einzutreten. Und gut; was das Gegenteil von böse sein sollte. Er ist ehrlich, kann gut zuhören, stiehlt nicht, übervorteilt seine Mitmenschen nicht und wertschätzt die anderen.

Müsste nicht jeder einen glücklichen Seufzer ausstoßen, der den Menschen und damit die Menschheit so betrachtet, wie es aus dem Zitat hervorzugehen scheint? Aber halt: Im Gedicht steht das Wort ‚sei', nicht etwa ‚ist'. Goethe behauptet also nicht, dass der Mensch edel, hilfreich und gut <u>ist</u>. Nein, er verwendet bewusst die Möglichkeitsform. Der Mensch <u>soll</u> edel, hilfreich und gut <u>sein</u>.

Appell an die Menschen

Wenn sich Goethe genötigt fühlt, in seinem Gedicht seinen Wunsch nach diesen positiven menschlichen Eigenschaften festzuhalten, drückt er damit aus, dass er diese Eigenschaften bei Menschen vermisst. Offensichtlich sind seiner Meinung nach Menschen weder edel, hilfreich noch gut. Denn er beklagt die erwähnten Schwächen beim menschlichen Wesen.

Möglicherweise ist der Text auch als Appell an die Menschen aufzufassen. Zum Beispiel so: „Lieber Mensch, wir haben doch schon genügend Sorgen auf dieser Welt. Weshalb müssen wir uns zusätzliche Probleme bereiten? Können wir nicht anständig miteinander umgehen? Wirf doch nicht alles so pingelig auf die Waagschale. Lass doch mal fünf gerade sein. Zeige deinen Großmut, biete deine Hand den anderen zur Unterstützung an. Bleibe bei deinen Gedanken und Arbeiten in der legalen Welt."

Jedem steht es frei, Goethes Aufruf als Gedankenanstoß zu nehmen und sein Handeln danach auszurichten. Wäre schließlich jeder edel, hilfreich und gut, hätten wir den ursprünglichen Zustand des Lebens im Paradies wiederhergestellt. Adam und Eva würden sich nachträglich freuen.

Mit ihnen dürfte sich die gesamte Menschheit freuen, wäre doch jeglicher Ärger verbannt. Alles nur eine Träumerei?

Alle Menschen sind gleich

Wer das Böse nicht verurteilt, lässt zu, dass es geschieht.
Leonardo da Vinci, it. Maler, Bildhauer, Baumeister
(1452 - 1519)

„Du hast dieselben Rechte wie alle."

Ach, ist das so? Die Väter (und immerhin 4 Frauen) der deutschen Verfassung (23. Mai 1949) hielten in Artikel 3 fest: „Alle Menschen sind vor dem Gesetz gleich."

Die Allgemeine Erklärung der Menschenrechte (verkündet am 10.12.1948 von der Generalversammlung der Vereinten Nationen) behauptet in Artikel 1 (Freiheit, Gleichheit, Brüderlichkeit): „Alle Menschen sind frei und gleich an Würde und Rechten geboren."

In beiden Fällen handelt es sich um eine Aussage, die einen Ist-Zustand ausdrücken soll. Gleich zu Beginn aller Ausführungen, nämlich einmal in Artikel 1, das andere Mal in Artikel 3, wird dieser Satz festgehalten. Das zeigt die Wichtigkeit dieser Vorgabe.

Gleichwertigkeit

Entsprechend dieser Aussage der Realität, gäbe es überhaupt keinen Anlass, die folgenden Seiten in diesem Buch zu schreiben. Es herrschten paradiesische Zustände. Wie schön.

Genauer betrachtet trübt ein Schatten diese Aussage, käme doch der Gedanke auf, alle Menschen seien in ihrem Verhalten und Gedankengut gleichartig. Nein, natürlich nicht. Das wäre auch total langweilig.

Hier geht es um die Gleichwertigkeit eines Menschen. Egal ob Mann oder Frau, jung oder alt, Inländer oder Ausländer, Vorgesetzter oder Mitarbeiter und so weiter ... Jeder hat gleiche Rechte (und Pflichten). Egal was er tut, wie er aussieht, welche Werte er vorrangig betrachtet – er ist gleichermaßen zu wertschätzen wie jeder andere auch.

An sich müssten die meisten Menschen dieser Überlegung sofort zustimmen. Gleich darauf, nach etwas Nachdenken, würden sie eine Menge Beispiele finden, die zeigen, dass die Realität anders aussieht.

Täglich werden Menschen aufgrund ihres Aussehens, ihrer Herkunft, ihrer Hautfarbe, ihrer Religion, ihrer politischen Einstellung, ihrer sexuellen Orientierung gedemütigt, diskriminiert, beleidigt, körperlich oder seelisch verletzt, bekämpft, verhaftet, gefoltert.

Eine aufgeschlossene Gesellschaft tritt für die Benachteiligten ein und sorgt für ein Klima, das den oben zitierten Menschenrechten gerecht wird.

So bleibt auch dem Gesetzgeber nichts anderes übrig, als immer wieder, der Zeit folgende, Gesetze zu erlassen, die für die Gleichheit der Menschen rechtliche Grundlagen bilden.

AGG – Das Allgemeine Gleichbehandlungsgesetz

Seit dem 18.08.2006 (ergänzte Fassung 12.12.2006) ist die allgemeine Gleichbehandlung in Deutschland gesetzlich festgehalten. Das Allgemeine Gleichbehandlungsgesetz (AGG), auch als Anti-Diskriminierungs-Gesetz (früher: ADG) bezeichnet, trat in Kraft. Die Gleichbehandlung bezieht sich auf die Rasse, die ethnische Herkunft, das Geschlecht, die Religion, die Weltanschauung, eine mögliche Behinderung, das Alter, die sexuelle Identität.

Alle sind gleich. Allerdings zählt eine Ungleichbehandlung dann nicht zur Diskriminierung, sollte es dafür einen sachlichen Grund geben. Hierzu zählt beispielsweise die Altersbeschränkung bei der Abgabe von Alkohol an Kinder und Jugendliche. Die Altersbeschränkung stellt keine Form der Altersdiskriminierung dar, sondern ist als Schutz des jungen Menschen zu betrachten.

Wer Unterstützung in dieser Angelegenheit braucht, kann sich an die Antidiskriminierungsstelle des Bundes im Bundesministerium für Familie, Senioren, Frauen und Jugend wenden. Diese Stelle unterstützt auf unabhängige Weise Betroffene bei der Durchsetzung der festgeschriebenen Rechte zum Schutz vor Benachteiligungen.

Wer die Vielfältigkeit der Menschheit als Bereicherung begrüßt, kann seinen eigenen Horizont erheblich erweitern und von scheinbar Fremdartigem lernen.

Win-Win-Strategie

Gute Menschen reizen die Geduld, böse Menschen reizen die Fantasie.
Oscar Wilde (Oscar Fingal O'Flahertie Wills), ir. Lyriker
(1854 - 1900)

„Ich bin besser als du!"

Der Kollege klopft Herrn Eifrig kräftig auf die Schulter. „Sie machen das schon. Zeigen Sie ihm, wer das Sagen hat. Holen Sie raus, was machbar ist. Ich verlasse mich auf Sie." Mit diesen ‚motivierenden' Aussagen macht sich Herr Eifrig, in der Hand seine Laptoptasche, auf den Weg zu seinem Kunden.

Ja, er kennt die Sprüche des Kollegen schon seit Jahren. Immer das Beste rausholen. Die Gesprächspartner bis zur letzten Möglichkeit wie eine Zitrone ausdrücken. Feilschen um jeden Cent.

Herr Eifrig überlegt, wie sich sein Gesprächspartner wohl bei dieser Strategie fühlen mochte. Wie würde er sich selbst fühlen, ginge sein Gesprächspartner mit solchen Zielen ins Gespräch?

Dass er einen Profit bei dem Gespräch herausbringen muss, ist für ein wirtschaftlich arbeitendes Unternehmen eine Bedingung. Gilt nicht dasselbe für sein Gegenüber? Ist es wirklich richtig, um jeden Cent bedingungslos zu handeln?

Herr Eifrig hatte schon das Bild vor sich, wenn er wieder ins Büro zurückkommt. Sein Kollege würde auf ihn zukommen, ihm wieder auf die Schulter klopfen, und bewundern, was für ein ‚toller Hecht' er sei. Er würde als Gewinner dastehen.

Gibt es keine andere Möglichkeit der Geschäftsbeziehung?

Das Win-Win-Modell

Doch: In diesem Zusammenhang sei auf das Win-Win-Modell aus der Transaktionsanalyse vom US-amerikanischen Psychologen Eric Berne (Eric Leonard Bernstein, 1910 – 1970) hingewiesen.

Berne betrachtet in seinem Modell zwei (Geschäfts-)Partner. Beide treten in eine Geschäftsbeziehung. Jeder der beiden will verständlicherweise Vorteile aus dem Gespräch ziehen. Jeder möchte als Gewinner nach Hause gehen.

Wo es einen Gewinner gibt, muss es auch einen Verlierer geben. Oder doch nicht? Nach Bernes Überlegung könnten auch beide als Gewinner aus dem Gespräch gehen. Es lässt sich eine Win-Win-Situation erstellen.

Im Gegensatz zu der Win-Lose-Situation, bei der einer der Gewinner und der andere der Verlierer ist, könnten beide glücklich und zufrieden mit ihrem Ergebnis sein. Sollte sich einer in der Win-Lose-Situation fühlen, sähe er automatisch das Gegenüber in einer Lose-Win-Situation.

Was aber, sollten sich beide Gesprächspartner am Ende als Gewinner sehen und den anderen jeweils als Verlierer? Nicht gut für eine konfliktfreie und vertrauensvolle Geschäftsbeziehung.

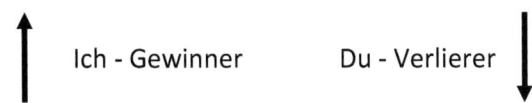

Es ergeben sich folgende 4 Möglichkeiten:

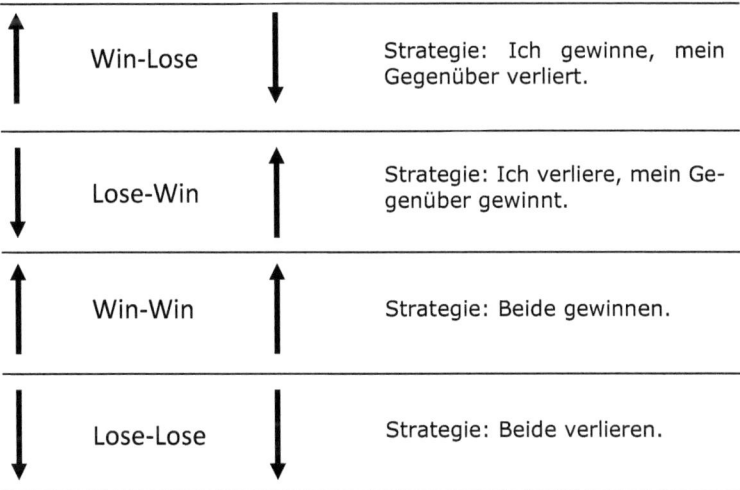

Unterstützung beim Gegenüber

Sieht sich ein Gesprächspartner selbst zwar als Gewinner, sein Gegenüber aber als Verlierer, führt das auf Dauer nicht zum erhofften glücksbringenden Zusammensein. Ewig gibt er seinem Gegenüber Hilfestellung, Anweisungen, Ratschläge.

Ohne ihn könnte sein Gegenüber gar nicht existieren. Als dauerhafte Lebensstrategie ist diese Variante genauso wenig zu betrachten wie die Folgende.

Denn umgekehrt gilt: Jetzt ist er derjenige, der immer Hilfe und Unterstützung beim Gegenüber sucht. Und zwar ständig. „Ohne dich könnte ich nicht leben."

Eine klassische Aussage in dieser Situation. Damit es hier zu keiner Fehlüberlegung kommt: Natürlich kann jeder mal so denken oder empfinden. Aber dauerhaft: Nein.

Beide sind Gewinner des Lebens

Berne vertrat die Meinung: Wenn ein Gesprächspartner sich selbst als Gewinner betrachtet und er sein Gegenüber ebenso sieht, lässt sich eine gewünschte Gewinn-Gewinn-Situation erzielen. Dazu zählen gegenseitige Wertschätzung, positive und konstruktive Dialogform, Einfühlungsvermögen, emotionale Intelligenz und andere.

Wer sich selbst als Gewinner des Lebens sieht, sein Gegenüber ebenso, kann positiv durchs Leben gehen. Er kann konstruktive Kritik formulieren, aber auch annehmen. Er weiß, was emotionale Intelligenz bedeutet und hat sich viel mit seiner eigenen sozialen Kompetenz beschäftigt. Das ist die Optimal-Variante.

Und nun noch die letzte Variante. Beide Personen sehen sich selbst als Verlierer der Gesellschaft. Beide können hervorragend miteinander jammern und Erklärungen finden, weshalb es ihnen so furchtbar schlecht geht.

Allerdings können sich beide gegenseitig kaum aus der gedanklichen Konstellation ziehen. Fast zwangsläufig benötigen sie Hilfe von außen, sonst gehen sie in der Gesellschaft unter.

Lebens-Strategien

Bei diesem Modell soll nicht unterschätzt werden, dass hier über Lebens-Strategien geredet wird. Verständlicherweise durchläuft der Mensch mal ein Hoch und mal ein Tief. Ist er gerade einmal traurig, darf und soll er sich problemlos an die Schulter einer Vertrauensperson lehnen dürfen.

In diesem Augenblick würde er nach dem Modell die Rolle des Verlierers einnehmen, der andere die Rolle des Gewinners. Das ist absolut in Ordnung so, denn hier wird ja nicht über eine Lebens-Strategie, sondern über eine momentane Situation gesprochen.

Diese momentanen Situationen reihen sich im Leben hintereinander. Mal lehnt sich einer an die Schulter an, mal bietet er seine Schulter einem anderen an. Er wechselt einmal in die Verlierer-, einmal in die Gewinner-Rolle. Das ist absolut in Ordnung und menschlich.

Aber aufgepasst: Könnten alle momentanen Situationen nebeneinander abgebildet werden, darf – in einer zwischenmenschlichen Partnerschaft – eine der beiden Rollen nicht ständig auftreten. Auf Dauer wäre der eine in der Beziehung viel zu dominierend und der andere viel zu abhängig.

Angestrebt wird eine gegenseitige Beziehung, in der sich beide stark und wohl fühlen und sich gegenseitig als Gewinner im oben genannten Sinn betrachten.

Raus aus der Verliererrolle

Fällt jemand dauerhaft in die Verlierer-Rolle, verliert er gleichzeitig die Freude am Leben. Also nichts wie raus aus dieser Rolle. Und wie kommt ein Mensch hier raus?

Hier helfen drei hilfreiche Fragen, die den Weg aufzeigen, in eine positive Gewinner-Rolle zu kommen.

1. Wie fühle ich mich? (Ist-Zustand)
2. Wie will ich mich fühlen? (Soll-Zustand)
3. Was tue ich, um mich so zu fühlen, wie ich mich fühlen will? (Ziel-Setzung)

Werden alle drei Fragen vernünftig und vor allem ehrlich beantwortet, wird sich der Gefühls-Zustand ändern können. Es müsste sich schnell der Weg aus der ‚Misere' zeigen.

Wer es schafft, die Win-Win-Strategie authentisch zu leben hat es nicht nötig, einem anderen gegenüber Macht oder Dominanz zu demonstrieren.

Jedes Individuum ist ein Gewinner. Sonst hätte es – laut Darwin – gar nicht überleben können.

Jeder hat Stärken und besondere Fähigkeiten, die ihn für andere wertvoll machen.

Könnte jeder den anderen neidlos als Gewinner betrachten, sich selbst ebenso, nähme die Win-Win-Strategie für die Gesellschaft eine deutlichere Rolle ein.

Egoistisches Selbst-Bewusstsein

Nur der Böse ist allein.
Denis Diderot, frz. Philosoph
(1713 - 1784)

„Nur ich bin wichtig!"

Je nach ausgeprägter Charaktereigenschaft ist der eine zurückhaltender, der andere forscher. Es wird von Introversion und Extraversion gesprochen.

Introversion und Extraversion

Introversion bedeutet: ‚intra' = ‚innerhalb' und ‚vertere' = ‚wenden'. Introvertierte Menschen sind ‚nach innen gewendet'. Sie sind in der Regel beobachtend, ruhig und wirken manchmal scheu. Oft sind sie zurückhaltend und still. Sie sprechen häufig erst direkt nach Aufforderung.

Achtung: Das heißt nicht, dass sie eine geringere Intelligenz als andere hätten oder weniger wüssten beziehungsweise leisten könnten.

Extraversion (auch Extroversion) heißt: ‚extra' = ‚außerhalb' und ‚vertere' = ‚wenden'. Extravertierte Menschen sind ‚nach außen gewendet'. Sie gehen direkt auf andere Menschen zu, sind eher gesprächig, aktiv ausprobierend, wirken teilweise allerdings auch dominant auf andere.

Achtung: Das heißt nicht, dass sie intelligenter als andere wären oder tollere Ideen hätten.

Die Mischung ist wichtig

Für das gesellschaftliche Miteinander ist die Mischung wichtig und wertvoll, damit die Stärken einer jeden Person optimal eingebracht werden können. Diejenigen, die ihr Auftreten eher als selbstbewusst bezeichnen, belächeln manchmal die Zurückhaltenderen.

Dabei ist weder der eine noch der andere ‚besser'. Jeder, unabhängig seiner Ausprägung, ist ein wertvolles Individuum der Gesellschaft.

Wären alle extravertiert, ginge es sehr laut, impulsiv, vielleicht aggressiv zu. Wären alle introvertiert, erfolgte wenig Input und es gäbe seltener Entscheidungen. Beide Ausprägungen sind für ein konstruktives Zusammenarbeiten unbedingt notwendig.

Extravertierte bevorzugt?

Trotzdem bevorzugt das aktuelle berufliche Umfeld Mitarbeiter und Mitarbeiterinnen, die selbstbewusst auftreten.

Kandidaten, die keine Scheu zeigen sich darzustellen, eigene Positionen zu vertreten, Führung in Teamarbeiten zu übernehmen, haben in der Regel gute Chancen, im Arbeitsmarkt vorrangig gewählt zu werden.

Außerdem werden sie leichter wahrgenommen, da sie meist ‚lauter' sind als die anderen.

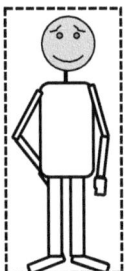

Der Extravertierte nimmt dem Introvertierten mehr Platz weg. Er wird damit sichtbarer und fällt schneller ins Auge.

Darauf hat sich das Aus- und Weiterbildungswesen schon lange eingestellt.

An vielen Universitäten werden die sogenannten Soft Skills trainiert und gefördert.

In guten, interaktiven Rhetorik-Kursen wird den Studierenden beigebracht, überzeugend zu argumentieren, verbale Einwürfe professionell (ebenso verbal) zu entkräften, Manipulationsversuche zu erkennen und vieles andere mehr.

Authentisch sein, ohne egoistisch zu wirken

Alle Tätigkeiten dieser Art können situationsbedingt und ohne großartige Vorbereitungszeit eloquent (ausdrucksstark) und souverän (sicher) eingesetzt werden. Wohlgemerkt so, ohne egoistisch oder überheblich zu wirken.

Was machen die Zurückhaltenderen? Sie können fachlich genauso gut sein, haben aber eine höhere Hemmschwelle zu überschreiten, um ‚aus sich raus' zu kommen. Sie müssen zeigen, dass sie ‚da sind'.

Arbeitgeber tun gut daran, bei der Auswahl neuer Beschäftigter auch den ruhigeren dieselben Chancen in der Bewerbungssituation einzuräumen.

Trotzdem ist im öffentlichen Leben, auch sehr gut in TV-Unterhaltung-Shows zu beobachten, dass das auffälligere, expressivere (ausdrucksstärkere) Leben in den Vordergrund tritt. Wer den Mund aufreißt, wird gehört – und es wird ihm oft applaudiert.

Es lässt sich festhalten, dass die Gesellschaft (wer sonst?) mit dafür verantwortlich ist, wie sie sich heutzutage darstellt; mit allen negativen Auswirkungen wie beispielsweise dem mangelnden Respekt untereinander.

Introvertierte sind wie sie sind. Manchmal täte es ihnen gut, nicht immer so nett, zurückhaltend und abwartend zu sein. Sie könnten sich überlegen, in gewissen Situationen bewusst etwas extravertierter aufzutreten, als es ihrem Naturell entspricht.

Dadurch könnte sich hier und dort ein wünschenswerter Erfolg einstellen. Ein Versuch ist es wert – weshalb nicht?

Egoismus versus Altruismus

Der Böse läuft vor seinem eigenen Schatten.
Annette von Droste-Hülshoff (Anna Elisabeth Freiin von Droste zu Hülshoff), dt. Dichterin
(1797 - 1848)

„Ich bin der Wichtigste!"

„Erst komme ich, dann die anderen." „Überlebe ich, kann der andere auch überleben." Gedanken dieser Art können als egoistisch bezeichnet werden.

Von der ursprünglichen Überlegung dieses Buchs ausgehend, sich der Umwelt anzupassen, um zu überleben, muss das Individuum dafür sorgen, sein Erbgut weiterleben zu lassen. Deshalb muss das Individuum selbst überleben, sonst kann die Weitergabe nicht (oder nicht so gut) funktionieren.

Der hierdurch erforderliche Egoismus (lateinisch ‚ego' gleich ‚ich') steht für Eigennützigkeit, Eigeninteresse. Ursprünglich wohlgemerkt im Sinne der Art.

Egoismus soll nicht verwechselt werden mit Ich-Sucht oder Selbstsucht, auch wenn der Begriff oft so verstanden oder definiert wird.

Egoismus kennzeichnet das Streben nach Vorteilen und nach Macht für die eigene Person – mit allen Mitteln. Menschen, die es mit dem Egoismus übertreiben, werden von der Gesellschaft belächelt. Ein ‚gesunder' Egoismus hingegen wird unterstützt.

Selbstlosigkeit

Das Gegenteil von Egoismus ist Altruismus (lateinisch ‚alter' = ‚der Andere'). Altruismus bedeutet beispielsweise die Ansicht: Der Andere ist wichtiger. Altruismus steht für Selbstlosigkeit, Uneigennützigkeit, Freiwilligkeit, intrinsische Motivation.

Im 19. Jahrhundert prägte der französische Philosoph Isidore Marie Auguste François Xavier Comte (1798 – 1857) den Begriff Altruismus. Comte fand damit einen Gegenbegriff zu Egoismus.

Jemand, der sich altruistisch verhält, rückt das Gegenüber automatisch in den Vordergrund und sich in den Hintergrund. Diese Person muss nicht zwangsläufig wichtiger als die eigene Persönlichkeit sein, darf es aber schon. Im gemeinsamen Handeln allerdings rückt der Altruist das Gegenüber nach vorn, die eigenen Bedürfnisse treten in den Hintergrund.

Wird die andere Person unterstützt, kann es sein, dass eigene Nachteile oder Kosten entstehen. Im Augenblick ist das für den Altruisten egal.

Gesunder Egoismus

Aufgrund der Betrachtungen in diesem Buch ist festzuhalten, dass der Egoismus nicht nur dem Menschen hilft, seine Art weiterleben zu lassen, sondern auch – beruflich wie gesellschaftlich – erfolgreich zu werden. Extremer Egoismus ist genauso wenig gut wie extremer Altruismus. Im letzten Fall würde sich eine Person komplett aufgeben.

In der folgenden Darstellung zeigt der Querbalken die Ausprägung vom Egoismus bis hin zum Altruismus.

Bedeuteten die beiden Enden des Balkens die volle Ausprägung der Bezeichnungen Egoismus und Altruismus, ergäbe sich so etwas wie ‚Schwarz und Weiß'.

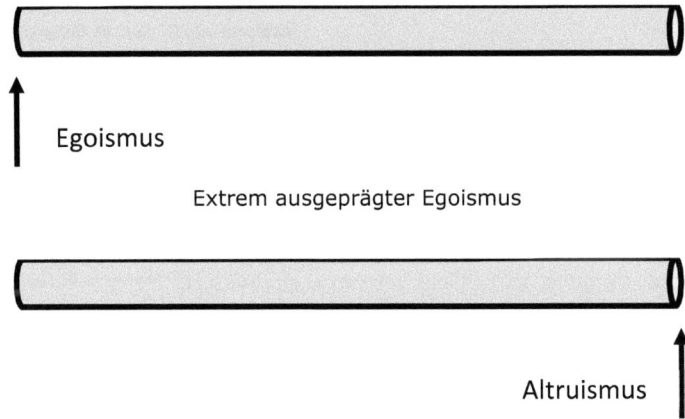

Egoismus

Extrem ausgeprägter Egoismus

Altruismus

Extrem ausgeprägter Altruismus

Neben ‚Schwarz und Weiß' gibt es bekanntlich auch ‚Grau'.

Wo die Pfeilspitze im dritten Beispiel, beim gesunden Egoismus, auftritt, ist nicht genau festgelegt. Da es mehr als einen Grauton gibt, kann die Spitze etwas weiter nach links oder nach rechts auf den Querbalken zeigen.

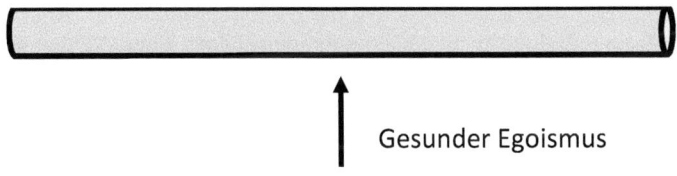

Gesunder Egoismus

Gesunder Egoismus

Der Mensch, der diesen gesunden Egoismus als Lebensstrategie anstrebt, hat seine Persönlichkeit gut analysiert, sie akzeptiert, baut sie sukzessive aus und steht ‚voll' zu sich.

Geben ist mehr denn nehmen

Wer sich den gesunden Egoismus zu Nutzen macht, achtet und wertschätzt die anderen. Er hört aufmerksam zu, nimmt sensibel auf, wie die Stimmung der anderen ist und zeigt deutliches Einfühlungsvermögen. „Geben ist mehr denn nehmen", allerdings ohne sich ‚aus-zu-geben'.

Es gilt authentisch zu bleiben, möglichst unverkrampft und nicht zu sehr schauspielernd. Das ist das ehrlichste Erscheinungsbild.

Durch diese Vorgehensweise baut die Person Vertrauen zu anderen auf. Das Leben oder die Arbeit miteinander verläuft unverkrampft und ehrlich. Alle Beteiligten profitieren.

Gemeinsamkeit als Schutz

Die Liebe vernichtet alles Böse und macht frei von aller Angst.
Hildegard von Bingen, dt. Naturwissenschaftlerin
(1098 - 1179)

„Dank dir bin ich stark!"

Sollte das Böse im Menschen immer wieder nach vorne drängen – weshalb schaffen es trotzdem viele Menschen, Böses gar nicht erst aufkommen zu lassen?

Bestimmt helfen eine entsprechende Erziehung und ein überlegtes und zielorientiertes Vorgehen.

Aber, gepflegter Umgang, wozu dient er? Dazu, ein besserer Mensch zu werden? Oder – im Sinn der oben beschriebenen Überlegungen zu Egoismus und Altruismus – ist ein ‚nettes' Verhalten nur ‚Mittel zum Zweck'? Welcher Zweck ist gemeint? Nun, das eingangs beschriebene Ziel, die eigene Art erhalten zu können.

Also soll wirklich das gutmütige und nette Verhalten als egoistisch entlarvt werden? Da ist ja das entsetzte Aufschreien der Leserinnen und Leser förmlich zu hören.

Gemeinsamkeit macht stark

Na gut, dann soll gedanklich ein Schritt zurückgegangen werden. Der Mensch braucht ein möglichst gesundes soziales Umfeld, um sich entwickeln zu können. Das dürfte unumstritten sein. Bist du lieb zu mir – bin ich auch lieb zu dir. Sollten wir uns gegenseitig vertrauen, können wir uns gegen mögliche Angriffe von außen schützen.

Aha! Bedingung: Erst Vertrauen aufbauen, dann entsteht möglicher Schutz gegen Böses. Ohne Vertrauen und allein: Wie kann dann dem Bösen widerstanden werden? Das könnte ausgesprochen schwierig werden.

Werden diese Gedanken genau analysiert, käme doch wieder der Gedanke des Egoismus auf. Oder nicht?

Ja, wie soll diese Frage beantwortet werden? Mit Ja? Dann zeigte es, dass dieses Vorgehen tatsächlich zum Erfolg führen wird; meistens jedenfalls.

Mit Nein beantworten? Wofür brauchte ein Mensch die Netten rundherum? Er käme doch auch ohne sie weiter, oder?

Ja, soll sich jeder selbst entscheiden, wie er urteilen mag.

Kräfte zeigen

Nur eigene Kraft weiß fremde Kraft zu würdigen.
Julius Waldemar Grosse, dt. Schriftsteller
(1828 - 1902)

„Ich bin stärker!"

Seit ein paar Tagen kann das Kind seine Umwelt auf eigenen Füßen stehend und gehend erkunden. Mit Mama und Papa ist es in der städtischen Fußgänger-Passage unterwegs.

Plötzlich wird sein Interesse von einer Taube geweckt, die einige Meter weiter nach Fressbarem zwischen den daherlaufenden Passanten sucht.

Mit einem aufgeregten Schrei reißt sich das Kind von der Hand des Elternteils und rennt begeistert und quiekend schreiend der Taube hinterher, bis diese entnervt aufgibt und davon flattert.

Vor Vergnügen klatscht das kleine Kind in seine Händchen.

Woher kommt der Wunsch, Vögel zu verscheuchen? Wer hat das dem Kind vorgemacht? In den Genen wird dieses Verlangen doch nicht vererbt sein?

Oder freut sich das Kleinkind lediglich, dass es mit einer Aktion eine Reaktion erzielen kann?

Auf den Jahrmärkten von früher gaben junge Männer ihren ‚Bräuten' gegenüber an, indem sie mit möglichst wenigen und gezielten Ballwürfen gestapelte Dosen-Pyramiden zum Einsturz brachten.

Ist auch das eine Reaktion auf eine Aktion?

Den Vogel abschießen

Andere kegeln oder bowlen, wobei sie die Kegel/Pins wegkicken. Noch ältere begeistern sich beim Tontaubenschießen und dem Abschließen der sogenannten Wurftauben (da sind die Tauben wieder).

Kinder sind begeistert, wenn sie mit geladenen Wasserspritzpistolen auf andere ‚schießen'. Karneval bietet die Möglichkeit, Spielpistolen zum Einsatz zu bringen.

Später bieten Schützen-Vereine eine Möglichkeit, seine Treffgenauigkeit zu beweisen. Es wird auf eine Zielscheibe oder auf einen hölzernen Vogel geschossen.

Den Schützenkönigen erwarten Trophäen, Auszeichnungen und steigendes Image.

Seine Majestät der Schützenkönig

Jährlich wird in Neuss (Nordrhein-Westfalen) mit großem Aufwand der Schützenkönig gekürt. Gelistet wird er mit ‚S. M. Vorname', also zum Beispiel ‚Seine Majestät Jürgen VI.'. Angesprochen wird er mit ‚Majestät'.

Diese Formalien zeigen bereits, welchen Stellenwert die Position im Verein und im Stadtleben hat.

Im Jahr 2019 nahmen ca. 7.700 Schützen und Beteiligte an der Königsparade teil. Das Königsschießen, Festumzüge, die Königsparade mit dem großen Zapfenstreich zogen etwa eine Million Zuschauer an.

In der Königsparade sind übrigens (im Jahr 2019) ausschließlich männliche Schützen eingebunden. Frauen finden sich lediglich in den begleitenden Kapellen.

Invasoren abschießen

Seit es Computerspiele gibt, begeistern unzählige ‚Ballerspiele' Millionen Spieler und Spielerinnen. In einem Spiel wird auf Kugeln oder auf einmarschierende Vögel geschossen. In anderen Spielen warten militärische Invasoren, Außerirdische oder Monster darauf, ‚abgeknallt' zu werden. Je schneller, je mehr, je geschickter, desto höher die Punktzahl am Ende des Spiels.

Alles nur ein Spiel! Oder doch nicht? Wissenschaftler streiten sich darüber, ob derartige Unterhaltungsspiele Auslöser für Aggressionen sind oder Stress abbauen.

Unabhängig davon wer Recht hat, in vielen Spielen geht es darum, den ‚Gegner' auszuschalten.

Deutschlands Verteidigungsetat lag im Jahr 2019 bei 43,2 Milliarden Euro[1]. Gleichzeitig leistete Deutschland Rüstungsexporte im Wert von 1,2 Milliarden Euro für 2018[2].

Die Angst vor Angriffen kostet ein Vermögen. Die meisten Länder dieser Welt geben (Un-)Summen hierfür aus.

Gäbe es die Notwendigkeit des Bedarfs an militärischen Schutz nicht, ließe sich sehr viel Geld an anderer Stelle zum Wohl der Bevölkerung einsetzen.

Ließe sich das Wettrüsten einstellen?

---

[1] Quelle: www.bmvg.de
[2] Quelle: zeit.de vom 13.01.2019

Kräfte messen

Der Wille ist des Menschen höchste Kraft.
Esaias Tegnér, schwed. Lyriker
(1782 - 1846)

„Zeig mal, was du drauf hast!"

In der Tierwelt ist es zu beobachten, bei gleichaltrigen Kindern ebenfalls: das Kräftemessen.

„Wer kommt als Erster da drüben an?" „Wer kann am längsten die Luft anhalten?" „Wer ist kräftiger?"

Spielerisch miteinander kebbeln hilft, die eigene Beweglichkeit, Geschicklichkeit und Schlagfertigkeit zu trainieren. Schlag-Fertigkeit; hier schimmert bereits ein ‚gewaltiges' Wort durch: schlagen.

Durch das gegenseitige Messen der Stärken bildet sich so ganz nebenbei eine Hierarchie in der Gruppe heraus.

In der Tierwelt wird durch dieses Vorgehen schon frühzeitig der Weg für den weiteren Erfolg vorgezeichnet. Der Geschicktere, der Stärkere wird gewinnen. Das Tier darf sich aussuchen, mit wem es sich paaren will. Es wird über das weitere Wohl der Gruppe/Herde maßgeblich entscheiden.

Lässt sich das auf den Menschen übertragen? Ja, bedingt schon.

Kräftemessen aller Art durchzieht die komplette Gesellschaft. Dabei steht das Messen der mentalen Kraft oder der Muskelkraft gleichwertig nebeneinander.

Einige Beispiele des Kräftemessens: Fingerhakeln, Armdrücken, Sportveranstaltungen aller Art, Brettspiele, Quiz-Wettbewerbe, Turniere, Olympiaden und viele andere mehr.

Am Ende wird es einen Gewinner und (mindestens) einen Nicht-Gewinner, einen Verlierer geben. Eine Rangordnung entsteht. Diese Rangordnung lässt sich weltweit führen (zum Beispiel beim Fußball).

Das Kräftemessen kann als Ansporn gesehen werden, immer besser zu werden als die Mitbewerber. Aber – es gibt immer einen Besten – und die vielen anderen. Dem Besten wird zugejubelt, die anderen werden vergessen.

Der Wettbewerb verläuft meistens ziemlich harmonisch, nur manchmal artet das Kräftemessen in eine kleinen Keilerei aus.

Kleine Helferlein

Sportbegeisterte stecken viel Ehrgeiz und Training in die Verbesserung ihrer Leistungen. Sie wollen die erzielten Rekorde zumindest halten, idealerweise verbessern.

Bekanntlich schläft die Konkurrenz nicht. Je höher einer in der Rangliste steigt, desto mehr Aufmerksamkeit genießt und desto mehr Zuneigung gewinnt er. Es ist also lohnenswert, seine Werte verbessern zu können.

Die menschliche (biologische) Beschaffenheit des Körpers zeigt allerdings Grenzen auf. Trotz wildestem Training lässt sich das sportliche Ergebnis kaum mehr optimieren.

Aber – was ist das? Ein paar Tröpfchen hiervon, eine kleine unauffällige Infusion, ein harmloses Pillchen dort … Wenn es hilft. Und es hilft tatsächlich.

Die eingenommenen, bedauerlicherweise verbotenen Mittelchen, steigern die Leistung. Kein Wunder, dass viele Sportler und Sportlerinnen zu Dopingmitteln greifen. Solange sie nicht entdeckt werden, führen sie die Ranglisten an und sonnen sich im Erfolg ihres Ruhms und ihres steigenden Bekanntheitsgrades.

In den vergangenen Jahren wurden viele Medaillen wieder aberkannt, nachdem der Sportler nachträglich des Dopings überführt wurde. Die Medaille ist weg, der erste Platz auch, das Image ist zerstört. Förderer und Sponsoren wenden sich unauffällig ab. War es den Betrug wert?

Sportler stehen unter einem immensen Druck durch die konkurrierenden Sportler. Allerdings ist der ausgeübte Druck durch die eigenen Funktionäre und durch die Fans ebenso nicht zu unterschätzen.

Mit ohrenbetäubendem Lärm, mit unterstützenden Gesängen und motivierenden Texten auf hochgehaltenen Bannern wird der eigenen Mannschaft gezeigt, dass die Fans hinter ihr stehen.

Marodierende Fans

Sportliches Versagen nehmen einige Fans nur bedingt hin. Manchmal wendet sich der Frust gegen die eigene Mannschaft oder gegen den bisherigen sportlichen Star.

Die eigenen Fans können in ihrem Verhalten extreme Züge annehmen. Sie werden schnell ausfallend und lassen sich vom (negativen) Verhalten der anderen Fans mitziehen. Das Ansehen des eigenen Stars sinkt.

Auch beim Schmähen der gegnerischen Mannschaft wird nicht gezögert – im Gegenteil. Sie wird mit verächtlichen und herablassenden Rufen beleidigt. Wird ein gegnerischer Spieler zum Beispiel aufgrund seiner Hautfarbe und/oder seiner Herkunft beschimpft, hat das nichts mehr mit fairer, sportlicher Unterstützung der eigenen Mannschaft zu tun. Das Verhalten zeigt Menschenverachtung.

Fliegen Glasflaschen oder Molotowcocktails auf das Spielfeld, ist die sportliche Achtung schon gar nicht mehr gegeben. Bewusst wird eine Konstellation erzeugt, die zumindest für die Spieler eine Gefahrensituation heraufbeschwört.

Aggressions-Eskalation

Zu manchen Spielen empfangen geschulte Polizeikräfte die eintreffenden, oft bereits stark alkoholisierten Fans am Bahnhof, begleiten sie zum Stadion und später wieder zurück. Die aufgeputschten Fans sollen möglichst nicht mit den Fans der gegnerischen Mannschaft aneinandergeraten.

Pöbeleien, Schlägereien bis hin zu Massenschlägereien und anderen Auseinandersetzungen wären sonst vorprogrammiert.

Nicht mehr akzeptiertes Verhalten wird gezeigt, wenn im Bus abreisende Fans auf der Autobahn auf einen Parkplatz abgedrängt werden, um dort von gegnerischen Fans, einem Überfall gleich, aus dem Bus geprügelt zu werden.

Auch wenn der Mannschaftsbus und die darin befindliche Sport-Mannschaft von einem Einzeltäter angegriffen wird, was Verletzungen und Ängste erzeugt, hat das nichts mehr mit sportlichen Zielen zu tun. Hier schimmert Hass durch.

Ziehen marodierende Fans auf dem Heimweg durch die Innenstadt, wird manchem Ladenbesitzer angst und bange; Passanten versuchen sich in Sicherheit zu bringen. Durch Zerstörungen und Verschmutzungen entstandene Schäden belasten die Kassen der Gemeinden, der Versicherungen oder der Allgemeinheit.

Die Kosten für die Polizeieinsätze steigen in die Millionen. Tausende Überstunden fallen an. Wer kommt hierfür auf?

Sportler, die je nach Sportart jährlich Millionen für sich einspielen, sind nur indirekt betroffen.

Handelt es sich bei den geschilderten Geschehnissen immer noch um das ursprüngliche Kräftemessen? Dominieren nicht wirtschaftliche und finanzielle Interessen die Sportwettkämpfe?

Eltern schlagen sich am Spielfeldrand

Abschließend sei daran erinnert, dass Trainer von Kinder- und Jugendmannschaften berichten, wie aggressive und ehrgeizige Eltern vom Spielfeldrand aus ihren eigenen Nachwuchs anfeuern und gleichzeitig abwertend über die anderen spielenden Kinder herziehen.

Kein Wunder, wenn es plötzlich am Spielfeldrand unter den Erwachsenen zu einer kleinen Schlägerei kommt.

Der sportliche Konkurrent ist kein Gegner, sondern ein Wettbewerber. So soll er auch betrachtet werden, damit das Kräftemessen im sportlich abgesteckten Rahmen stattfinden kann.

Die Beleidigung – Den Handschuh werfen

Beleidigung mit Beleidigungen zu vergelten ist die Art des Pöbels.

Friedrich II., der Große, preuß. König

(1712 - 1786)

„Du hast mich beleidigt!"

Zwei Menschen geraten aneinander, da sich einer beleidigt fühlt. Er kann und will diese Beleidigung nicht auf sich sitzenlassen.

Er wirft dem Gegenüber den Fehdehandschuh vor die Füße. Nun ist der an der Reihe. Nimmt er die Herausforderung an? Oder soll er die Beleidigung auf sich sitzenlassen? Dann gälte er ab sofort als Feigling.

Was bleibt ihm anderes übrig, als den Fehdehandschuh aufzunehmen/aufzuheben. Er nimmt dadurch die Herausforderung an. Die Ehre kann wieder hergestellt werden.

Fehde

Die Fehde ist eine feindselige Auseinandersetzung zwischen zwei Personen, zwei Familien oder zwei Sippen. Die Fehde schafft die Möglichkeit, eine Streitigkeit ohne Weg über die staatliche Rechtsprechung zu wählen. Die Personen tragen ihren Zwist direkt miteinander, ohne Hilfe eines Gerichts untereinander, aus.

Duell

So verabredeten sich die beiden Kontrahenten zu einem Duell (lat. ‚duellum' = ‚Kampf'), einem Zweikampf. In den meisten Ländern waren diese Duelle verboten, weshalb sie heimlich und unter Ausschluss der Öffentlichkeit durchgeführt wurden. Oft außerhalb der Stadt, in einem Waldstück, versteckt vor den Blicken unerwünschter Zuschauer.

Das Umsetzen des Duells unterlag genau festgelegten Regeln. Es wurden tödliche Waffen benutzt, da das Ziel war, den Gegner auszuschalten. Der zum Duell aufgeforderte durfte die Waffenart wählen.

Jeder Kontrahent wurde von einem Sekundanten (lat. ‚secundus' = ‚der Zweite') begleitet. Da von (tödlichen) Verletzungen ausgegangen wurde, war oft ein Arzt, manchmal zusätzlich auch ein neutraler Beobachter anwesend.

Was ist von den früheren Duellen geblieben? Heutzutage wird noch von einem Rededuell gesprochen. Zum Beispiel trifft sich der amtierende Staatschef mit dem Herausforderer vor der Wahl zu einem Rededuell in einer öffentlich übertragenen Veranstaltung.

Respektverlust

Der Böse kann nicht geben.
Oscar Wilde (Oscar Fingal O'Flahertie Wills), ir. Lyriker
(1854 - 1900)

„Die anderen stören nur!"

Herr Thalheim bezeichnete sich als erfolgreichen Geschäftsmann. Er war stolz auf sich und seine Leistungen. Beruflich war er viel mit seinem PS starken Sport Utility Vehicle (SUV) unterwegs. Solch ein kräftiges Fahrzeug brauchte er, um schnell von A nach B zu kommen und natürlich, um seinen Kunden seinen Erfolg zu demonstrieren.

Dummerweise konnte er nur noch selten sein Fahrzeug richtig ausfahren. Entweder sorgten unsinnige Geschwindigkeitsbegrenzungen für Zeitverlust oder Trottel, die ewig auf der linken Fahrbahn vor sich herschlichen, das blockierten zügige Vorankommen.

Herr Thalheim zeigte durch heftiges Aufblinken und aggressives Auffahren, dass der Schleichende gefälligst und sofort nach rechts zu wechseln hatte. War der zu begriffsstutzig, überholte Herr Thalheim den Penner einfach rechts, setzte sich dann vor ihn und bremste ihn erst mal aus. Dabei geizte er nicht mit bösartigen Beschimpfungen und deutlichem Einsatz seines ‚Stinkefingers'.

Und dann wieder Vollgas, bis zum nächsten Verkehrshindernis.

Was war das denn schon wieder? Stau? Nicht schon wieder ein Unfall! Können die denn nicht richtig fahren? Fluchend bremste Herr Thalheim sein Auto. Nur noch schrittweise ging es voran – dann Stillstand.

Schon hörte Herr Thalheim die Alarmsirene der Rettungsfahrzeuge – das Blaulicht näherte sich blinkend. Seine Vordermänner bildeten eine Rettungsgasse. Schon fuhren mehrere Feuerwehrfahrzeuge, Polizei- und andere Rettungswagen direkt durch die entstandene Rettungsgasse. Alles vorbei?

Zack, zog Herr Thalheim sein Auto hinter das letzte Rettungsfahrzeug und konnte so die im Stau Stehenden hinter sich lassen. Dass der eine oder andere verständnislos den Kopf schüttelte oder mit dem Zeigefinger an die Stirn klopfte, ließ ihn kalt – das war er gewohnt.

Schließlich war er an der Unfallstelle angekommen. Das Rettungsfahrzeug vor ihm war stehengeblieben. Wie sollte Herr Thalheim nun weiterkommen?

Er ließ das Seitenfenster runter und brüllte einen verdutzt blickenden Helfer an. „Kannst du mit deiner Kiste nicht woanders parken?"

Aggressiv zwängte sich Herr Thalheim zwischen dem Rettungsfahrzeug und dem vordersten PKW durch. Überall Glassplitter auf der Straße. Schnell noch ein Foto von der Unfallstelle schießen – und dann nichts wie weg.

Die können alle nicht fahren, dachte sich Herr Thalheim, während er davonrauschte.

Rücksichtsloses und aggressives Verhalten im Straßenverkehr

Immer wieder geschehen durch rücksichtslose und aggressive Fahrweise böse Unfälle, bei denen dann mehrere Schwer- und Schwerstverletzte auf der Fahrbahn liegen oder in den Autowracks eingeklemmt sind.

In kürzester Zeit bildet sich auf der stark befahrenen Autobahn ein kilometerlanger Stau, auf allen Fahrspuren. Nachvollziehbarerweise reagieren die meisten Fahrer genervt aufgrund der erwarteten Verzögerung. Nur wenige machen sich Gedanken über die Verunfallten.

In der Regel dauert es nicht lange, bis die blinkenden Blaulichter der anrückenden Helfer, Feuerwehr, Krankenwagen und Polizei zu sehen sind. Weshalb dauert es aber immer wieder so lange, bis sie die Unfallstelle erreichen können?

Nun, die Rettungskräfte kommen nicht durch! Wertvolle Minuten gehen verloren, weil Unbelehrbare oder verbohrte Fahrzeugführer keine lebenswichtige Rettungsgasse bilden und die Rettungsfahrzeuge nicht passieren lassen. Im Gegenteil: Immer wieder werden Rettungskräfte von einigen Autofahrern beschimpft oder sogar absichtlich bei ihrer Arbeit behindert.

Die verlorengegangene Zeit hätte dem einen oder anderen Schwerverletzten gelangt, dank der Ersten Hilfe überleben zu können. So verstirbt hin und wieder ein Unfallopfer bevor die medizinische Rettung eintritt.

Handy-Gaffer – der Schaulästige

Treffen die dringend erwarteten Helfer am Unfallort ein, werden sie verstärkt von neugierigen Gaffern bei ihrer Arbeit behindert. Immer wieder gibt es einen Irregeleiteten, der ein Selfie von sich und einem am Boden liegenden Opfer macht.

Autobild.de schreibt am 05.06.2015: „Eine bewusste Entscheidung und daher unangemessenes, schlechtes Benehmen, das im Handy-Knigge unter absolutes No-Go stehen sollte."

Seit dem Jahr 2018 wird gegen solches unangemessenes und beschämendes Verhalten vorgegangen. Der Bußgeldkatalog sieht für ‚Gaffer' ein Bußgeld von immerhin bis zu 1.000 Euro vor. Wer die persönliche Intimgrenze überschreitet und Fotos- oder Filmaufnahmen von Unfallopfern aufnimmt, riskiert sogar eine empfindliche Freiheitsstrafe von bis zu 2 Jahren.

Jochen Graf, Moderator des SWR, soll im Jahr 2019 für Gaffer den Begriff ‚Schaulästige' kreiert haben.[3]

Egoismus im Straßenverkehr

Laut einer nicht repräsentativen Umfrage bei der Recherche zu diesem Thema zeigten sich einige interessante Ansichten. Befragt wurden Auto-, Motorrad-, Fahrrad- und Rollerfahrer zum zwischenmenschlichen Umgang im Straßenverkehr.

In fast allen Gesprächen wurde das Gefühl geäußert, dass jeweils die Verkehrsteilnehmer der anderen Gruppe rücksichtsloses Verhalten zeigten.

---

[3] Quelle: GA, 12.08.2019

Zwei Ansichten:

Der Autofahrer über den Radfahrer: Rast rücksichtslos durch den Straßenverkehr, überholt rechts oder links, wie es gerade passt, ignoriert rote Ampeln, fährt entgegen der vorgegebenen Fahrtrichtung, schaltet bei Dämmerung oder bei Dunkelheit kein Fahrlicht ein, fährt verbotenerweise durch die Fußgängerpassagen.

Der Radfahrer über den Autofahrer: Hält keinen Sicherheitsabstand, achtet beim Abbiegen nach rechts nicht auf den Radverkehr, parkt auf dem Radstreifen, reißt beim Parken einfach die Fahrertür auf, ohne auf den rückwärtigen Verkehr zu achten.

Die hier gegebenen Aussagen zeigen nur einen sehr kleinen Ausschnitt über das teilweise aggressiv vorgeworfene Verhalten der anderen Verkehrsteilnehmer.

Aus eigener Sicht konnte jeder über die anderen Gruppen viel Negatives berichten. Egal, wer über wen. Keiner der oben genannten vier Gruppen kam in der Beurteilung deutlich besser davon.

Es ist deutlich erkennbar, welche Bilder der eine von einem anderen hat. Mit dieser Einstellung bewegt er sich nun im Straßenverkehr.

Basiseinstellung: Negativ. Kommt es nun zu einer kleinen brenzligen Situation, entzündet sich die lauernde Aggression häufig sofort in böse Schimpfereien. Immer häufiger kommt es auch dabei zu körperlichen Auseinandersetzungen.

Gedanklicher Rollen-Wechsel

Bei den Befragungen von oben zeigte sich aber noch etwas ganz anderes. Beispielsweise waren viele Fahrradfahrer auch Autofahrer. In dem Augenblick, in dem sie gegen Autofahrer schimpften, verurteilten sie sich selbst.

Obwohl sie sehr gut die Rolle des Vertreters der anderen Gruppe nachvollziehen konnten, zeigten sie keinerlei Verständnis für deren Verhalten. Ist das nicht eigenartig? Müsste nicht genau das Gegenteil eintreten? Der Betreffende wechselt die Rolle – mal Auto-, mal Radfahrer – und schimpft trotzdem über den jeweils anderen.

Das Schimpfen über negatives/unfaires Verhalten im Straßenverkehr findet nicht nur über andere Gruppen statt. So schimpfen selbstverständlich auch Autofahrer über andere Autofahrer. „Sind ja wieder mal nur Idioten unterwegs." Alles nur Idioten, außer dem einen, der schimpft?

Der Einzelne sieht sich als zügig fahrenden, dem Verkehr in angemessenen Geschwindigkeit folgenden, defensiven und freundlichen Autofahrer. Er ist aufmerksam und vorausschauend unterwegs, überlässt einem anderen auch einmal die Vorfahrt und parkt sauber mittig in der Parkbucht.

Die Falschparker, die Gerade-noch-bei-dunkelgelb-Durchfahrenden, die Auf-der-linken-Autobahnspur-Bummelnden, die, die nicht merken, dass die Ampel auf Grün umspringt, die, die immer noch nicht kapiert haben, wie das Reißverschlusssystem funktioniert – das sind immer die anderen.

Eigenes Verhalten im Straßenverkehr überdenken

Sind es immer die anderen? Es ist viel einfacher, die Schuld auf andere zu lenken. Verhielten sich tatsächlich so viele Menschen so rücksichtsvoll im Straßenverkehr wie erwartet, gäbe es dort gar keinen Stress. Vielleicht sollte sich ein jeder erst einmal an seine eigene Nase packen und sein eigenes Verhalten im Straßenverkehr überdenken, bevor er das Verhalten der anderen kritisiert.

Wahrscheinlich wird der Straßenverkehr in den kommenden Jahren weiterhin erheblich zunehmen. Passives Abwarten auf das Einführen neuer Regeln oder Kontrollen hilft nicht weiter. Damit das Verkehrssystem nicht total kollabiert, ist die Mitarbeit eines jeden Verkehrsteilnehmers gefordert. Jeder Verkehrsteilnehmer kann aktiv werden.

Also bitte, nett sein im Straßenverkehr und auch mal auf das eigene (Vor-)Recht verzichten.

Zu E-Tretroller E-Scooter

Kaum sind die E-Roller im Straßenverkehr zugelassen, gibt es die ersten Beschwerden.

Geklagt wird über rücksichtslose Fahrweise auf Rad- und Fußgängerwegen sowie in Fußgängerzonen.

Einige fahren zu zweit auf dem Roller oder im alkoholisierten Zustand (was beides verboten ist).

Verantwortungslose Fahrer stellen den Roller mitten auf dem Gehweg ab, wo er leicht zu einer Stolperfalle werden kann.

Andere machen sich einen Spaß daraus, abgestellte E-Scooter in einen Fluss oder in einen See zu werfen. Dort verrotten sie. Chemikalien treten aus den Akkus aus und verunreinigen das Wasser.

Weshalb finden Menschen nicht von Anfang an einen pfleglichen Umgang mit den Rollern? Weshalb erzeugen sie Unmut und unnötige Kosten?

Zwangsläufig müssen Regeln erstellt werden, deren Durchführung kontrolliert werden muss, um Fehlverhalten zu sanktionieren.

Schade, dass Menschen so gedankenlos vorgehen. Ist das typisch Mensch?

Wie schön könnte sein, verhielten sich die Betreffenden so, dass keine Reklamationen entstehen müssten.

Respektlosigkeit und Bedrohung

Die Respektlosigkeit zu den Ahnen ist das erste Merkmal der Unsittlichkeit.
Alexander Sergejewitsch Puschkin, russ. Dichter
(1799 - 1837)

„Die machen alle nur Kaffeepause!"

Eine Krankenpflegerin eines Unfall-Krankenhauses berichtet:

Bedrohung von Krankenhauspersonal

Wir haben seit einigen Wochen eine Security hier. Bedauerlicherweise müssen wir verstärkt Übergriffe durch Patienten beklagen. Dabei bemerkte ich zwei Varianten.

Da gibt es die Patienten, die leider sehr lange Wartezeiten im Wartezimmer verbringen müssen. Unser Ziel ist es, den eintreffenden Patienten in der Notunfallaufnahme nach spätestens zehn Minuten registriert und aufgenommen zu haben.

Je nach Dringlichkeit seines Falles ordnen wir ihn in eine bestimmte Kategorie ein. Das geht los bei „sehr dringlich", also schnellstmöglich zu behandelnder Notfall, bis hin zu „nicht ganz so dringlich".

Wer in einem bedrohlichen, vielleicht sogar lebensbedrohenden Zustand ist, muss sofort behandelt werden. Jeder dringliche Notfall drängt die weniger dringlichen zeitlich nach hinten. Die Ärzte kümmern sich sofort um den Patienten.

Deshalb kann es schon mal zwei Stunden dauern, bis sich eine Ärztin oder ein Arzt dem „weniger dringlichen" wartenden Patienten widmen kann. Nach einer Untersuchung ist zum Beispiel ein Eingriff oder eine andere Behandlung nötig. Manchmal muss geröntgt werden, manchmal muss ein MRT (Magnetresonanztomographie) oder ein CRT (Kardiale Resynchronisationstherapie) durchgeführt werden. Oft brauchen wir eine Blutentnahme, manchmal muss jemand verbunden oder es muss ein Gipsverband angelegt werden.

Also muss der Patient wieder warten, bis im täglichen Dauerbetrieb ein Platz für die jeweilige Untersuchung frei wird. Dann erfolgt eine Analyse der Ergebnisse und es kommt wieder zum Patientengespräch.

So kann es sein, dass sich ein Patient ewig hin- und hergeschoben fühlt, bis er an der Reihe ist.

Der Patient hat Angst, seit längerer Zeit nichts gegessen, wird ungeduldig und leider manchmal unhöflich und aufbrausend. Er schreit dann die Hilfskräfte an, droht, verlangt sofort vorgelassen zu werden.

Manchmal haut einer mit der Faust auf die Theke, ein anderer nimmt umherstehende Dinge oder Unterlagen und wirft sie auf den Tisch oder in den Raum. Manchmal auch gezielt auf Personal.

Dabei arbeiten wir im Hintergrund oft am Limit und öfter auch mit vielen, vielen Überstunden. Wir tun wirklich, was in unserer Macht steht.

Ich will betonen, dass unter den Patienten manchmal auch welche sind, die gar nicht als Notfall anzusehen sind. Sie kommen dann zu uns, wenn sie beim Hausarzt keinen zeitnahen Termin bekommen.

Natürlich behandeln wir auch diese Patienten. Aber sie tragen dazu bei, dass die Wartezeiten für alle noch länger werden.

Noch etwas schlimmer bei Übergriffen ist eine weitere Gruppe. Nämlich der begleitende Angehörige eines Patienten. Er hat das Gefühl, dass der Patient nicht optimal behandelt wird, er wird dann sehr schnell laut und bedrohlich.

Das kann schon mal kritisch werden, wenn eine Ärztin allein mit dem Patienten und der Begleitung im Behandlungszimmer ist. Wenn sich ein muskelbepackter Mensch vor einer Ärztin aufbaut, sie anbrüllt und sagen wir mal, sie wegschubst. Schnell greift ein wütender Begleiter zu einer Schere oder einem anderen Instrument, das im Raum liegt.

Zu unserer Aufgabe, den Patienten schnell und richtig zu behandeln, kommt nun noch die Befürchtung, dass die Situation eskaliert. Zu allem Stress, der sowieso existiert, kommt die Furcht, in einen Konflikt zu geraten.

Ich will deutlich sagen, dass durch solche Ereignisse unsere Arbeit zusätzlich erschwert wird. Wir wollen nur das Beste für die Patienten, müssen uns dann aber beschimpfen und bedrohen lassen. Das bereitet mir Angst. Da wird einem die Lust an der Arbeit genommen.

Das Aggressionspotenzial hat in den vergangenen Jahren messbar zugenommen. Ohne die Security-Leute wollte ich hier nicht mehr arbeiten.

Meine Bitte an alle Patienten und Begleiter: Bringt Zeit und Geduld mit, wir arbeiten so schnell und sorgfältig wie möglich.

Jedem Patienten sollte klar sein, dass es im Interesse des Personals der Unfallstation liegt, die Hilfe Suchenden so schnell wie möglich zu versorgen.

Droht dem Personal Gefahr durch Patient oder Begleitung, kann die Aufmerksamkeit nicht mehr 100-prozentig der Betreuung der Patienten gewidmet werden. Die geleistete Hilfe wird leiden. Das kann nicht im Sinn der Patienten sein.

Respektlosigkeit in Amtsstuben

Nicht nur Krankenhauspersonal klagt über die steigende Respektlosigkeit mancher Patienten/Kunden.

In vielen Ämtern mit Kundenverkehr kam es auch schon zu bedrohlichen Situationen.

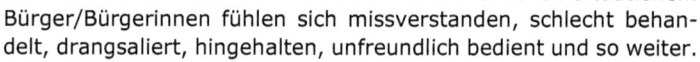

Bürger/Bürgerinnen fühlen sich missverstanden, schlecht behandelt, drangsaliert, hingehalten, unfreundlich bedient und so weiter.

Da rastet schon mal ein Antragsteller aus. Manche Ämter haben mittlerweile ein internes Alarmsystem installiert, um bei Bedrohung Unterstützung zu alarmieren.

Die gewünschte Bürgernähe geht zwangsläufig verloren. Unterschwelliges Misstrauen macht sich breit. Das sind keine guten Voraussetzungen für ein bürgerfreundliches Miteinander.

Beamte, Amtsträger und Beschäftigte ähnlicher Institutionen sollten nicht per se als ‚feindliche Gegner' betrachtet werden. Natürlich gibt es hier wie überall schwarze Schafe; die meisten haben allerdings ‚weißen Westen' und wollen zügig helfen.

Sie erledigen ihre Arbeit und wollen diese so gut wie möglich tun.

Es heißt: Respekt voreinander! Ein Lächeln im Gesicht entwaffnet und hilft, eine angenehme Gesprächssituation einzuleiten. Das betrifft natürlich beide Seiten – sowohl den Dienstleister als auch den Kunden.

Geschönte Wahrheit, liebe und böse Lügen

Nun hat aber Gott in seiner Gnade den Menschen erschaffen, der sich auf die Vernunft stützt, damit er in Erkenntnis des Guten und Bösen gerecht handele und aus dieser Erkenntnis heraus das Gute erstrebe und das Böse von sich werfe.

Hildegard von Bingen, dt. Naturwissenschaftlerin

(1098 - 1179)

„Ich sage das, was andere hören wollen."

„Niemand hat die Absicht, eine Mauer zu errichten." Das war die Aussage von Walter Ernst Paul Ulbricht (Vorsitzender des Staatsrats der DDR, 1893 – 1973) am 15. Juni 1961.

Es dauerte nur etwa zwei Monate, bis Ulbricht der Lüge überführt war: Am 13.08.1961 wurde damit begonnen, die Mauer aufzuziehen.

Aus einem fiktiven Interview:

Frage: Lieber Freiherr von Münchhausen. Danke, dass wir mit Ihnen heute ein Interview führen dürfen.

Antwort: Kein Problem, ich habe heute schon 5 Interviews gegeben. In einem Fall sogar zwei Interviews gleichzeitig.

Frage: Wie haben Sie das hinbekommen?

Antwort: Wir saßen an einem Tisch, links ein Interviewer, rechts ein anderer. Dann wurden die Fragen abwechselnd gestellt.

Frage: Aha. Ihnen wird nachgesagt, dass Sie manchmal etwas mit Ihren Berichten übertreiben. Stimmt das?

Antwort: Das ist an den Haaren herbeigezogen. Alle meine Berichte wollen so von den Zuhörern gehört werden.

Frage: Sie werden als ‚Lügenbaron' bezeichnet.

Antwort: Ich bin stolz darauf, so genannt zu sein.

Frage: Immerhin gibt es über 100 Geschichten von und mit Ihnen.

Antwort: Da sehen Sie mal, wie gefragt ich bin und was ich alles schon erlebt habe.

Frage: Sie wollen ein in den Schnee gefallenes Messer mit einem gefrorenen Harnstrahl wieder aufgehoben haben. Sie haben darauf uriniert?

Antwort: Ach das. Ja, es war bitterkalt. Der Harnstrahl zum Messer ist sofort gefroren. Ich musste mich gar nicht großartig bücken, um das Messer aufzuheben.

Frage: In einem anderen Fall sind Sie mit Ihrem Pferd auf einen eingedeckten Tisch gesprungen. Und dabei soll keine Teetasse zerbrochen, kein Silberkaffeelöffel verrutscht sein?

Antwort: Nein, natürlich nicht. Wer gut reiten kann und Vertrauen in sein Pferd setzt, kann viel erreichen. Pferd und Reiter werden sozusagen eins. Das erste Tier, das ich als Baby wahrnahm, war ein Pferd. Ich konnte reiten, bevor ich laufen konnte.

Frage: Sie waren ja auch ständig und viel unterwegs mit einem Pferd?

*Antwort: Was heißt unterwegs. Ein Baron ist eher auf dem Rücken eines Pferdes anzu-
treffen als auf eigenen Füßen. Außerdem war ich als Reiter im russisch-österreichischen
Türkenkrieg von 1736 bis 1739. Dort hatte ich auch den schnellsten Ritt meines Lebens.*

Frage: Erzählen Sie.

*Antwort: Wir hatten folgendes Problem: Die beiden Heerlager lagen sich gegenüber.
Wir kamen einfach nicht in die Festung Otschakow, die wir belagerten; mussten aber
unbedingt wissen, wie es hinter deren Verteidigungslinie aussah. Mit einem Pferd konnten wir nicht hinkommen.*

Frage: Wie sind Sie vorgegangen?

*Antwort: Als Mutigster von allen hatte ich eine geniale Idee. Ich setzte mich auf eines
unserer Kanonenrohre und ließ abfeuern.*

Frage: Das muss sehr gefährlich gewesen sein.

Antwort: Ach, wieso? Immerhin bin ich ein Baron und war damals 18 Jahre alt.

Frage: Was geschah dann?

*Antwort: In dem Augenblick, in dem die Kanonenkugel das Rohr verließ, habe ich mich
an ihr festgeklammert. Mit einer unglaublichen Geschwindigkeit sauste ich auf dieser
zum feindlichen Lager. Ich musste aufpassen, dass meine Kopfbedeckung nicht weg-
flog.*

Frage: Dann kamen Sie über die feindlichen Stellungen?

Antwort: Ja. Hier konnte ich in die Verteidigungsstärke und Strategie Einblick erhalten.

Frage: Wie kamen Sie wieder zurück?

*Antwort: Kurz vor dem Aufschlag kam mir eine Kugel aus der Gegenrichtung entgegen.
So bin ich von meiner Kugel auf die andere umgestiegen. In kürzester Zeit war ich
wieder in unserem Lager und konnte über alles berichten.*

Frage: Wahrheitsgetreu?

*Antwort: Na ja, ich habe mit der feindlichen Stärke etwas geschummelt. Das hat unsere
Leute motiviert.*

Frage: Es hat sie motiviert, weil Sie mit der Anzahl der Feinde geschummelt haben?

Antwort: Genau, dann fühlten sie sich stärker und konnten die Schlacht gewinnen.

Frage: Meinen Sie, dass es besser ist zu lügen, als die Wahrheit zu sagen?

*Antwort: Meistens schon. Wer will schon die Wahrheit hören? Leute sind doch viel
empfänglicher für Schmeicheleien. Die Menschen wollen lieber etwas Schönes, etwas
Ungewöhnliches hören als immer nur die langweiligen Alltäglichkeiten.*

Frage: Ist das fair?

*Antwort: Wo ist das Leben fair? Sensationen sind gefragt! Dann wird es auch nicht
langweilig im Leben. „Wer belogen werden will, soll belogen werden."[4]*

---

[4] Quelle: ‚Leben, Tod und Ansichten' vom selben Autor

Der Lügenbaron

Tatsächlich gab es einen Adeligen mit dem klangvollen Namen Hieronymus Carl Friedrich Freiherr von Münchhausen (1720 – 1797), Angehöriger einer Adelsfamilie in Bodenwerder im heutigen Niedersachsen. Er wurde dort im Schloss Münchhausen geboren.

Als Münchhausen vier Jahre alt war, starb sein Vater. Münchhausen konnte im Alter von 13 Jahren als Page in den Dienst von Herzog Anton Ulrich von Braunschweig-Wolfenbüttel (1714 – 1774) eintreten.

Im Jahr 1738 zog er mit ihm in den russisch-osmanischen Krieg. Das wahrscheinliche Ziel war die osmanische Krim-Festung Otschakow, wo die Lügengeschichte mit der Kanonenkugel entstand.

Es folgten auch noch andere, wild erfundene Lügengeschichten. Münchhausen konnte mit diesen Erzählungen erfolgreich in den adeligen Familien prahlen. Die Gesellschaft hörte mit Begeisterung Geschichten dieser Art offensichtlich gerne – sie amüsierte sich prächtig bei diesen Prahlereien.

Das verschaffte Münchhausen in der adeligen Gesellschaft den – schmeichelhaft gemeinten – Namen Lügenbaron. Er war stolz auf diese Bezeichnung.

Lügen zum Überleben

Wollte ein Mensch ausschließlich die Wahrheit sagen, würde er vielen Menschen vor den Kopf stoßen. Deshalb wird die Wahrheit manchmal gebeugt, um das soziale Zusammenleben zu ermöglichen. Diese Vorgehensweise wird vom sozialen Umfeld geprägt und gehört somit zum Verhalten des Menschen. Damit kann er in einer Gesellschaft überleben.

Manchmal wird es knifflig zu entscheiden, ob eine Aussage bereits als Lüge betrachtet werden soll. Verschiedene Quellen sprechen von weißen Lügen und schwarzen Lügen. Weiße Lügen sind die, die das problemlose Überleben in der Gesellschaft garantieren. Die schwarzen Lügen sind die, die (vorsätzlich) Böses beabsichtigen.

Akzeptierte Lügen

Schmeicheleinheiten wie „Du siehst schöner aus als die Königin von Saba!" freut die Angesprochene in der Regel, da sie sich geschmeichelt fühlt; wohl wissend, dass in der Aussage eine Übertreibung vorliegt.

Während eines Smalltalks, dem kleinen, unverbindlichen Gespräch, werden oft belanglose Nettigkeiten – „das ist eine interessante Location hier" – ausgetauscht. Sie dienen dazu, eine positive Atmosphäre entstehen zu lassen.

In der politischen Diplomatie kommt es auf jedes ausgesprochene und unausgesprochene Wort an. Eine positiv klingende Aussage kann gegebenenfalls ein Scheitern des Gesprächs ausdrücken. „Wir haben uns darauf geeinigt, in Kontakt zu bleiben." Nett …

Auch bei Übertreibungen ist den meisten Menschen sofort klar, dass hier die Aussage nicht ganz der Wahrheit entspricht: „Das habe ich ihm schon tausendmal gesagt."

Ein motivierendes Lob für den Nachwuchs wie beim Betrachten eines Bildes „Das hast du ganz hervorragend gemalt", wird kaum jemand als Lüge definieren. Wer würde seinem Kind schon sagen: „Das ist eine hässliche Kritzelei."?

Manchen Berufsgruppen wird schon nachgesagt, dass sie ‚Seemannsgarn' – ursprünglich Schiemannsgarn – erzählen. Für das Schiff gebrauchtes Garn, wurde bei gutem Wetter gesponnen. Dabei ergab sich genügend Zeit, um über Begegnungen mit riesigen Meeresmonstern, singenden Wassernixen und sonderbaren Ungeheuern aller Art zu berichten.

Manch einer scheint auch heute noch zu viel Zeit zu haben. Woher kämen sonst all die Lügen?

Die bösen Lügen zur Steigerung der eigenen Macht

Und böses Wort verdoppelt böse Tat.
William Shakespeare, engl. Dichter
(1564 - 1616)

„Ich lüge dich nicht an!"

Im Gegensatz zu den lieben Lügen, sollen die bösen Lügen den eigenen Vorteil sichern. Egal, ob andere dadurch Nachteile oder Beeinträchtigungen haben.

Die bösen Lügen lassen sich drei Gruppen zuordnen:

1. Gruppe der bösen Lügen: Dem Lügner ist bewusst, dass er zum eigenen Vorteil die Unwahrheit sagt.

2. Gruppe der bösen Lügen: Der Lügner glaubt, die Wahrheit zu sagen. Allerdings entsteht durch seine (vermeintlich wahre) Aussage eine nicht beabsichtigte Fehlaussage.

3. Gruppe der bösen Lügen: Der Lügner gibt eine Fehlinformation weiter, die er selbst für wahr hält.

Die 1. Gruppe der bösen Lügen – Vorteil schaffen

Wie definiert, ist sich der Lügner bei dieser Art der Lüge absolut im Klaren darüber, die Unwahrheit zu sagen.

Egoistische Lüge

In diese Gruppe gehört die extreme Form der egoistischen Lüge, die auch als vorsätzliche oder asoziale Lüge bezeichnet wird. Sie dient dem eigenen Vorteil; dabei wird der Nachteil dem anderen zu schaden vorsätzlich in Kauf genommen.

Dadurch wird das Vertrauen auf immer zerstört. Diese Lügen destabilisieren das soziale Miteinander und werden deshalb als antisozial (antisoziale Lüge) betrachtet.

Zu diesen Lügen gehören Intrigen. Die Intrige, auch Kabale oder Ränke (Ränke schmieden), (aus dem lateinischen ‚intricare' = ‚in Verlegenheit bringen') bringt nicht nur jemanden in Verlegenheit, sondern beabsichtigt beispielsweise den Sturz von der aktuellen beruflichen Position des Betroffenen. Der Intrigant geht eindeutig bewusst und böswillig vor.

Nahe liegt die Variante der Verleumdung. Sie liegt dann vor, wenn der Lügner über eine andere Person vorsätzlich eine ehrverletzende Behauptung aufstellt. Die Achtungswürdigkeit des Betroffenen wird bei der Ehrverletzung gröblich verletzt. Übrigens: Nach deutschem Gesetzbuch ist eine Verleumdung strafbar.

Parteiische Lüge

Eine parteiische Lüge liegt dann vor, wenn der Lügner jemandem aus der eigenen Partei, dem eigenen Verein, der eigenen religiösen Zugehörigkeit, der eigenen Sippe und so weiter wider besseres Wissen zustimmt.

Durch das Zusammengehörigkeitsgefühl entsteht eine Art ‚Sippenhaft‘, die erwartet, dass jeder aus der Gruppe andere aus derselben Gruppe schützt. Es wird ähnlich gedacht, gehandelt und sich verhalten.

Dieses Verhalten geht manchmal so weit, dass ein Meineid, ein bewusst falscher Eid, vor Gericht geleistet wird. Nach deutschem Gesetz gilt ein Meineid als Verbrechen.

Heroische Lüge

Neben diesen wirklich bösartigen Lügen lässt sich die heroische Lüge (engl. ‚hero‘ = ‚Held‘) betrachten. Eine Person hat eine besondere körperliche oder rhetorische Leistung erbracht, die einen beachtlichen Einsatz an Mut benötigte.

Der Lügner behauptet durch seine heroische Lüge selbst etwas (Mutiges) getan habe, was einem Heldentum gleichkommt. Ziel: Steigerung der Bewunderung, Achtung und Image. Die soziale Stellung wird gestärkt – die Macht wird greifbarer.

Die soziale Lüge dient dem harmonischen, friedlichen Miteinander. Sie ist zwar unmoralisch, hilft aber dem zwischenmenschlichen Zusammenleben.

Notlüge

Eine Notlüge hingegen ist eine Lüge, die aufgrund einer Notsituation entsteht. Sie wird geäußert, um jemanden zu schonen oder um etwas Schlimmes zu vermeiden. Beispiel: Jemand ist schwerst erkrankt. Er hat nicht mehr lange zu leben. Sagen Sie ihm/ihr die Wahrheit, oder ziehen Sie eine Notlüge vor?

Eine Ausrede oder auch eine ‚faule Ausrede‘ kann als Zwecklüge bezeichnet werden.

„Hast du deine Mathe-Hausaufgabe schon gemacht?", fragt die besorgte Mutter ihren computerspielenden Sohn. „Wir haben heute gar keine Aufgaben aufbekommen", entgegnet der Sohn und widmet sich weiterhin ungerührt seinem Computerspiel. Diese Lüge/Ausrede kann gegebenenfalls augenzwinkernd hingenommen werden, auch wenn in Folge unangenehme Konsequenzen für den Lügner auftreten können.

Pathologischen Lüge

Bedauernswerter sieht es bei der pathologischen Lüge aus. Der Lügner unterliegt dem krankhaften, zwanghaften, pathologischen Drang, ständig lügen zu müssen. Das Verhalten wird als Pseudologie, Pseudologica Fantanstica (altgriechisch ‚pseudos‘ = ‚falsch‘) bezeichnet. Möglicherweise liegt eine narzisstische Persönlichkeitsstörung (Selbstliebe) vor.

Einige Menschen sind der festen Überzeugung, ernsthaft erkrankt zu sein. Trotz bester Untersuchung kann kein Krankheitsbefund nachgewiesen werden. Der Betroffene empfindet allerdings die Krankheit als real. Hier wird von Hypochondrie (gr. ‚unter den Rippen‘) gesprochen; der Betroffene ist ein Hypochonder.

Die 2. Gruppe der bösen Lügen – Fehlaussage

„Welche Farbe hatte das Auto des Unfallverursachers?" Der Zeuge antwortet: „Ich bin sicher, es war dunkelblau." Ein weiterer Zeuge meint sich hingegen ziemlich sicher zu sein, ein silberfarbenes Fahrzeug gesehen zu haben. War das Fahrzeug dunkelblau, silberfarben oder hatte es eine ganz andere Farbe?

Verzweifelte Polizisten können berichten, wie häufig es zu (ungewollten) Fehlaussagen von Unfallzeugen kommt.

Die Zeugen geben ihre Meinung wieder, die sich aufgrund ihrer eigenen Wahrnehmung gebildet hat. Diese wird durch unglaublich viele Faktoren beeinflusst. Die Sehkraft, das Gehör, Vorurteile, was der Zeuge gerade machte und so weiter beeinflussen ungewollt die Wahrnehmung und vor allem die Erinnerung daran.

Bei zwei Zeugen prallen unter Umständen bereits zwei verschiedene Wahrheiten aufeinander. Bei drei Zeugen vielleicht schon drei. Welche Aussage ist richtig? Eine? Keine?

Schnell entstehen eine ganze Menge Unwahrheiten durch Gerüchte (siehe dort). Eine Person behauptet etwas wahrgenommen zu haben und schon wurde ein Gerücht in die Welt gesetzt. Wird ein Gerücht bewusst verbreitet, um jemandem zu schaden, dann liegt deutlich eine beabsichtigte, böse Lüge vor.

Die 3. Gruppe der bösen Lügen – Fehlinformation

Eine Behauptung wird aufgestellt. Im Augenblick der Äußerung kann die Behauptung nicht überprüft werden. Das Risiko wird eingegangen, auf Fehlinformationen aufzubauen. Früher wurde solches Gerede mit dem Begriff der ‚Stammtischparole‘ abgetan. „Die wollen schon wieder die Steuer erhöhen." „Die Lehrer haben schon wieder sechs Wochen Urlaub." „Die Beamten gönnen sich morgens ja zuerst einmal eine Kaffeepause."

Solche Aussagen sind täglich zu Tausenden zu hören. Kaum einer hat direkt die Chance oder den Willen, die Behauptung gegenzuchecken. Besonders vorsichtig ist mit Behauptungen umzugehen, die von Dritten kommen. Wer die Behauptungen ungeprüft weiterträgt, macht sich unter Umständen unwillentlich zu einem Lügner.

Lügen durch (Ver-)Schweigen

Tägliche Nachrichtensendungen berichten von vermeintlichen Wahrheiten, die auf der kompletten Welt geschehen. Die Nachrichtensendungen haben einen gewissen Zeitrahmen zur Verfügung. Wie sollen alle Neuigkeiten in dieser überschaubaren Zeit vermittelt werden? Das ist kaum möglich.

Also muss eine kleine Gruppe Verantwortlicher entscheiden, welche Nachrichten zu vermitteln sind – und vor allem, welche weggelassen werden. Die Entscheidung trägt eine ungeheure Last, wird durch die Wahl der Zuhörer/Zuschauer nur ‚ausgesucht‘ informiert.

Der Zuhörer wird nie alle Informationen erhalten können. Die restlichen Wahrheiten bekommt er aufgrund der Auswahl nicht vermittelt, sodass sie für ihn nicht existieren.

Das Weglassen von Nachrichten erfolgt, ohne dass eine böse Absicht vorliegt.

Falschaussage und Takt

Wie sieht es bei einer Falschaussage aus? Der Zeuge vor Gericht lässt bewusst einige wesentliche Informationen unerwähnt. Es kann dadurch eine falsche, andere Wahrheit entstehen, die zu einem Fehlurteil führen kann. Diese Vorgehensweise kann unter Umständen strafbar sein.

Jemand ist verstorben. Über den Verstorbenen wird in der Kirche oder am Grab nichts Böses oder Unschönes berichtet – im Gegenteil, positives Verhalten und Wertschätzung werden hervorgehoben. Ist einer der Trauergäste überzeugt, dass das Gesagte nicht stimmt, wird er sich taktvoll zurückhalten. Er wird die Trauernden in ihrer Trauer nicht kompromittieren (jemanden bloßstellen). Heuchelei wird als negativ, Taktgefühl als positiv beschrieben.

Um taktvoll zu sein, benötigt es Fingerspitzengefühl, früher auch Zartgefühl genannt. Begegnet ein Passant in der Fußgängerpassage einer adipösen (krankhaft übergewichtigen) Person, wird er taktvoll genug sein, dieser nicht nachzustarren.

Der Lehrer ist aufgebracht: „Wer hat mitbekommen, dass Max das Whiteboard beschmiert hat?" Niemand meldet sich.

Alle Schüler schweigen beharrlich und schauen verlegen in eine undifferenzierte Richtung. Max atmet innerlich auf. Er muss keine Bestrafung oder Kritik befürchten, da sich keine Zeugen melden.

Lieber den Mund zuhalten: „Mein Name ist Hase, ich weiß von nichts."

Männer sollen öfter lügen als Frauen

Auch das noch: Männer sollen öfter lügen als Frauen. Stimmt das?

Laut dem ungarischen Lügenforscher Professor Peter Stiegnitz (1936 – 2017) lügt ein Mensch etwa 200 Mal am Tag. Und als wäre das nicht schon genug, meint er herausgefunden zu haben, dass Männer rund zwanzig Prozent häufiger die Unwahrheit sagen als Frauen. Seine Begründung: Männer reden zuerst und denken danach. Nun ja.

Die überraschend hohe Zahl 200 Lügen pro Tag bezieht sich auf erwachsene Menschen.

Das Baby lügt nämlich nicht, egal ob es ein Mädchen oder ein Junge ist.

Das (Be-)lügen beginnt erst im Alter zwischen drei und fünf Jahren. In diesem Alter erkennt das Kind, dass andere Menschen anders denken und handeln können als es selbst. Das Kind merkt, dass es sich durch Schwindeln oder Lügen einen Vorteil verschaffen kann. Dieser Vorgang wird als ‚Theorie des Verstands' bezeichnet.

So sieht Stiegnitz' Lügen-Zuordnung aus:

* Baby, 0 Lügen.

* 3 bis 5 Jahre, etwa 10 Lügen am Tag.

* Erwachsene Frau, 160 Lügen am Tag.

* Erwachsener Mann, 200 Lügen am Tag.

Eine 80-Jährige hat demnach ca. 4.500.000 Mal im Leben gelogen. Der 80-jährige Mann kommt auf etwa 5.500.000 Lügen im Leben. Sehr beachtlich. Wo bleibt die Wahrheit?

Wird von über 7,5 Milliarden Menschen auf dieser Welt ausgegangen, sind das 1,5 Billionen Lügen am Tag. Wobei in dieser Rechnung der erwachsene Mann zugrunde gelegt wurde. Bei großzügig gerechneten ca. 60 Millionen Deutschen ab 18 Jahren bedeutet das, dass jeden Tag allein hier über 10 Milliarden Lügen geäußert werden.

Lebt die Menschheit in einer Lügenwelt? Offensichtlich sind Lügen ausgesprochen wichtig für das soziale Miteinander. Trotzdem kann sich jeder vornehmen, sooft wie möglich die Wahrheit zu sagen.

Bewertungen im Netz geben

Jana T. war sauer. Nun wartete sie bereits über eine Stunde darauf, vom Arzt begutachtet zu werden. Dabei benötigte sie nur ein Mittel gegen den nervenden Husten, der sie seit einigen Tagen quälte.

Obwohl sie am Empfang deutlich sagte, dass sie nur ein Rezept brauchte und in Eile sei, interessierte das die Sprechstundenhilfe gar nicht. „Nehmen Sie bitte im Wartezimmer Platz", meinte sie distanziert mit einem falschen Lächeln.

Vor einigen Minuten hatte Jana T. der Empfangsfrau noch mal deutlich gemacht, wie eilig sie es hatte. Angeblich musste ein Unfall behandelt werden, weshalb noch eine Weile Geduld geübt werden müsse.

Unglaublich. Jana T. schaute demonstrativ auf ihre Armbanduhr. Sie murmelte so, dass es jeder im Wartezimmer hören konnte: „Die genießen wohl alle ausgiebig ihre Frühstückspause."

Endlich, nach anderthalb Stunden, konnte sie den Arzt sprechen. Die Behandlung dauerte nur wenige Minuten; dann hatte sie ihr Rezept in der Hand.

Sie war empört. Das würde sie sich nicht gefallen lassen. Beim Verlassen der Praxis ließ sie die Eingangstür deutlich ins Schloss knallen.

Am selben Nachmittag gab sie im Netz ihre Bewertung zur Arztpraxis ab: „Unfreundlich, arrogant, lange Wartezeiten, Massenabfertigung." Kein Stern! So musste das sein!

Es ist denkbar, dass sich die Patientin benachteiligt behandelt fühlte. Vielleicht hätte sie lieber bei einem späteren Besuch in aller Ruhe mit ihrem Arzt über ihren Unmut reden sollen. Diese Rückmeldung könnte den Beschäftigten der Praxis für vergleichbare Situationen in Zukunft helfen.

Ein Kritikgespräch kann vernünftige Ergebnisse bringen, wird es in Ruhe in einem 4-Augen-Gespräch geführt.

Aber durch die Beurteilung im Internet wurde Jana T's Frust für die Öffentlichkeit sichtbar gemacht. Die Details kennen die Leser/Leserinnen nicht. Sie können den Kommentar in der Bewertung als Entscheidungshilfe für einen eigenen Besuch in der kritisierten Praxis nehmen.

Die Beurteilung bleibt über Jahre, über Jahrzehnte im Netz stehen. Auch dann, sollte das Vorkommnis in der Praxis einmalig gewesen sein. Selbst dann, wenn danach die große Mehrheit der Patienten zufrieden mit der Wartezeit war – die negative Rückmeldung bleibt trotzdem bestehen.

Wie würde sich Frau Jana X verhalten, gäbe es ein Portal im Netz, das den Ärzten erlaubte, Kommentare über das Verhalten ihrer Patienten zu veröffentlichen?

Sind Kommentatoren Profis?

Manch ein Nutzer scheint sich berufen zu fühlen, zu allem und jedem beurteilende Kommentare zu geben. Ist sich dieser Nutzer wirklich immer bewusst darüber, ob seine Bewertungen konstruktiv und fair sind, oder nur gerade aus der sehr subjektiven Stimmung heraus gepostet wurden?

Manche Restaurant- und Hotel-Betreiber beschweren sich darüber, dass Gäste einen deutlichen Rabatt einfordern, um <u>keine</u> negative Bewertung abzugeben. Kommt das schon einer Art von Erpressung nahe?

Was sind Internet-Bewertungen tatsächlich, wenn sie ,erkauft' werden?

Fake News, Lügenpresse und Alternative Fakten

Zum Unwort des Jahres 2014 wurde der Begriff Lügenpresse gewählt. Obwohl dieses Wort bereits im 1. Weltkrieg und im Nationalsozialismus verwendet wurde, drang es im Jahr 2014 durch demonstrierende Bürger in das Bewusstsein vieler Menschen.

Die Demonstranten skandierten diesen Begriff auf der Straße, ohne den historischen Hintergrund zu kennen. Sie behaupteten, dass die Medien bewusst Falschmeldungen veröffentlichen.

Wer kennt ihn nicht, den Begriff Fake News? Spätestens seit der Amtszeit des US-Präsidenten Donald Trump (*1946) taucht der Begriff Fake News ständig auf. Nachrichten, die bewusst manipulativ in den Medien (bevorzugt im Internet) platziert werden, werden als Fake News bezeichnet. Dabei gilt der Inhalt der Fake News als falsch. Es werden bewusst Unwahrheiten verbreitet.

Und dann tauchte im Jahr 2017 die Bezeichnung ,Alternative Fakten' auf. Die Bezeichnung gilt für eine irreführende und gleichzeitig verschleiernde Aussage korrekter Daten. Donald Trumps Beraterin Kellyanne Conway hatte diesen Begriff erstmals benutzt.

Es ist nicht falsch was gesagt wird, sondern es handelt sich um alternative Fakten – aha, so ist das.

Verleumdungen, üble Nachrede, Gerüchte

Wer die Wahrheit des anderen hingegen nicht akzeptiert, baut Widerstände und Aggressionen auf. Gar nicht schön und auch negativ zu beurteilen sind Diffamierungen (lat. ,diffamare' = ,Gerüchte verbreiten') Andersdenkender.

Diffamierung

Nur wenn jemand eine andere Meinung vertritt – eine andere Wahrheit hat – muss er nicht als dumm, uneinsichtig oder verbohrt bezeichnet werden.

Mit solch einer Einstellung werden Aversionen (lat. ,aversatio' = ,Abneigung') und Konflikte regelrecht heraufbeschwört. Durch das blinde Verharren auf der eigenen ,richtigen' Meinung entstehen Kriege, die tausende, hunderttausende Tote fordern.

So viel Elend, nur weil die andere Meinung nicht toleriert wird?

„Hast du schon gehört, die Mertens hat was mit dem Schulte", raunt die Kollegin dem Kollegen im Vorbeigehen zu. Wow, dachte sich dieser. „Ich habe doch schon immer gewusst, dass da was im Busch ist." Der Kollege wiederum lässt seinen Kollegen wissen: „Ich will ja nichts sagen, aber mich würde es nicht wundern, ginge Frau Schulte in einigen Monaten in den Mutterschutz."

Die Neugierde des zweiten Kollegen war geweckt, sodass sich das Gerücht weiterentwickeln kann. Oft, aber nicht immer, baut ein Gerücht auf tatsächlichen Tatsachen auf. Trotzdem bleibt ein Gerücht ein Gerücht, da es sich auf ein Nicht-Wissen bezieht.

Ein Gerücht …

- … ist unverbürgt,

- … verstärkt sich, wenn Informationen fehlen und dadurch die Fantasie des Empfängers angeregt wird,

- … verbreitet sich schneller, wenn es sich um eine zweideutige Sache handelt,

- … verbreitet sich umso schneller, je betroffener der Empfänger der Nachricht auf das Gerücht reagiert (und dieses weiterleitet)

- … verbreitet sich unkontrolliert,

- … wird meist mündlich übertragen,

- … wird oft verzerrt, entstellt oder verfälscht,

- … wird oft vom Betroffenen als Letztes gehört:

Vermeiden von Gerüchten

Ein Gerücht kann gewollt oder ungewollt in die Welt gesetzt werden. Wird es gewollt, gezielt in Umlauf gebracht, liegt eindeutig eine böse Absicht vor. Wird das Gerücht ungewollt zum Leben erweckt, kann es für den Betroffenen genauso unangenehme Folgen haben.

Wer nicht ungewollt zum Entstehen eines Gerüchtes beitragen will, sollte nicht behaupten: „Frau Mertens hat eine Beziehung mit Herrn Schulte." Denn bei dieser Aussage handelt es sich um eine Feststellung, eine vermeintliche Wahrheit; eine richtige (oder falsche?) Wahrheit wird zementiert.

Wer die vermeintliche Information weitertragen will, könnte sich so äußern: „Frau Mertens soll eine Beziehung mit Herrn Schulte haben." Mit dieser Aussage wird lediglich Gehörtes beschrieben; die Aussage muss demnach nicht stimmen.

Noch besser ist: „Laut Frau/Herrn X soll Frau Mertens eine Beziehung mit Herrn Schulte pflegen."

Damit wird für den Empfänger der Nachricht die Quelle benannt. Er weiß, dass die Information lediglich auf Hörensagen beruht.

Am besten ist allerdings: Gar nichts verbreiten, sofern nicht mit Sicherheit davon ausgegangen werden kann, dass es sich um wahre Geschehnisse handelt.

Übrigens: Wer wider besseres Wissen unwahre Tatsachen behauptet, begeht eine strafbare Verleumdung.

Hass

Aus den Begierden erwachen Hass, Zerwürfnis, Streit, Aufruhr und Krieg.
Marcus Tullius Cicero, röm. Rhetoriker
(106 - 43 v. Chr.)

„Ich hasse dich!"

„Ich hasse diese Farbe!", ruft eine junge Frau im Kaufhaus aus.

Sie hasst eine Farbe? Geht das?

Der Duden definiert Hass als „heftige Abneigung; starkes Gefühl der Ablehnung und Feindschaft gegenüber einer Person, Gruppe oder Einrichtung".

Nach dieser Definition ist zumindest zu überlegen, ob jemand wirklich eine Farbe hassen kann. Er könnte die Farbe nicht mögen oder als abstoßend empfinden, aber hassen?

Bei Hass handelt es sich nicht nur um eine Abneigung, sondern um eine <u>heftige</u> Abneigung. Die Person, der gegenüber dieser Hass empfunden wird, müsste also schon deutlich Schlimmes getan haben, um das Gefühl des Hasses aufkommen zu lassen.

Aus der Ablehnung kann Feindschaft entstehen. So stark, dass die Person möglicherweise bekämpft wird. Kritisch wird es dann, wenn der Hass von einer Person auf eine Gruppe Menschen übertragen wird. „Ich hasse den Typ da drüben, weil er ein Punker ist. Ich hasse alle Punker." Wird statt Punker der Bewohner eines anderen Landes eingesetzt, sind der Aggression den Bewohnern des betroffenen Staates gegenüber bisher schützende gedankliche Schranken geöffnet.

Der gefühlte Hass kann in feindselige Handlungen schlagen. Übergriffe oder Kriege können die Folge sein.

Besser wäre für jeden zu überlegen, in welchem Zusammenhang er das Wort Hass korrekt verwendet – in dem Bewusstsein, dass „nicht mögen" und „hassen" unterschiedliche Bedeutungen haben.

Hasskommentare – Shitstorm

Wird gegen eine Person oder ein Unternehmen in den sozialen Netzwerken plötzlich ein ‚lawinenartiges' Auftreten negativer Kritik und Verunglimpfungen verzeichnet, findet ein ‚Shitstorm' (engl. ‚shit' = ‚Scheiße', ‚Storm' = ‚Sturm') statt.

Der Shitstorm kann dann stattfinden, wenn eine Person eine in den Augen der Allgemeinheit unschöne, beleidigende, diskriminierende oder vergleichbare/n Aussage/Kommentar getätigt hat.

Ein Leser/Empfänger der Nachricht empört sich und postet einen entsprechenden (negativ geäußerten) Kommentar. Freunde oder andere Leser stimmen dieser Meinung zu. Die Kommentare verbreiten sich rasend schnell und wachsen ‚lawinenartig' an, da sich in kurzer Zeit viele Nutzer an der Meinungsäußerung beteiligen.

In der Regel lässt nach einer überschaubaren Zeit der Sturm wieder nach. Die Lawine ist abgegangen.

Diejenigen, die sich am Shitstorm beteiligen, sollten aufpassen, sich nicht zu Hasskommentaren (Hass-Postings) hinreißen zu lassen. Diese Kommentare sich beleidigend, rassistisch, gegebenenfalls menschenverachtend oder gar bedrohend.

Aussagen wie „Man sollte dich hinrichten", gehören eindeutig zu den Hasskommentaren. Wer so etwas postet muss riskieren, angeklagt zu werden.

Bedauerlicherweise lassen sich viele Nutzer von solch einer Art Sturm mitreißen. Die Empörung schlägt hoch, andere zeigen sich ebenso herausgefordert, dann also mal schnell einen Kommentar hinzufügen. Jeder sollte gut überlegen, andere öffentlich zu maßregeln oder zu beleidigen. Entscheidet er sich für ‚ja', sollte er sich über mögliche Konsequenzen bewusst sein.

Ritter und Raubritter

Du führst sie zur Freiheit, und sie dachten an Raub.
Johann Christian Friedrich Hölderlin, dt. Dichter
(1770 - 1843)

„Ich kämpfe für Euch!"

Stolz und mit aufrechtem Rückgrat saß, fast könnte gesagt werden thronte der mit einem mehreren Kilogramm schweren Harnisch geschützte Ritter auf seinem muskelbepackten Schlachtross. Die Rüstung (der Harnisch, von mittelhochdt. harnasch) war rostfrei, makellos poliert und strahlte im Sonnenlicht.

Schlachtross – Destrier

Destrier kommt vom Lateinischen dextrarius. Ein Destrier ist ein Streitross oder Kampfross. Das Pferd war in der Regel ein Hengst.

Das noble Schlachtross kostete ein kleines Vermögen. Es war ein hochgezüchtetes Tier, musste sehr gut trainiert sein, angstfrei im Kampfgetümmel den Befehlen seines Reiters gehorchen und auf Befehl gegnerisches Fußvolk niedertrampeln.

Das Kampfross (mittelhochdt. kampfros) hatte eine durchschnittliche Größe von etwa 140 bis 150 Zentimetern (Widerristhöhe). Es konnte den Ritter, zusammen mit der eigenen Rüstung 120, 130 Kilogramm wiegend, locker und sicher tragen.

So weit wie möglich war das Ross wie eine Kampfmaschine gepanzert.

Im Sattel waren die Ritter fast unschlagbar und führten dem Gegner im Kampf empfindliche bis tödliche Wunden zu. Sollte das Pferd stürzten, riskierte der Reiter von ihm erdrückt zu werden. Ohne Hilfe konnte der gepanzerte Ritter weder vom Boden allein aufstehen, geschweige denn auf sein Pferd aufsitzen.

Knappe

Ein Knappe, Schildknappe, Page, Edelknappe (er ist adeliger Herkunft), half dem Ritter bei seinen Arbeiten, pflegte dessen Kleidung und Rüstung und sorgte sich um das Ross.

In Schlachten hielt sich der Knappe direkt hinter dem Ritter, um diesem Waffen nachzureichen oder andere Hilfestellungen zu geben.

Kavalier

Ein Ritter ist ein Ehrenmann, der strahlt Edelmut aus und schützt den Schwächeren. In der französischen Sprache heißt Ritter ‚chevalier'. Das ist aus dem Lateinischen ‚caballarius' = ‚Pferdeknecht', ‚caballus' = ‚Pferd' abgeleitet. Der Begriff Kavalier wiederum hat den Ursprung im Chevalier.

So wird Richard der I., König von England, bekannt als Richard Löwenherz (1157 – 1199), der auch am 3. Kreuzzug teilnahm, bis heute verherrlicht.

Der Ritter löst auch heutzutage ein wohlwollendes Gefühl aus. Er ist der ‚Gute', der gegen das ‚Böse' in den Kampf zieht.

Damit die Ritter in Übung blieben, fanden zahlreiche Turniere (mittelhochdt. ‚turnier' = ‚Kampfspiel') mit stumpfen Waffen statt. So wurden Massengefechte oder Schwertkämpfe nachempfunden.

In vielen Filmen wird das Lanzenstechen (Tjost, Tjosten) gezeigt, bei dem immer zwei Ritter gegeneinander antreten, aufeinander zureiten, um den Gegner aus dem Sattel zu werfen.

Ritterschlag

Nicht jeder konnte ein Ritter sein. Er musste in den Ritterstand erhoben werden. Dazu bedurfte es eines Ritterschlags, gleichzusetzen mit einem Initiationsritus, der durch einen (höherstehenden) Adeligen ausgeführt wurde.

Auch heutzutage ist dieser Ritterschlag noch üblich. Zweimal im Jahr würdigt die britische Königin herausragende Persönlichkeiten, die Besonderes geleistet haben, mit einem Ritterschlag. Der Titel der Ausgezeichneten lautet dann ‚Dame' oder ‚Sir'.

Einige Ritter haben sich zu einem Orden zusammengeschlossen, dem Ritterorden. Das waren die Kreuzritter, die ursprünglich zum Schutz der Pilger im Heiligen Land eingesetzt waren. Während der Kreuzzüge allerdings wüteten sie teilweise extrem in den fernen Ländern.

König Arturs Tafelrunde

Bekannt dürften die Tafelrunden des mythischen Königs Artur sein (berühmt durch sein Schwert Excalibur). Die ruhmreichen Ritter trafen sich mit Artur an einem runden Tisch.

Das Sitzen am runden Tisch symbolisiert die Gleichheit aller Anwesenden. Es gibt kein oben oder unten an der Tafel. Alle sind gleichberechtigt.

Zwölf bis sechzehn (nach verschiedenen Quellen auch wesentlich mehr) Ritter vertreten das Gute, die ritterlichen Tugenden, den Schwächeren zu schützen.

Zur Runde gehören neben anderen klangvollen Persönlichkeiten:

- Sir Lancelot, Sohn von König Ban von Benwick
- Parceval (Parzival, Parzifal) von Wolfram von Eschenbach
- Tristan (das ist der mit der Isolde), Sohn von Riwalino, König von Lohnois

Der deutsche Komponist Wilhelm Richard Wagner (1813 – 1883) lässt die letzten beiden in seinen Opern auftreten.

Das waren die Guten. Wie nahe Böse und Gut nebeneinanderstehen zeigt das Beispiel der Ritter, wurde dieser zum Raubritter.

Raubritter

Aus dem ach so noblen Ritter konnte sich schnell die unangenehme Variante entwickeln. In der damaligen Sicht stand der Ritter weit oben in der Hierarchie. Er war gut durchtrainiert, hatte seine Verbündeten und strahlte allein optisch eine beeindruckende Macht aus.

Wie verlockend musste es gewesen sein, aufgrund der eigenen Kraft und des Status sich das vermeintliche Recht zu nehmen, was immer für richtig gehalten wird. Da hat sich einer schlecht verhalten? Nun, dann muss der Ritter schnell mal für Ordnung sorgen. Das komplette Dorf soll sich auflehnend gezeigt haben? Na, nicht solange der Ritter was zu sagen hatte. Die Strafe folgte sofort.

So waren Plünderungen (mittelhochdt. ‚Plunder' = ‚Hausrat'), Bestrafungen, Vergewaltigungen und anderes Unritterliches schnell bei der Hand. Die Idee der gut gemeinten Ritterlichkeit dreht sich hier ins Gegenteil.

Selbst heutzutage wird von ‚modernem Raubrittertum' gesprochen. Die Bevölkerung fühlt willkürliches, trotzdem gesetzlich reglementiertes Handeln. Der Bürger meint, ‚abgezockt' zu werden, ohne sich dagegen wehren zu können.

Pirat/Seeräuber

Der Ritter und Raubritter war auf dem Land zu finden. Auf dem Wasser, den Weltmeeren, findet sich der Pirat (lat. ‚pirata' = ‚Seeräuber'). Der Pirat handelt ungesetzlich, sozusagen ‚auf eigene Kasse'.

Ist er auf Raubzügen unterwegs, gibt er sich erst kurz vor dem Überfall als Pirat zu erkennen.

Piratenflagge – Totenkopfflagge – Jolly Roger

Im richtigen Moment näherten sich Piraten unter falscher Flagge ihrem Ziel. Die dortige Besatzung sollte solange wie möglich in Sicherheit gewogen werden. Damit konnte das Piratenschiff recht nahe an das Beuteschiff heransegeln.

Sobald die Flucht des betroffenen Handelsschiffes nicht mehr möglich war, wurde die falsche Flagge gegen die Piratenflagge ausgetauscht. Damit war den Angegriffenen klar, was geschehen würde.

Einigen Quellen nach geht die Piratenflagge auf den erfolgreichen englischen Piraten-Kapitän Calico Jack (John Rackham, 1682 – 1720) zurück.

Irgendwann musste es Kapitän Calico Jack Rackham übertrieben haben. Er wurde gefangen genommen und am 17. November 1720 in Santiago de la Vega auf Jamaika gehängt.

Das Aufziehen der Totenkopf-Flagge muss die Angegriffen schon in Todespanik versetzt haben. Sie waren schon vor dem Angriff entmutigt und konnten so leichter bekämpft werden.

Der Totenkopf sollte den Angegriffenen zeigen, wie sie bald aussehen würden – sie wären nämlich tot. Unterhalb des Totenkopfes waren entweder zwei gekreuzte Knochen oder zwei gekreuzte Säbel abgebildet.

Um die Flagge herzustellen, wurde ein weißer Stoff verwendet, der mit (schwarzem) Teer bemalt wurde, damit der Schädel und die Knochen weiß erschienen. Es gab auch rote Flaggen. Weshalb die Piratenflagge ‚Jolly Roger' heißt, weiß keiner mehr so genau. Eine Theorie meint, dass in der französischen Sprache ‚joli rouge' für ein ‚hübsches rot' steht.

Freibeuter

Im Gegensatz zum ungesetzlich handelnden Piraten arbeitet der Freibeuter (Kaperfahrer) im Auftrag und Wissen eines staatlichen Auftraggebers.

Der Freibeuter erhält einen Kaperbrief, der seine Handlungen legitimiert. Er bricht, abgesichert durch diesen Brief, zur Kaperfahrt auf.

Die Folgen sind (genehmigte) Plünderungen auf See mit dem Ziel, generische Handelspartner oder Kriegsgegner zu schwächen.

Klaus Störtebeker – und sein Lauf um das Leben

„Nun ist es also so weit", dachte sich Klaus. „Wie erfolgreich bin ich doch mit meiner treuen Mannschaft gewesen. Über viele Jahre hin haben wir die Küste im Norden Deutschlands unsicher gemacht und unendlich viele Schiffe aufgebracht. So einfach, wie sich das anhört, war es nicht immer. Denn wir mussten ja auch richtig kämpfen. Aber nun haben sie uns erwischt."

Klaus war auf der einen Seite traurig, auf der anderen emotionslos, vielleicht sogar erleichtert. „Klar, dass ich als erster meinen Kopf verlieren werde; das gehört sich so als Kapitän. Aber ich will das Maximum für meine Leute rausholen." Er musste grinsen bei dem Gedanken, wo er all das erbeutete Gold und Silber versteckt hatte. „Das werden die nie finden!"

Der Henker trat auf den Todeskandidaten zu. „Auf geht's, Störtebeker! Gleich bist du einen Kopf kürzer!" Frech schaute ihn der Henker Rosenfeld an.

„Denkt dran, was mir der Bürgermeister versprochen hat! Lasst mich – nachdem ihr meinen Kopf von meinem Körper getrennt habt – noch an meinen in einer Reihe aufgestellten Leuten entlangrennen. Verschont die, an denen ich vorbeikomme." „Ja, ja, ich weiß", knurrte der Henker. „Der Bürgermeister verspricht viel. Hier bin ich der, der das Sagen hat. Los jetzt!"

„Na dem zeige ich es", dachte sich Störtebeker. „Ich werde so schnell rennen, wie es geht, bevor ich zusammenbreche." Er richtete sich auf, straffte seinen Körper, machte sich bereit, sofort loszurennen, sobald er das Schwert am Hals spüren würde.

Der Henker spuckte in die Hände, nahm sein Schwert und trennte mit einem glatten, sauberen Schnitt den Kopf vom Körper. Der Geköpfte rannte augenblicklich los, so schnell er es ohne Kopf noch vermochte.

Erst nachdem er den elften in der Reihe stehenden Piraten erreicht hatte, brach sein kraftloser Körper zusammen. Die zuschauende Menschenmenge stieß die angehaltene Luft aus und brach in Applaus aus.[5]

Klaus Störtebeker (Klaas Störtebeker, 1360 – 1401), erfolgreicher und gefürchteter Freibeuterkapitän, wurde am 22. April 1401 vor Helgoland gefangen.

Die Legende erzählt, dass Störtebeker und seine 72-köpfige Mannschaft am 21. Oktober 1401 enthauptet wurden. Der Scharfrichter Rosenfeld führte auf dem Grasbrook – einer sumpfigen Insel vor Hamburg – die Enthauptungen durch. So nebenbei: Auf diesem Platz sollen insgesamt mindestens 428 Seeräuber bis ins Jahr 1624 hingerichtet worden sein.

Zurück zu Störtebeker. Der damalige Hamburger Bürgermeister Kersten Miles (1340 – 1420) soll versprochen haben, all jene Männer am Leben zu lassen, an denen Störtebeker enthauptet vorbeirennen könnte – also ohne Kopf! Überraschenderweise schaffte es der geköpfte Störtebeker an elf seiner Getreuen vorbeizulaufen, bis der niederträchtige Henker ihm ein Bein stellte.

Nach und nach metzelte Rosenfeld zum großen Entsetzen der Anwesenden die anderen Piraten gnadenlos und brutal nieder. Das war sogar dem Rat der Stadt zu viel. Er ließ den Henker festnehmen und hinrichten.

Sir Francis Drake

Bekannt und heute noch hoch verehrt ist der furchtlose und gerissen handelnde Sir Francis Drake (engl. Freibeuter, 1540 – 1596), der es immerhin bis zum Vizeadmiral brachte. So ‚nebenbei' war er der erste englische Weltumsegler.

Drake kämpfte vorwiegend gegen die übermächtige spanische Armada. Es kam zu Auseinandersetzungen an der spanischen Küste, wie auch in der Karibik mit den Spaniern.

Die Spanier waren gleichzeitig Kriegsgegner gegen England und wollten den strengen katholischen Glauben – durch feindliche Landübernahme – den religiös abtrünnigen, protestantischen Engländern wieder aufzwingen.

Auf englischer Seite (und damit Auftraggeberin für Drake) stand:

• Elisabeth I. Tudor, Königin von England (1533 – 1603), Tochter von Heinrich VIII. (1491 – 1547) und Anne Boleyn (1501/1507 – 1536), zweite Ehefrau von Heinrich VIII. Trotz mancher Bedenken räumte Elisabeth Drake sehr viel Freiraum ein, fühlte sie sich doch immer wieder vom spanischen Königshaus bedroht.

Auf der spanischen Seite war verantwortlich:

• König Philipp II. (1527 – 1598), Sohn von Karl V. (1500 – 1558). Er war streng katholisch und sah sich herausgefordert, die Engländer wieder auf den ‚richtigen' Glaubensweg zu bringen. Natürlich durch Gewalt.

Seine zahlenmäßig weit übermächtige spanische Armada wurde im Jahr 1588 im Ärmelkanal (bei Gravelines) unerwartet von den Engländern vernichtend geschlagen. Der spanische Herzog von Medina Sidonia (1550 – 1615) unterlag dem englischen Admiral

---

[5] Quelle: ‚Tod, Trauer, Totenkult-Knigge [2100'] vom selben Autor

Charles Howard (1. Earl of Nottingham, 1536 – 1624) und mehreren Vizeadmirälen, darunter Drake.

Diese gewaltige Schlacht verschaffte England eine wichtige Pause, um vorerst unbedroht seine Macht ausbauen zu können.

Piraten im 21. Jahrhundert

Moderne Piraten haben sich ganz andere Ziele ausgesucht.

Am Horn von Afrika (Ostafrika), da, wo Somalia liegt, ist es nicht weit, mit kleinen Schnellbooten zu einem vorbeifahrenden, riesigen Öltanker oder Frachtschiff zu gelangen.

Die Besatzung des Tankers, die an zwei Händen abgezählt werden kann, wird von den bis an die Zähne bewaffneten Piraten (auch nicht mehr als zwei Handvoll) leicht in Schach gehalten.

Der gigantisch große Tanker ist gekapert, die Besatzung in monatelange Geiselhaft genommen. Lösegeld in mehrstelliger Millionenhöhe ist gefordert.

Aktuell gilt der Golf von Guinea (Westafrika) als gefährlichstes Piratengebiet für die internationale Schifffahrt.

Das Bild des heldenmutigen Piraten der früheren Jahrhunderte hat sich radikal verändert.

Stehlen – Das Eigentum anderer

Denn das Gute liebt sich das Gerade, böse Früchte trägt die böse Saat.
Johann Christoph Friedrich von Schiller, *dt. Dichter*
(1759 - 1805)

„Das nehme ich mir!"

Wer einem anderen absichtlich eine (bewegliche) Sache wegnimmt, begeht einen Diebstahl. Diebstahl ist eine Straftat. Wer stiehlt, wird zum Dieb.

Manche kennen noch den Begriff ‚Mundraub'. Er bedeutete, dass das Wegnehmen einer Kleinigkeit (Nahrungsmittel), die vor Ort direkt verzehrt wird, nicht strafbar war.

Diese Überlegung stimmt nicht mehr. In Deutschland wurde der Mundraub in seiner Bedeutung am 1.1.1975 abgeschafft.

Ein Hinweis in den Obstplantagen Südtirols sagt sinngemäß aus: „Wer den Bäumen eine Frucht wegnimmt, begeht Diebstahl. Wer heruntergefallene Nüsse – auch nur zum eigenen Verzehr – mitnimmt, begeht Diebstahl."

Jedem Touristen sollte klar sein, wer ein Stück Obst oder eine Nuss direkt vom Feld ‚probiert', begeht Diebstahl.

Diebstahl setzt ein bewusstes, absichtliches Handeln voraus. Der Dieb bereichert sich zulasten des Bestohlenen.

Diebstahl in Hotels

Hoteliers entstehen immense Schäden durch Diebstähle. Was wird gerne mitgenommen? Bademäntel, Handtücher, Kleiderbügel, Kopfkissen, Gemälde, Glühlampen, Batterien aus der Fernbedienung oder gleich das komplette Fernsehgerät.

Die durch Diebstahl entstandenen Kosten werden – zwangsläufig – auf die anderen zahlenden Gäste übertragen.

Einbruch

Die nächsthöhere Verbrechens-Stufe ist der Einbruch, um etwas stehlen zu können. Hier handelt es sich um das ungesetzliche Überwinden eines Hindernisses (zum Beispiel eines verschlossenen Fensters), um in einen geschützten Bereich einzudringen.

Mentaler Schaden kann neben dem wirtschaftlichen beim Einbruchsopfer entstehen. Einbruchsopfer klagen unter Umständen noch jahrelang über das Gefühl der Machtlosigkeit, da Fremde in ihren intimsten Dingen, in ihren privatesten Bereich eingedrungen sind.

Überfall

Wird Gewalt gegen einen Bewohner oder Beschäftigten im geschützten Bereich ausgeübt, handelt es sich um einen Überfall. Der Weg zu körperlichem Schaden ist greifbar.

Nicht ganz so schlimm und mit einem Augenzwinkern zu versehen, ist der angekündigte Besuch der Schwiegermutter. So empfindet der sensible Schwiegersohn diesen Besuch als Überfall und fühlt sich selbst als Opfer.

Wieso nehmen sich Täter das vermeintliche Recht heraus, die Freiheit anderer radikal und mit Gewalt einzuschränken?

Unerwartet und mitten aus dem Leben gerissen, verliert das Opfer die Kontrolle über den geplanten Tagesablauf. Schutzlos, gegebenenfalls ohne notwendige Medikamente, ohne zu wissen, inwieweit Familienangehörige informiert sind, der eigenen Entscheidung beraubt, körperlich eingeschränkt, muss es qualvoll in die nahe Zukunft blicken.

Todesangst

Das Opfer muss teilweise Todesängste ausstehen, erkennt es doch schnell seine Machtlosigkeit den gewaltausübenden Tätern gegenüber.

Psychische und/oder physische Schäden sind die Folge. Sie können möglicherweise ein ganzes Leben lang anhalten.

Welche rechtlich korrekten Gründe mag es für einen Täter geben, solch ein aggressives und menschenunwürdiges Verhalten zu zeigen? Stellt sich ein Täter jemals die Frage, was er durch sein Vorgehen beim Opfer auslöst?

Die (illegalen) Gründe der Geiselnahme sind vielfältig – der Täter wird sich schon eine Begründung gegeben haben. Trotzdem ist das Vorgehen unverzeihlich.

Finger weg von fremdem Eigentum und vom Leben eines anderen.

Destruktiver Neid und Habsucht

„Lass uns gerecht teilen. Du bekommst die größere Hälfte", sagt die treusorgende Ehefrau, als sie das letzte Stück des Erdbeerkuchens in zwei Teile schneidet. Abgesehen davon, dass es mathematisch betrachtet immer nur zwei gleich große Hälften geben kann, ist das aus kulinarisch betrachteter Sicht etwas weniger pingelig zu sehen.

Tatsächlich ist es so, dass der Mensch lieber das Bessere, Größere, Schönere, Neuere besitzen will. Kommt bei einigen nicht etwas Neid auf, wenn die Kirschen in Nachbars Garten leckerer aussehen?

Wer findet es nicht ungerecht, dass sich die endlos lange Menschenschlange an der Nachbarkasse im Supermarkt schneller abbaut? Ist es korrekt, dass mancher Faulenzer reich erbt und dann noch fauler wird? Wo bleibt die immer berufene Gerechtigkeit?

In den beschriebenen Fällen wird von destruktivem Neid gesprochen. Das ist der sogenannte negative Neid, der als verwerflich gilt.

Im Gegensatz dazu gibt es den konstruktiven Neid, der als positiv gilt. Er kann motivieren oder dem anderen eine tatsächlich/ehrlich gemeinte Anerkennung zusprechen.

Fühlt sich ein Mensch auf die Dauer ungerecht behandelt, wird sein Unmut steigen, Demotivation wird um sich greifen, Verbitterung stellt sich ein.

Rücksichtsloses Streben nach Besitz

Das rücksichtslose Streben nach materiellem Besitz wird als Habsucht (Habgier, Raffgier, Raffsucht) bezeichnet.

„Das will ich haben!" „Das brauchst du doch gar nicht, du hast schon so viele davon." „Das ist egal, ich will das jetzt haben!"

Mehr und noch mehr Besitz anhäufen. Wofür? Um anzugeben? Um sich selbst zu beweisen, wie erfolgreich jemand ist? Um zu zeigen, wie reich jemand ist?

Habsucht unterstellt das rücksichtslose Streben nach immer mehr. Sie hat nur das Interesse, mehr und mehr Dinge zu ‚raffen', zu besitzen.

Der Wortteil ‚Sucht' drückt das fast krankhafte Verlangen aus, mehr zu ‚haben'.

Da es sich hier um ein rücksichtsloses Vorgehen handelt, erfolgt das Ansammeln von Dingen, ohne sich bewusst zu sein, dass ein anderer bei diesem Vorgang zu Schaden kommen kann. „Du hast was, was ich haben will!" Da der andere nicht einfach das gewünschte Teil herausgibt, kann durch den Habsüchtigen eine Straftat erfolgen. Nämlich dann, wenn er die Sache stiehlt oder deswegen sogar einen Mord begeht.

Habsucht ist keine gute Eigenschaft. Nicht vergessen: Das letzte (Toten-)Hemd hat keine Taschen …

Gerechtigkeit und Gleichberechtigung

Hat ein Mensch das Gefühl ungerecht behandelt zu werden (im Sinne des destruktiven Neids), wird die Gesellschaft auf Dauer instabil werden. Deshalb muss die Wirtschaftspolitik ständig danach streben, für möglichst viele Menschen Gerechtigkeit zu erreichen.

Das bedeutet in Konsequenz, dass, so weit wie möglich, niemand schlechter behandelt werden darf als ein anderer. Hier greifen die Themen der Anti-Diskriminierung, der Gleichberechtigung aller Art und der Gleichstellung.

Die Dunkle Triade – Der Dunkle Dreiklang – Das Böse im Menschen

Und wenn du lange in einen Abgrund blickst, blickt der Abgrund auch in dich hinein.
Friedrich Wilhelm Nietzsche, dt. Schriftsteller
(1844 - 1900)

„Ich bin der Schönste!"

Seit Jahrtausenden machen sich Menschen Gedanken darüber, ob und weshalb es das Böse im Menschen gibt.

Alltagssadismus

Der Psychologe Prof. Dr. Delroy L. Paulhus hat mit Kevin N. Williams Untersuchungen zum Thema an der kanadischen University of British Columbia Vancouver unternommen. Dabei erkennt er einen gewissen erschreckenden Alltagssadismus bei Führungskräften; wohl gemerkt bei ‚normaler' Persönlichkeit. Normal bedeutet in diesem Zusammenhang, dass kein Krankheitsbild vorliegt.

Die oben genannten prägten die Bezeichnung ‚Die Dunkle Triade' beziehungsweise ‚Der Dunkle Dreiklang'.

Die Dunkle Triade beschreibt drei kritisch zu betrachtende Persönlichkeitstypen. Bei allen drei Typen ist ausschlaggebend, das eigene Wohl über das Wohl der anderen zu stellen.

Die drei Typen in den zu betrachtenden Verhaltensbereichen heißen:

1. Typ – Narzisst, Narzissmus

2. Typ – Machiavellist, Machiavellismus

3. Typ – Psychopath, Psychopathie

1. Typ – Narzisst, Narzissmus

Der Jugendliche Narziss (früher wurde ‚Jüngling' gesagt) beziehungsweise Narkissos (gr. Narkissos, lat. Narcissus) verliebte sich unsterblich in sein eigenes Spiegelbild. Er war der wunderschön geratene Sohn der Wassernymphe Leiriope (auch Liriope) und des Flussgottes Kephissos.

Da Narziss' Spiegelbild seine Liebe logischerweise nicht erwidern konnte, quälte sich Narziss fürchterlich und verschmachtete schließlich elend vor seinem eigenen Spiegelbild.

Narziss verzehrte sich nach sich selbst, bis von ihm nur noch Haut und Knochen übriggeblieben sein mussten. Kurz vor seinem Ableben hauchte er folgenden Abschiedssatz seinem geliebten Spiegelbild zu: „Ach, du hoffnungslos geliebter Knabe, lebe wohl!" Dann schied er dahin und verwandelte sich in eine Narzisse.

Narzissmus wird als Selbstliebe oder Selbstverliebtheit bezeichnet. Der Betroffene ist sich selbst wichtiger als alle anderen um ihn herum. Er sucht eine zwanghafte Bewunderung durch die anderen. Schnell entwickelt sich eine regelrechte Sucht nach der Bewunderung seiner Person.

Da der Narzisst in allen Gesellschaftsschichten zu finden ist, gibt es ihn auch als narzisstischen Vorgesetzten.

Er zeichnet sich durch eine unglaubliche Selbstüberschätzung und eine deutlich ausgeprägte Anspruchshaltung aus. Er ist auf der ständigen Suche nach Neuem im Sinne von Erlebnishunger. Er giert danach, immer wieder bewundert zu werden.

Die narzisstische Führungskraft benötigt ständig Lob von Mitarbeitern, Vorgesetzten, Kunden, Presse und anderen. Er strahlt über allen anderen. Folge: Seine Mitarbeiter und Mitarbeiterinnen kuschen vor ihm und bewundern ihn, weil sie merken, dass das von ihnen verlangt wird. Somit wird der Narzisst in seiner Rolle immer weiter bestätigt. Sein Verhalten, seine Sucht nach Bewunderung steigert sich ins Unerfüllbare.

Kein Wunder, dass der Narzisst zur Selbstüberschätzung neigt. Kritik an ihm und seinem Verhaltensmuster nimmt er als Angriff auf seine Persönlichkeit wahr.

Die eigene Persönlichkeit steht im Vordergrund.

2. Typ – Machiavellist, Machiavellismus

Als zweiter Typ der Dunklen Triade zeigt sich der Machiavellist. Die Bezeichnung Machiavellismus kommt von dem florentinischen Philosophen Niccolò Machiavelli (1469 – 1527).

Die Macht steht im Vordergrund.

Die Theorie des Machiavellismus ist überzeugt, dass zur Erlangung oder zur Erhaltung politischer Macht absolut und ausnahmslos jedes Mittel rechtens ist. Beim Machiavellismus steht nur dieses Ziel im Vordergrund. Dabei ist es vollkommen gleichgültig, wie das Ziel erreicht wird ist. Hauptsache ist, dass es erreicht wird.

Der Machiavellist zeigt keine Empathie, also kein Einfühlungsvermögen. Die Bedürfnisse seiner Mitarbeiter und Mitarbeiterinnen sind ihm absolut egal. Er setzt eigene Regeln und Gesetze auf, denen alle anderen bedingungslos folgen müssen.

Falls seine Regeln moralische Bedenken auslösen oder gar gegen bestehende Gesetze verstoßen sollten – egal. „Der Zweck heiligt die Mittel."

Der Machiavellist ist ausgesprochen durchsetzungsstark. Er ist ein unglaublicher Manipulator, der es problemlos hinbekommt, seine Beschäftigten so einzuplanen, dass sie der von ihm vorgegebenen Zielsetzung bedingungslos folgen.

3. Typ – Psychopath, Psychopathie

Psychopathie (gr. ‚psyche' = ‚Seele' und ‚páthos' = ‚Leiden') bezeichnet eine schwere Form der Persönlichkeitsstörung. Der Psychopath leidet unter dieser Störung. Bei anderen löst das anfangs ein gewisses Mitgefühl aus.

Dem Psychopathen fehlt jegliches soziales Verantwortungsgefühl. Mit Empathie oder mit Moral kann er nichts anfangen. Vor Konsequenzen hat er keinerlei Angst. Gefühlsduselei ist ihm zuwider. Für ihn ist das Handeln wichtig – er ‚macht'. Läuft etwas schief, zeigt er keine Reue. Passiert ist passiert.

Der Psychopath zeigt einen herzlos wirkenden Umgang und ein Desinteresse an den Gefühlen der anderen. Das heißt nicht zwangsläufig, dass er unfreundlich wirken muss. Er kann sein (menschliches) Desinteresse sehr wohl kaschieren.

Auf der einen Seite würden ihn seine Mitarbeiter als risikobereit und impulsiv bezeichnen, auf der anderen Seite hingegen als angstfrei, aber auch als kaltherzig. Fühlt der Psychopath (negative) Kritik eines Beschäftigten, riskiert dieser, sofort seinen Arbeitsplatz zu verlieren. Durch diese angstgeschwängerte Atmosphäre schafft es der Psychopath leicht, seine Position immer stärker auszubauen.

Angst oder Respekt?

Obwohl die drei Persönlichkeitstypen einem gegebenenfalls den Angstschweiß auf die Stirn treten lässt, sind sie als Führungskräfte aktiv und offensichtlich erfolgreich.

Allen drei Persönlichkeiten der Dunklen Triade gemeinsam ist, durch überzogenes Selbstwertgefühl, Empathielosigkeit oder rücksichtsloses Verhalten persönlichen Erfolg zu erreichen.

Insgesamt scheint die Erkenntnis der Dunklen Triade im ersten Augenblick erschreckend. Wer seine berufliche Umwelt und dort speziell die Führungskräfte betrachtet und deren Verhalten analysiert, findet unter hoher Wahrscheinlichkeit einen der drei Typen.

Wer als Führungskraft seine eigene Persönlichkeit reflektiert, entdeckt gegebenenfalls eine der genannten drei Ausprägungen. Er kann vermeiden, dass die Ausprägung zu extrem wird. Wer will schon mit einem Vorgesetzten arbeiten, der kein Feedback und keinerlei Kritik verträgt? Die Angst um den Verlust des Arbeitsplatzes ist bei den meisten zu hoch.

Da sich auch außerhalb des Berufslebens diese Typen finden, kann jeder sein Verhalten in der oben beschriebenen Hinsicht durchleuchten und – wenn er will – Extremausprägungen etwas abbauen.

Konfliktauf- und abbau

An der Grenze der Geduld beginnen die Konflikte.
Oscar Wilde (Oscar Fingal O'Flahertie Wills), ir. Schriftsteller
(1854 - 1900)

„Du nervst mich!"

Ein Konflikt (lat. ,confligere' = ,zusammentreffen') entsteht, wenn gegensätzliche Interessen aufeinandertreffen. Durch das Empfinden von Unrecht oder Ungerechtigkeit steigt der Wunsch nach Gerechtigkeit. Konflikte können ständig und überall entstehen.

Der Konflikt entsteht

Eine Kundin geht auf die Warteschlange vor den Schaltern zu. Kurz bevor sie ankommt, quetscht sich eine andere Person vor sie. Die Kundin ist sauer, ist sie doch der Meinung, als erste dagewesen zu sein.

Ein Karnevalsnarr hat Blickkontakt mit der Schokolade werfenden Person auf dem Prunkwagen aufgenommen. Sie lächelt ihm zu und wirft eine große Schachtel Pralinen in seine Richtung. Der Narr hebt die Hände, um das Wurfmaterial gut auffangen zu können. Kurz bevor die Pralinen bei ihm eintreffen, schnellt die Hand einer anderen am Straßenrand stehenden Person nach vorn und schnappt ihm die Schokolade weg. Dabei waren doch die Pralinen für ihn bestimmt.

Die Kollegin der Sachbearbeiterin scheint einen guten Draht zur gemeinsamen Vorgesetzten zu haben. Hat die Kollegin ein kleines Problem, wischt die Vorgesetzte dieses mit einer Handbewegung beiseite. Unterläuft der Sachbearbeiterin selbst ein Fehler, wird sie in der Regel kritisiert. Die Sachbearbeiterin ist der Meinung, dass die Kollegin bevorzugt behandelt wird. Sie findet das nicht gerecht.

Der Nachbar glaubt, musikalisch begabt zu sein. Er spielt Saxophon. Täglich trainiert er mindestens eine Stunde lang, um seine Fähigkeiten zu verbessern. Bei allem Wohlwollen hört der Nachbar lediglich quälende Musikpassagen. Ihm ist bekannt, dass der Nachbar zu bestimmten Uhrzeiten üben darf. Daran hält er sich. Trotzdem ist das tägliche Spielen kaum mehr auszuhalten. Der Nachbar fühlt sich belästigt.

Diese vier Beispiele stehen stellvertretend für tausende vergleichbare, die täglich ebenso viele Menschen nerven. Ganz leicht kann es dann zu einer (vielleicht sogar) ungewollten Reaktion kommen.

Der Konflikt eskaliert

Die Person, die sich unkorrekt behandelt fühlt, ist anfangs verärgert. Wird der Konflikt nicht sofort gelöst, steigt die Verärgerung an. Gegebenenfalls wird sich moralische Unterstützung an dritter Stelle geholt (andere zufällig danebenstehende Personen, andere Kollegen oder Nachbarn, Freunde und Bekannte).

In dieser Weise moralisch gestärkt, kann der Betroffene offen oder versteckt eine Drohung aussenden. Lässt sich auch jetzt der Konflikt noch nicht lösen, kann es zur Sachbeschädigung oder körperlichen Übergriffen kommen.

Vorsicht, denn spätestens ab jetzt bewegt sich der Betroffene auf dünnem Eis. Obwohl er sich im Recht fühlt, rutscht er möglicherweise in Handlungen, die strafrechtlich belangt werden können.

Hält die Erregung über die vermeintliche Ungerechtigkeit an, ist es denkbar, dass sogar bewusst strafrechtlich vorgegangen wird. „Es ist mir jetzt ganz egal, ob ich in den Knast komme, aber so geht das nicht weiter … Das lasse ich mir nicht weiter gefallen!"

Deeskalation

Bevor es zu Handgreiflichkeiten kommen muss, kann der, der sich ungerecht behandelt fühlt, seine Verärgerung verbal äußern. Er tauscht sich mit dem Auslöser des anstehenden Konflikts aus.

Überraschenderweise kann in vielen Fällen der unterschwellig schwebende Konflikt jetzt bereits gestoppt werden.

Vielleicht hat die andere Person unbeabsichtigt unbedacht gehandelt und überhaupt nicht mitbekommen, jemand anderen zu verärgern. Eine Entschuldigung genügt in der Regel schon, um die Verärgerung aufzuheben.

Der Konflikt ist vermieden. Die Lösung ist schon gefunden.

Wer die Muskelkraft hat, zur Skrupellosigkeit neigt und mit diesen physisch den Konflikt lösen will, wählt den Weg des Siegs/Niederlage.

Der Stärkere gewinnt. Der Schwächere verliert. Ist das das professionelle Vorgehen in einer zivilisierten Gesellschaft?

Lässt sich aufgrund der einfachen Kommunikation der Konflikt nicht lösen, kann ein Kompromiss angestrebt werden. Beide Konfliktpartner gehen ein Stück aufeinander zu, wobei sie zeitgleich ein bisschen auf ihr gefühltes Recht verzichten.

Verhandlungen zwischen Gewerkschaften und Arbeitgebern zielen meistens auf einen Kompromiss hin.

Die Arbeitnehmer wollen 8 % mehr Lohn, der Arbeitgeber ist bereit, 4 % mehr zu geben.

Ein paar Drohungen, gegebenenfalls ein Streik und bald steht das Angebot bei 6 %. Die Arbeitnehmer stimmen zu. Der Kompromiss ist gefunden.

Wer sich in seinem beruflichen und gesellschaftlichen Leben umschaut wird feststellen, dass viele Vereinbarungen auf Kompromissen beruhen. Beide Konfliktpartner haben das Gefühl, etwas ‚herausgeschlagen' zu haben. Keiner muss sich als Verlierer sehen.

Fauler Kompromiss

Ein fauler Kompromiss entsteht dann, wenn einer der beiden Konfliktpartner übervorteilt wird. Er bemerkt die Übervorteilung anfangs nicht. Wird ihm die Unfairness bewusst, fühlt er sich ‚über den Tisch' gezogen. Sehr wahrscheinlich wird er sehr verärgert sein. Das Vertrauen ist verspielt, eine Nachverhandlung ist nötig oder ein neuer Konflikt entsteht.

Wer mit sich selbst im Reinen sein will, oder mit dem bisherigen Konfliktpartner in Zukunft harmonisch weiter zusammenleben oder zusammenarbeiten will, sollte die Finger von einem faulen Kompromiss lassen. Der anfangs entstandene Triumph des Vorteils wird sich in neue Probleme negativ umwandeln.

Kooperation

Finden beide eine Lösung, die jeden zu einhundert Prozent zufriedenstellt, kann von einer Win-Win-Konstellation (siehe dort) gesprochen werden, von einer Kooperation.

Beide haben für sich – und gleichzeitig für und mit dem anderen – eine (neue) Lösung gefunden, die anfangs nicht erkennbar war.

Beide freuen sich, kooperativ (miteinander) und als Gewinner den Konflikt bestens gelöst zu haben.

Das Schlechte fällt auf – Verschiebung der Nulllinie

Das Böse ist das Fehlen des Guten.
Thomas von Aquin, it. Philosoph
(1224 - 1274)

„Ich werde gleichgültig dem Bösen gegenüber."

Der Mensch tut Gutes und Böses. Begeht er Gutes, wird er gelobt. Tut er häufig und immer wieder Gutes, wird das für die anderen zur Selbstverständlichkeit, zur Normalität. Es wird erwartet, dass Gutes getan wird.

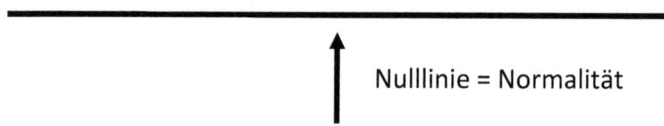

Nulllinie = Normalität

In einer Kurve dargestellt könnte das Gute, dass Normale, die Nulllinie eines Diagramms darstellen.

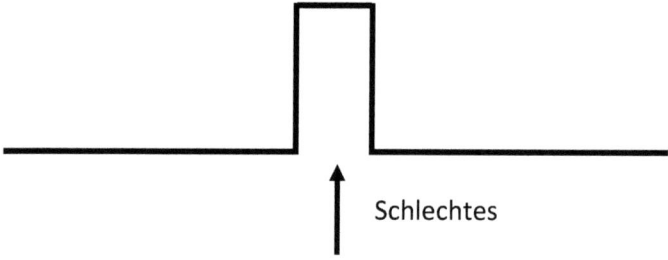

Schlechtes

Begeht die Person nun etwas Schlechtes, gibt es auf der Nulllinie einen sichtbaren Ausschlag nach oben. Das Schlechte wird sofort sichtbar. Geschieht etwas Böses auf dieser Welt, gelangt das Geschehene sofort in die Nachrichten.

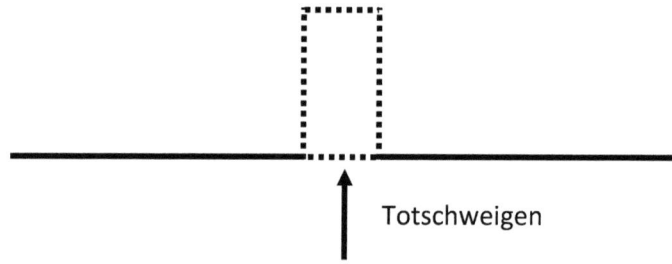

Totschweigen

Passiert etwas Böses in der Familie, zerreißt sich jedes Familienmitglied darüber den Mund, es sei denn, das Böse wird totgeschwiegen. „Jeder hat eine Leiche im Keller."

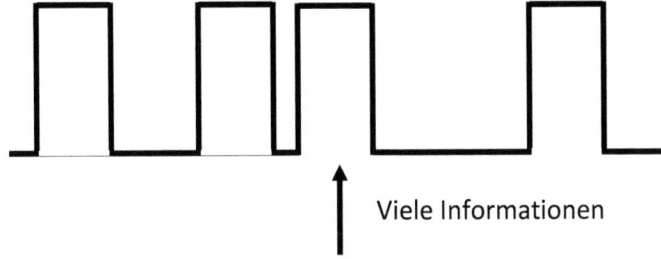

↑ Viele Informationen

In der heutigen Zeit kann der Mensch aufgrund der technischen Möglichkeiten viel mehr schlechte Nachrichten erfahren als vor einigen Jahrzehnten, geschweige denn Jahrhunderten.

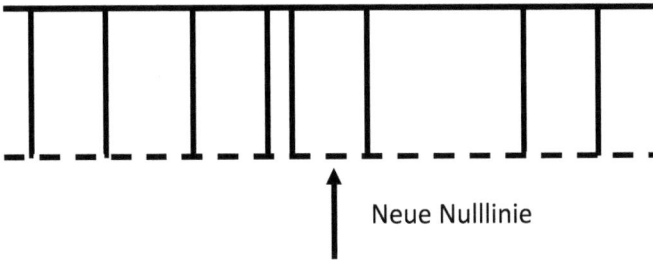

↑ Neue Nulllinie

Je häufiger schlechte Nachrichten, speziell gleichartigen Inhalts, erfahren werden, desto mehr nimmt das Interesse an den Informationen ab.

Schon wieder eine Massenkarambolage, ein Hackerangriff, eine Hungersnot, eine Überschwemmung, eine Vergewaltigung und so weiter ... ach wie schlimm.

Das Schlechte gehört zur Normalität – es wird zur Normalität. Es ergibt sich eine neue Nulllinie.

Die neu entstandene Nulllinie zeigt jetzt die akzeptierte Normalität.

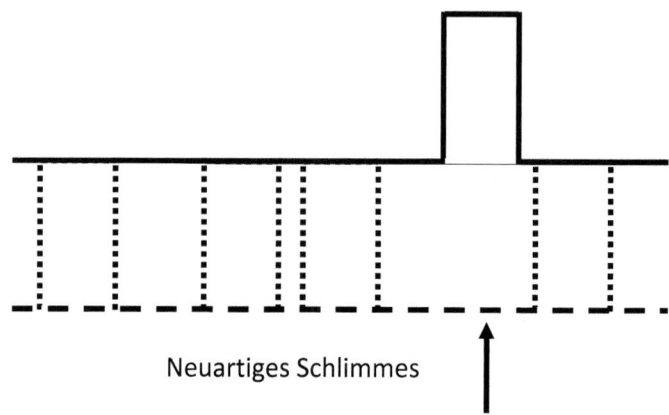

Neuartiges Schlimmes

Nur wenn etwas noch Schlimmeres geschieht, wird es realisiert. Die alltäglich stattfindenden schlechten Dinge verschwinden aus dem Bewusstsein

Möglicherweise hilft diese Art der Wahrnehmung dem Einzelnen, dauerhaft weiterleben zu können. Er müsste ja aufgrund der ständig wachsenden Schlechtigkeiten nahezu verrückt werden. Falls hier eine Art Schutz vorliegen sollte, heißt das, dass die Boshaftigkeit zur Normalität ‚verdrängt' und unterbewusst akzeptiert wird.

Akzeptanz des Schlechteren

Lässt sich dieses theoretische Modell gedanklich fortführen, bedeutete es, dass der Mensch immer mehr die fehlende Wertschätzung, die verstärkt auftretende Respektlosigkeit, die steigende zwischenmenschliche Aggressivität und so weiter zwangsläufig akzeptiert (oder akzeptieren muss).

Mit dieser Überlegung ließe sich auch die Aussage „früher war das nicht so (schlimm)" erklären.

In weiterem Schritt bedeutete das auch, dass die zu erwartende steigende Nulllinie immer mehr Böses akzeptiert.

Dass ein Einzelner nur in Ausnahmefällen das Verhalten der kompletten Gesellschaft verändern kann, sei als Wahrheit akzeptiert. Diese Wahrheit schließt allerdings nicht aus, dass der Einzelne in seinem eigenen Handeln eine Steigerung des Bösen zulässt.

Besser: Jeder könnte zumindest hin und wieder verstärkt Gutes tun – ohne Lob oder sonstige Gegenleistung zu erwarten oder gar zu erhalten.

Abstumpfung dem Schlimmen gegenüber

Wer eine Tageszeitung aufschlägt oder online aufblättert, erwartet Neuigkeiten. Was ist Schlimmes (und Gutes?) auf der Welt geschehen?

Aus dem Bonner General-Anzeiger der Mittwochsausgabe vom 7. August 2019 wurden Wörter entnommen, die mit ‚Schlechtem' in Verbindung zu bringen sind.

Hier die Liste, die keinen Anspruch auf Vollständigkeit erhebt:

Affäre, Angeklagter (2), angespuckt, Angriff (2), Anklage (8), Ankläger, Anschuldigung, arglistig, Attacke, Ausschreitung, bedroht, Bedrohung, bekämpfen, beleidigt, Beleidigung, Beschuldigter (4), Bestechlichkeit, Bestechung, Betrug, Beute, Bluttat, Bombe, Bombenattrappe, Brandstifter, Brandstiftung (2), Brustverletzung, Diskriminierung, Drohung, Einmarsch, Entgleisung, Entrüstung, Ermittlung (2), Erpressung, eskaliert, Fehlverhalten, Freiheitsstrafe, gedroht, Gegenschlag, gehindert, Geldstrafe (2), Geldwäsche (3), Gemauschel, Geschädigter, Gewalt (5), Gewalttat (2), gewalttätig, gezwungen, Haftbefehl, Handelskrieg, Handelsstreit, Heer, Hetze, Kampf (2), Kindesentführung, Kindesmissbrauch, Konflikt, Körperverletzung, Korruption, Krieg, Kriminalität, Kriminelle, Kritik (4), Lebensgefahr, Machtausübung, Machtmonopol, Menschenraub, Messerattacke, Messerstecherei, misshandelt, Niederlage, Not, Opfer (3), Pistole (2), Radikalität, Rassismus (5), Rauswurf (3), Sanktion, Schande, Schlacht, Schmiererei, schuldhaft, Schusswaffe, Selbstverletzung, Skandal (3), Sprengsatz, Sprengstoffattentat, Strafe (2), Strafmaß, Straftat (2), Streit, Suizid/Selbstmord (3), Tatbestand (2), Täter, Tatort, Tatverdächtiger, Tatwaffe, Terror, Terrorist, Tod, tödlich, Todschlag, Trauerflor, traumatisiert, Übergriff, Unfall (4), Urteil (2), Verbrechen (3), Verdächtigte, Verfahren (2), Vergewaltigung (2), Verletzung (3), Volksverhetzung (2), Waffe.

Natürlich ist die gefundene Auswahl keineswegs repräsentativ. Andererseits zeigt sich, mit welcher Wortwahl der Lesende zu tun hat – alles ganz normal. Wo liegt die oben erwähnten Nulllinie?

Verrohung der Sprache

Parallel mit der Abstumpfung dem Schlimmeren gegenüber findet eine Verrohung der Sprache statt.

Immer mehr Menschen fällt es leicht, bestimmte vulgäre Schimpfwörter in der Öffentlichkeit zu verwenden. Internet-Kommentare und Fernsehsendungen machen hier keinen Unterschied. Der Abstand zur unsichtbaren Grenze des „das-sagt-man-nicht" wird immer geringer. Nicht umsonst kommt es schneller zu Beleidigungen, die vor wenigen Jahren in dieser Form nicht stattgefunden hätten.

Diese in Anspruch genommene Freiheit, die Sprache auf einem tieferen Level zu benutzen, tendiert offensichtlich dazu, auch gewaltverherrlichende oder gar rassistische Begriffe zu verwenden. Bestimmte Musikrichtungen scheinen sich regelrecht mit dieser Form der Kommunikation zu frönen. Das ist natürlich für die Liebhaber dieser Musik in Ordnung.

Sehr schnell wird die Wortwahl von Anhängern aus dem Genre hinaus in die tagtägliche Sprache übernommen.

Kommunikationswissenschaftler weisen darauf hin, dass das gesprochene Wort vorher geformte Gedanken ausspricht. In diesem Zusammenhang bedeutet das: Wer sich auf ein niedrigeres Level der Sprache einlässt, riskiert, auch ‚anders' zu denken als vorher. Nach dem Gedanken und dem Wort folgt die Handlung.

Zusammenfassend könnte demnach die gewagte Behauptung aufgestellt werden, dass der Verrohung der Sprache eine Verrohung der zwischenmenschlichen Umgangsformen folgen könnte. Menschen würden extremer und radikaler miteinander umgehen, als das eine Generation zuvor noch üblich war.

Sollte diese Überlegung stimmen, könnte jeder seinen Wortschatz überprüfen und entscheiden, inwieweit er zur Verrohung der Sprache beiträgt oder beitragen will.

Auf das Gute warten

Leider lässt der rechte Augenblick meistenteils so lange auf sich warten,
dass wir von all unserer Aufmerksamkeit bereits ermüdet sind,
wenn er endlich wirklich eintritt.
Karl Ferdinand Gutzkow, dt. Schriftsteller
(1811 - 1878)

„Warte nicht zu lange!"

Friedrich war unheimlich müde. Er gähnte ausgiebig und streckte seine alten Knochen. Wie lange hatte er geschlafen?

Er blinzelte mit den Augenlidern, um sich an das diffuse Licht zu gewöhnen. Er war sitzend an einem Steintisch eingeschlafen. Sein langer, roter Bart war schon zweimal um den Tisch gewachsen.

„Na ja", sagte Friedrich zu sich selbst. „Aufstehen und nachsehen, was die Raben machen!"

Er torkelte, immer noch schlaftrunken, aus der Höhle. Die Sonne strahlte ihn freundlich an. Friedrich hielt eine Hand wie ein Schild über die Augen und suchte den Himmel ab. Er sah erst einen, dann eine ganze Schar von Raben, die um den Berg kreisten.

Friedrich holte tief Luft. Alles war gut. Er hatte noch Zeit – noch einmal einhundert Jahre Schlaf.

Zufrieden kehrte er an seinen steinernen Schlafplatz zurück. Er war wirklich unendlich müde. Es dauerte auch nicht lange, da war er schon wieder in tiefen Schlaf verfallen.

Kyffhäuser – 100 Jahre warten

Kaiser Friedrich I., bekannt als Barbarossa (um 1122 – 1190) schläft der Sage nach in einer Höhle des Kyffhäuserbergs. Sein roter Bart wächst und wächst um den Steintisch. Hat der Bart den Tisch dreimal umwachsen, bedeutet das das Ende der Welt.

Alle einhundert Jahre erwacht Barbarossa aus seinem tiefen Schlaf. Falls dann noch Raben den Berg umkreisen, ist die Zeit zum Kampf noch nicht gekommen. Er und seine Kämpfer müssen noch weitere hundert Jahre warten.

Wenn es dann soweit ist, zieht er in das Walserfeld, um seine letzte Schlacht zu schlagen. Es ist die entscheidende Schlacht, denn es geht um Gut oder Böse. Sollte das Böse gewinnen, werden Reiter der Hölle die Seelen der Menschen einsammeln.

So kann Barbarossa nur die Daumen gedrückt werden. Soll er, der Rotbart, vorerst friedlich schlafen und seine Kräfte für den ausstehenden Kampf sammeln.

Nicht schlafen, sondern handeln

In diesem Kapitel wurden verschiedene Beispiele gezeigt, wie ein Mensch sich verhält, weswegen es zu zwischenmenschlichen Differenzen kommen kann.

Unabhängig davon, ob sich ein Einzelner als guter Mensch bezeichnet, kann es sein, dass ihn ein anderer als ungut betrachtet.

Schon kann der Gute in einen Konflikt gezogen werden, den er gar nicht beabsichtigte.

Es ist relativ einfach, das eigene Vorgehen als richtig zu betrachten und das der anderen als falsch. Also sollen sich die anderen gefälligst im Verhalten ändern? Wäre es mal so einfach.

Nun könnte jeder darauf warten, dass sich der andere ändern, bessern würde. Sehr wahrscheinlich müsste er lange auf eine Veränderung warten.

Der andere Weg ist, selbst aktiv zu werden. Ohne in altruistische Gedanken zu verfallen, kann fast jeder hier und dort Gutes tun; <u>bewusst</u> Gutes tun. Vielleicht 100 Jahre oder länger.

Er verhält sich positiv, ohne auf Lob oder Gegenleistung zu hoffen. Er lebt sozusagen anderen vor, wie ein freundlicherer Umgang das Leben angenehmer gestalten kann. Das eigene Leben und das Leben des anderen.

Freiherr von Knigge würde sich bestimmt freuen, könnte er solches Verhalten bei den Menschen im 21. Jahrhundert feststellen. Dann hätten seine Gedanken von damals positive Früchte getragen.

Wird die Mehrheit der Menschen Knigges Vorschlägen nicht folgen, muss sich, der Logik dieses Buches folgend, die zwischenmenschliche Situation fast zwangsläufig verschlechtern.

In Konsequenz heißt das: Nicht auf das Gute warten, sondern Gutes tun.

Teil 2 – Macht

Sadist und Masochist

Ein Jucken spür ich, ganz verstohlen, das Böse kommt auf leisen Sohlen.
William Shakespeare, engl. Dichter
(1564 - 1616)

„Schlägst du mich – oder schlage ich dich?"

Ein Sadist ist ein Mensch, der Lust oder Befriedigung dadurch erlebt, einen anderen Menschen (ursprünglich sexuell) zu demütigen, zu unterdrücken oder ihm (überwiegend körperliche) Schmerzen zuzufügen. Es wird von Sadismus gesprochen.

Ein Masochist ist ein Mensch, der (ursprünglich sexuelle) Lust oder Befriedigung erlebt, wenn ihm selbst Schmerzen zugefügt werden. Hier gilt der Begriff Masochismus.

Der österreichische Schriftsteller Leopold von Sacher-Masoch (1836 – 1895), auch unter seinen Pseudonymen Charlotte Arand und Zoë von Rodenbach bekannt, schrieb unzählige Romane und Novellen. Unter seinen Werken finden sich Titel wie ‚Venus im Pelz' (1870), ‚Die Schlange im Paradies' (1890), ‚Grausame Frauen' (1907).

Im Buch ‚Venus im Pelz' beschreibt er die Gefühlswelt des ‚Sklaven' Severin/Gregor von Kusiemski zu seiner Herrin Wanda von Dunajew. Er findet seine Erfüllung erst dann, wenn er ausgepeitscht wird.

Der deutsche Psychiater Richard Fridolin Joseph Freiherr Krafft von Festenberg auf Frohnberg (genannt Richard von Krafft-Ebing, 1840 – 1902) benutzte 1886 erstmals den Begriff Masochismus. Dabei bezog er sich auf den Schriftsteller Leopold von Sacher-Masoch.

Obwohl sich Sacher-Masoch gegen die Verwendung des Wortes Masochismus wehrte, es half nicht. Wer möchte schon seinen Namen mit einer zweifelhaften sexuellen Präferenz verknüpft haben? Dieser war nun allerdings etabliert und gilt bis heute.

Gedanken zum sexuellen Missbrauch

Nicht viel besser erging es dem französischen Adeligen Donatien Alphonse François Marquis de Sade (1740 – 1814), dessen Nachname 1866 von Richard von Krafft-Ebing benutzt wurde und den Begriff Sadismus ableitete. De Sade konnte sich gegen seine Namensverwendung nicht mehr wehren, war er 1866 bereits verstorben.

Vielleicht wäre es ihm auch egal gewesen, Namensgeber für durchgeführte und beschriebene sexuelle Praktiken zu sein.

De Sade schrieb – meist während diverser Gefängnisaufenthalte, aufgrund von ihm organisierter und durchgeführter Orgien und angeblichem Missbrauch einiger Teilnehmer und Teilnehmerinnen – mehrere pornografische Romane. Treffen sich hier reale Aktionen mit literarischen Gedankenspielen?

Heute noch dürfte der Roman ‚Die 120 Tage von Sodom' (1785) bekannt sein, der in nur wenigen Tagen im Pariser Gefängnis Bastille während einer 5-jährigen Haftstrafe entstand.

Darin werden extreme und teilweise auch verbotene Sexualpraktiken beschrieben, die sich in einem abgeschiedenen Schloss über mehrere Tage hinziehen. Extreme Gewaltphantasien werden mit ausgefallenen sexuellen Praktiken kombiniert.

Von den mitspielenden 46 Protagonisten verlieren immerhin 36 ihr Leben.

Viele der geschilderten Praktiken gehen möglicherweise viel weiter, als den sexuell praktizierenden Sadisten heutzutage zugeschrieben würden.

Erfüllung und Befriedigung

Die Begriffe Sadist und Masochist werden neben den sexuellen Handlungen heute auch auf sonstiges berufliches und gesellschaftliches Verhalten übertragen.

Nach Vorstellung des ‚Modells' des Sadismus-Masochismus, können beide Seiten nur Erfüllung und Befriedigung finden, wenn ein Sadist auf einen Masochisten trifft.

Nach dieser Überlegung können weder zwei Sadisten noch zwei Masochisten zufrieden-

Sadist   Masochist

stellend und glücklich zusammen sein.

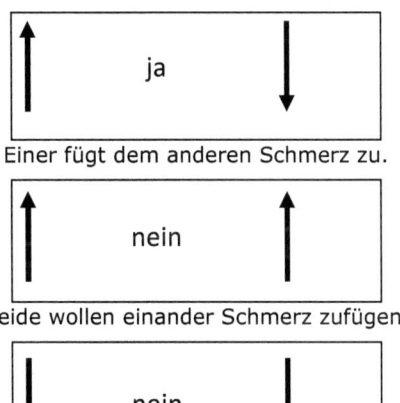

ja

Einer fügt dem anderen Schmerz zu.

nein

Beide wollen einander Schmerz zufügen.

nein

Beide warten darauf, dass der andere Schmerz zugefügt.

Hinweis: Beide, der Sadist sowie der Masochist wollen sich freiwillig miteinander austauschen. Es wird kein ungewollter Zwang ausgeübt.

Dominanz und Unterwerfung

Der Missbrauch unserer Fähigkeiten macht uns unglücklich und böse.
Jean-Jacques Rousseau, schweiz. Schriftsteller
(1712 - 1778)

„Ich mache, was du von mir verlangst!"

In weniger extremer Form (und auch nicht unbedingt in sexueller Absicht) lassen sich Dominanz und Unterwerfung beleuchten.

Der Dominierende tritt stärker auf als der sich Unterwerfende. Der sich Unterwerfende folgt den Anweisungen des Dominanten. Er verhält sich devot, gleich unterwürfig. Er macht das freiwillig und gern.

So nebenbei: Eine Person (meistens weiblich), die im beruflichen Sinn sadistische Handlungen an einer anderen Person vornimmt, wird üblicherweise Domina genannt.

Eine Vorsteherin in einem Kloster wurde im Mittelalter ebenso Domina genannt.

Speichellecker

In Unternehmen mit einer stark ausgeprägten Hierarchie lässt sich von oben nach unten ebenso eine Dominanz und eine gewisse Art der Unterwerfung finden.

Kritiker mögen das Wort Unterwerfung in diesem Zusammenhang als zu extrem bezeichnen. Gerne lässt sich das Wort durch ein anderes ersetzen, wobei das Abhängigkeitsverhältnis trotzdem bestehen bleibt.

In Unternehmensstrukturen, wie beispielsweise beim Militär, wird das ,Oben' und ,Unten' deutlich sichtbar. Der in der Hierarchie oben Stehende gibt die Befehle nach unten, die von den niedrigeren Rängen unkritisch ausgeführt werden müssen. Ähnliches Verhalten ist beispielsweise in vielen Krankenhäusern und Vereinen zu beobachten.

Je unkritischer die Dominanz ausgespielt wird, desto unterwürfiger verhält sich der unten Stehende.

Manchmal wird diesem sehr devotes, unterwürfiges Verhalten vorgeworfen. Hin und wieder wird hinter vorgehaltener Hand von einem ,Speichellecker' gesprochen. Oder, noch bildhaft deutlicher: „Der kriecht seinem Vorgesetzten in den Hintern."

Der Entscheider dominiert

Nicht immer muss es so extrem zugehen. Selbst in einem modernen Start-Up-Unternehmen, das Wert auf eine flache Hierarchie legt, muss irgendeiner die Entscheidungen treffen. Das ist der Entscheider – und damit automatisch die dominierende Person.

Zusammenfassend lässt sich festhalten, dass sich im Beruflichen – und nicht nur dort – fast immer ein Dominanz-Gefälle bildet; mehr oder weniger zwangsläufig.

Offensichtlich erfolgt diese Entwicklung unweigerlich, damit eine Gruppe, ein Unternehmen, eine Partnerschaft und so weiter weiterleben und sich weiterentwickeln kann.

Der Entscheider wird dann, je nach Gruppierung, verschiedenartig benannt: Häuptling, Führer, Chef, Captain, Vorstand, Teamleitung, Coach ...

Aggressive Gruppen-Dynamik

In einer beliebig zusammengewürfelten Gruppe entwickelt sich in kürzester Zeit eine gewisse Dynamik (zwischenmenschliche Bewegungsvorgänge, die die Hierarchie ordnen), die als Gruppen-Dynamik bezeichnet werden kann. Nach kurzer Zeit sind die ‚Rollen‘ der Personen in der Gruppe vergeben.

Schnell können sich radikale und aggressive Vorgehensweisen bilden.

Jack und Ralph – Herr der Fliegen

Der bekannte, 1954 veröffentlichte und später verfilmte Roman ‚Herr der Fliegen‘ vom britischen Schriftsteller und Nobelpreisträger der Literatur Sir William Gerald Golding (1911 – 1993) beschreibt in eindrucksvoller und erschreckender Weise, wie rasant sich eine Gruppen-Dynamik entwickelt.

Der Flug mit einer Gruppe 6- bis 12-jähriger Jungen an Bord gerät in Turbulenzen. Die Maschine stürzt auf einer unbewohnten Südsee-Insel ab. Die erwachsenen Piloten sind tot. Nur die Jungen überleben.

Es dauert lediglich wenige Stunden, bis sich eine erkennbare Hierarchie unter den Überlebenden bildet.

Einige der Jungen kennen sich von früher und ordnen sich sofort zu einer Gruppe zusammen. Ihr Anführer heißt Jack.

Die anderen, die einander nicht kennen, bilden eine zweite Gruppe. Sie wählen Ralph zum Anführer.

Im Roman zeigt die erste Gruppe aggressives Auftreten. Sie ‚lecken Blut‘ und machen Jagd auf die anderen. Einer aus der Runde entwickelt Vergnügen an der Folter.

Ralphs Gruppe, die anfangs für Ruhe und Ordnung sorgte, wird gnadenlos gejagt. Die Angehörigen dieser Gruppe werden getötet oder laufen zu Jacks Gruppe über. Schließlich ist Ralph allein – und fast dem Tode geweiht. In allerletzter Minute kann Ralph sein Leben retten. Am Ende geht die ganze Insel in Flammen auf.

Nicht alle Jungen überleben das Geschehen auf der Insel.

Jung, unverdorben, harmlos? Keineswegs. Einige Charaktere sind denen aggressiver Raubtiere ähnlich. Statt einander zu helfen oder gemeinsame Überlebensstrategien zu entwickeln, bekämpfen sie sich – ja töten sie sich.

Die Überlebenden werden von einem Marineoffizier eines zufällig landenden Kriegsschiffs gerettet. Ein halbwegs glückliches Ende lässt aufatmen.

Latente Gewaltbereitschaft

Der Roman zeigt sehr genau, wie bei gleicher Ausgangsbasis für alle Jungen die Gewaltbereitschaft entflammt. Dieses Verhalten stürzt die komplette Gemeinschaft fast ins Unglück.

Obwohl alle Teilnehmer beider Gruppen ein gemeinsames Ziel (das Überleben) haben sollten, investieren sie ihre Kräfte lieber in die gegenseitige Vernichtung zur Schaffung der eigenen Vormachtstellung.

Falls das Verhalten der Gruppe der Jungen auf beliebige zwischenmenschliche Situationen übertragbar ist, wäre zumindest die Annahme bestätigt, der Mensch sei von Grund auf böse.

Führung im Rettungsboot

Ein anderes Beispiel der Gruppen-Dynamik soll an der Tragödie des Untergangs der Titanic (14.04.1912) gezeigt werden.

Einige Glückliche konnten sich in ein Rettungsboot flüchten und der Katastrophe lebend entkommen. Meist war in jedem Rettungsboot ein ‚Vertreter' der Titanic anwesend, der aufgrund seiner Schiffszugehörigkeit automatisch die Führung übernahm. Sollte diese Person mit ihrer Entscheidung überfordert gewesen sein – oder war ein Rettungsboot gar ohne einen Vertreter der Mannschaft besetzt, übernahm ein anderer (Passagier) die Führung.

Wurde dessen Einflussnahme von den anderen Geretteten akzeptiert, befolgten sie die gegebenen Anweisungen. Im anderen Fall kam es zu einem Kompetenzgerangel, bei dem nur einer als ‚Sieger' hervorgehen konnte. So war die Führung – und das Überleben – idealerweise gesichert.

Hierarchie im Unternehmen

Eine Hierarchie ist in der Führung von Unternehmen nach wie vor üblich. Selbst in modernen Start-Up-Unternehmen, in denen der Gründer sich mit allen Beschäftigten ‚gleich' sieht, entsteht zwangsläufig eine Hierarchie. Wenn‘s schiefgeht, muss einer seinen Kopf hinhalten – oft der, der in der Hierarchie oben steht, es sei denn, ein Bauernopfer wird vorgeschoben.

Hierarchie ist gleichzeitig mit Macht verbunden, beispielsweise durch Zugriff auf Ressourcen wie Manpower, Fuhrpark, Geräte, Gelder und so weiter. Hierbei spielt die Erlaubnis und Notwendigkeit/Pflicht zur Entscheidung eine Rolle.

Je ausgeprägter die Hierarchie wird, desto mehr Macht entsteht für den ‚oben' Arbeitenden.

Der erfolgreiche mittelständische Unternehmer hat in seiner beruflichen Laufbahn mit seinem Unternehmen Millionengewinne erwirtschaftet. Aber: ‚Auf dem Rücken der Mitarbeiter', oder wie heute gesagt würde, zusammen mit den Beschäftigten. Ohne die Mitarbeiter wäre der wirtschaftliche Erfolg überhaupt nicht möglich gewesen.

Mit der wachsenden Kraft muss sensibel umgegangen werden. Falsche Entscheidungen können ein bisher erfolgreiches Unternehmen ruinieren, Unterstützer mitreißen und viele Arbeitsplätze vernichten. Hinter jedem Arbeitsplatz steht bekanntlich ein Mensch, dessen Leben durch die Entscheidung eines Managers extrem in Schieflage geraten kann.

Wer immer viel Macht erworben hat, oder wem immer diese zugeschoben wird, sollte sehr sensibel und wohl überlegt mit der Macht umgehen.

Kindesmissbrauch

Je älter der Missbrauch, desto heiliger.
Voltaire (François-Marie Arouet), frz. *Philosoph*
(1694 - 1778)

„Ich mache mit dir, was ich will!"

Welche Erschütterung ging durch die Öffentlichkeit, als die ersten sexuellen Übergriffe an Minderjährigen oder Schutzbefohlenen offen wurden. „Wie kann das sein? Das ist doch kaum zu glauben."

Gerade dann, wenn die Täter aus einer sozialen Position heraus, die menschliches Einfühlungsvermögen voraussetzt, handeln, wirkt der Kindesmissbrauch noch verwerflicher. Sexuelle Übergriffe, Missbrauch, Vergewaltigung an Kindern in Kirchen, Schulen, Vereinen, Kindergärten – unglaublich.

Eine Altersgrenze nach unten scheint es nicht zu geben.

Übergriffe in Familien, durch Familienangehörige und ‚Freunde' an den eigenen Kindern – wie schlimm ist das? Eltern, die ihre jüngsten, wehrlosen, unschuldigen Kinder anbieten, damit sich Täter gegen Bezahlung an ihnen vergehen können. Um welche Art von Eltern handelt es sich hier?

In der aktuellen Zeit vergeht kaum eine Woche, in der nicht ein neuer Skandal die Öffentlichkeit erschüttert. Dauernd und ständig wird – glücklicherweise – etwas aufgedeckt.

Gab es früher gar keinen Kindesmissbrauch? Doch, natürlich – er wurde allerdings nicht in der Öffentlichkeit ‚breitgetreten', sondern stillschweigend akzeptiert oder nach außen hin ‚totgeschwiegen'.

Körperliche und sexuelle Übergriffe gab es im familiären und sozialen Kreis schon immer. Die Handgreiflichkeiten der Lehrer oder des Pfarrers/Priesters „mussten ja wohl so sein".

Kinder in Heimen oder Missionen hatten sowieso keine Rechte. Was Aufseher, Betreuer, Mönche oder Nonnen mit ihnen anstellten, geschah hinter dicken Mauern. Nach draußen drang fast nichts.

Sexueller Missbrauch seit eh und je

Über sexuelle Übergriffe der Sklavenhalter an ihren Sklaven ist selten zu lesen – stattgefunden haben sie trotzdem.

Wie sah es auf den abgelegenen Bauernhöfen und in den schmucken Villen der Adeligen aus? Stand jeder Bursche und jede Dienstmagd tatsächlich freiwillig als Sexspielzeug zur Verfügung?

Wie viele Frauen und Mädchen wurden hemmungslos und aggressiv vergewaltigt von den einmarschieren Gewinnern einer kriegerischen Auseinandersetzung? Welche Chancen hatten die Frauen? Keine!

Wie sieht es in den Flüchtlingslagern beispielsweise in Nordafrika aus? Welche fürchterlichen Berichte von willkürlichen und brutalen sexuellen Übergriffen auf Frauen und Männer dringen gelegentlich an die Öffentlichkeit?

Das Opfer, das sich sowieso aufgrund der Notlage, in die es geraten ist, kann sich nicht wehren. Es wird zum erneuten Opfer in seiner aussichtslosen Situation.

Wie viele Frauen müssen sich prostituieren, um angebliche Schulden bei ihren Beschützern abzuarbeiten?

Wie viele Kinder werden – vorzugsweise im Darknet – zur sexuellen Befriedigung angeboten?

Was ist an diesem abstoßenden Verhalten menschlich ehrenwert?

Status

Nicht in den Dingen liegt das Böse, sondern in dem ungerechten Gebrauch.
Augustinus von Hippo, nordafrikan. Philosoph
(354 - 430)

„Ich bin der Größte!"

Es benötigt also immer der Führung und damit jemanden, der diese in Anspruch nimmt. Damit er von allen zweifelsfrei erkannt (und damit auch anerkannt) wird, sind es zunächst sichtbare Merkmale, später andere, die seinen Status unterstreichen.

Solche Statussymbole können sein: Kopfbedeckungen, Körperbemalung, Rang-Abzeichen, Büro-/Arbeitsplatz, Dienstwagen und dazu gehörender naheliegender Parkplatz, Assistenz (Sekretär/in), Economy-Class oder Business-Class, Übernachtung im 2-Sterne- oder im 5-Sterne-Hotel und so weiter.

Luxus

Gerade die Existenz der Luxus-Hotellerie erklärt den Wunsch und den Drang nach Status. Auch das 2-Sterne-Hotel kann beste fachliche wie menschliche Leistung erbringen. Trotzdem zieht es den oben angesprochenen Menschen in die höhere Sterne-Kategorie. Er will sich selbst (und anderen) zeigen und beweisen, wie gut es ihm geht. Offensichtlich hat er beruflich Erfolgreiches geleistet (oder hat er ,nur' geerbt?).

Das menschliche Leben funktioniert so. Versuche, zum Beispiel kommunistische Ideen (alle sind gleich) scheiterten über kurz oder lang.

Ausgleich des Kräfteverhältnisses

Da nicht jeder bereit ist, sich zu unterwerfen und/oder den Status der Macht anderer kritiklos anzuerkennen, kommt es zu Auflehnung, Streik, Demonstration, Anfeindung, Auseinandersetzung, Bürgerkrieg, Terrorismus und so weiter.

Durch diese – manchmal noch als legitim zu bezeichnenden Vorgänge – wird das Kräfteverhältnis idealerweise wieder ausgeglichen, damit sich keine Diktatur (siehe dort) entwickeln kann.

Die Ausgewogenheit im Sinne der Gleichheit aller ist also kein statisches Gebilde.

Ständig brodelt es unter der Oberfläche.

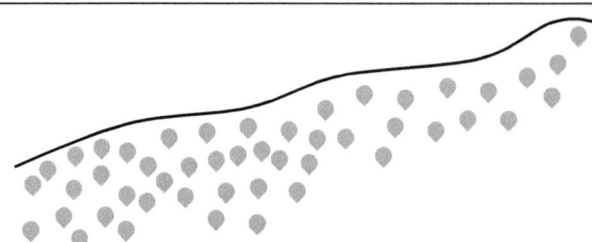

Sollte die Ausgewogenheit zulasten vieler Menschen empfunden werden, droht die Balance zu kippen.

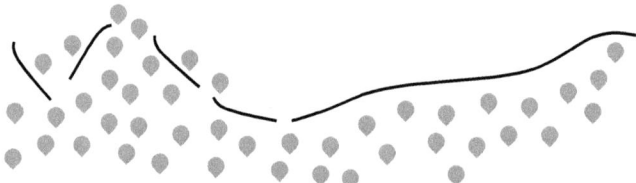

Ab einem gewissen Grad wird das Brodeln vulkanartig ausbrechen mit dem Ziel, die Ausgewogenheit wieder herzustellen.

Ausgewogenheit ist erneut hergestellt.

Demonstration in Hongkong

Der Student Wang Cheung war seit mehreren Stunden auf den Beinen. Er ging inmitten tausender, meist schwarz gekleideter Demonstranten durch Hongkongs Straßen. Mit seinen 23 Jahren wollte er Stellung beziehen zur drohenden Gefahr, die er auf sich und alle Hongkong-Chinesen aufziehen sah.

Seit Juni 2019 zog er, wann immer es ihm möglich war, mit Gleichgesinnten durch Hongkonger Stadtbezirke.

Sein Gesicht hatte er zur Hälfte mit einem Tuch verdeckt – Nase und Mund waren ‚gesichert', falls die Polizei mit Tränengas oder Rauchbomben einschreiten sollte.

Seit die Regierungschefin aktiv war, die durch die chinesischen Machthaber als Entscheiderin in Hongkong eingesetzt war, kam es immer wieder zu Unruhen.

Der jüngste Auslöser war die Ankündigung eines Gesetzes, dem sogenannten Abschiebungsgesetz. Dieses Gesetz sah vor, dass ein Verdächtiger oder Angeklagter Hongkongs an China ausgeliefert wird, um nach dortigem Gesetz verurteilt zu werden.

Die Hongkong-Chinesen befürchteten Willkür und gingen deshalb gegen das Gesetz auf die Straße. Gleichzeitig demonstrierten sie gegen die vom ‚Festland-China' eingesetzte Regierungschefin Carrie Lam Cheng Yuet-Ngor (*1957),

Das dürfte auf keinen Fall ratifiziert werden.

Vor wenigen Tagen waren fünf Buchhändler aus Hongkong, die in ihrem Laden von China auf den Index gesetzte Bücher angeboten hatten, verhaftet worden. Sie wurden direkt nach China verschleppt. Was war mit ihnen geschehen?

Wang Cheung konnte nur lachen, wenn er den Slogan „Ein Land, zwei Systeme" hörte.

1997 hatte Großbritannien Hongkong an China zurückgegeben. Fünfzig Jahre lang, bis 2047, sollte Hongkong einen Sonderstatus genießen. Aber nach Wangs Meinung versuchte die chinesische Regierung das in Hongkong herrschende, demokratische Recht auszuhebeln.

Vor fünf Jahren (August bis Dezember 2014) war die Bevölkerung Hongkongs bereits auf die Straße gegangen. Demonstrationen wurden als Regenschirmproteste bekannt.

Demonstriert wurde gegen den Plan, dass ein tausendzweihundert-köpfiges Komitee, das von China eingesetzt wurde, für die Wahl des Hongkonger Verwaltungschefs zuständig wäre. Die Hongkong-Chinesen hätten damit keinen Einfluss mehr auf ihre Regierung.

Leider erfolgte keinerlei Reaktion der Verantwortlichen auf die starken Demonstrationen.

Wang hatte die Nase voll vom Vorgehen der Herrschenden. Sollten die Bewohner Hongkongs alle ihre Rechte verlieren?

Vor einigen Tagen hatten die Demonstranten den internationalen Flughafen lahmgelegt. Die Aktion ging natürlich durch die Weltpresse, fertigt Hongkongs Flughafen immerhin etwa unglaubliche 900 Flugbewegungen pro Tag ab.

Anschließend hatten sich einige Demonstranten bei den Reisenden wegen der Behinderungen öffentlichwirksam entschuldigt. Sie wollten die Bevölkerung nicht gegen sich wissen.

Wang Cheung schlenderte weiter in der riesigen demonstrierenden Menschenmasse. Viele hielten Schilder hoch, die auf den Unabhängigkeitswunsch hinwiesen. Viele Schildtexte richteten sich auch gegen Carrie Lam.

Angeblich waren 1.700.000 Menschen unterwegs. 1,7 Millionen! Das gesellschaftliche Leben kam zum Erliegen.

Obwohl es zwischendurch stark regnete, ließen sich die meisten Gleichgesinnten nicht von ihrer Meinungsbekundung abhalten. Regenschirme wurden aufgespannt. Von oben betrachtet, müssten sie wie eine schützende Decke gegen die übermächtige Bedrohung ausgesehen haben.

An Hongkongs Grenzen zu China war längst chinesisches Militär eingetroffen. Unzähl-bare, Macht ausstrahlende, gepanzerte Fahrzeuge standen bereit, um die Demonstran-ten niederzuwalzen. Sollte sich das Massaker von Tian'anmen (in Peking im Juni 1989) wiederholen? Der Aufstand wurde damals von der Polizei gewaltsam niedergeschlagen. Hoffentlich passierte dieses Vorgehen diesmal nicht. Davor hatte Wang große Angst.

Deshalb bangte Wang davor, dass sich einige Demonstranten zu aggressivem Verhalten hinreißen lassen würden. Vereinzelt war das schon geschehen. Prompt hatte die Polizei mit rücksichtsloser Gewalt zugeschlagen. Gummigeschosse, Tränengas, Wasserwerfer und Knüppel kamen zum Einsatz. Demonstranten wurden verletzt, niedergeschlagen, verhaftet. Was würde mit ihnen geschehen?

Gerüchteweise hatten sich chinesische Polizisten in Zivil unter die friedlich Demonstrie-renden gemischt. Sie sollten das aggressive Verhalten forciert haben, damit die chine-sischen Medien der dortigen Bevölkerung zeigen konnten, wie brutal die Hongkong-Chinesen angeblich vorgingen. Erkannten die Chinesen vom ‚Festland' diese Manipula-tion?

Wang Cheung nahm sich vor, durchzuhalten und seine Freiheitsrechte zu verteidigen.

Er hoffte inständig, dass das Ausland die Beweggründe der Hongkong-Chinesen verste-hen würde. Würde das Ausland zu Hilfe schreiten? Hilflos aber trotzdem entschlossen schaute Wang in die Kamera eines europäischen Fernsehteams.

Das waren die Schilderungen des fiktiven Wang Cheung, die er sich bis Ende August 2019 machte. Wie ging es weiter?

Macht versus Wunsch

In der Diktatur zählt die Meinung einer Person. In der Demokratie gelten Mehrheitsver-hältnisse. Dürfen Wünsche und Bedürfnisse von über einer Million auf die Straße ge-hender Menschen ignoriert werden?

Geld regiert die Welt

Macht korrumpiert. Absolute Macht korrumpiert absolut.
Carl Ludwig Börne, dt. Journalist
(1786 - 1837)

„Geld stinkt nicht!"

Geld regiert die Welt? Gab es vor der Einführung des Geldes keine Regierung? Aber klar doch. Eine gesellschaftliche Führung gab es von Beginn an.

Die ‚legale' Führung ist legitimiert mit dem Ziel, der anvertrauten Menschheit die Möglichkeit zu geben, gut und geschützt weiterleben zu können.

Ja-Sager um sich scharen

Manch einer wird allerdings nicht zur demokratisch gewählten Führung aufgrund seines intelligenten Vorsehens und Vorgehens. Er bedient sich anderer Mittel.

Er macht sich künstlich kräftiger, indem er eine Gruppe von ihm überzeugter Ja-Sager um sich sammelt (siehe auch Banden). Diese Ja-Sager unterstützen ihn in allen Entscheidungen. Sie ‚bejubeln' ihn und geben ihm das Gefühl, unfehlbar zu sein. Gibt es keine oder nicht genügend Ja-Sager, muss eine Alternative her.

Die Alternative sind die – gekauften – Ja-Sager. Sie erhalten eine Finanzspritze auf direkter oder indirekter Art. Gleichzusetzen ist das mit einem Vorteil, der in Aussicht gestellt oder direkt erteilt wird. Im beruflichen Umfeld führt das ganz schnell zur Bestechlichkeit und der damit verbundenen Abhängigkeit.

Der Zahlende vergrößert seine Macht über andere, da er sich der Unterstützung der Bezahlten (ziemlich) sicher sein darf.

Korrupte Systeme arbeiten häufig mit der gekauften Unterstützung. Das Volk und das Land werden ausgeblutet. Einnahmen werden an die Führung gelenkt, die immer reicher und damit machtvoller wird.

Derjenige, der nicht die finanziellen Mittel hat, Anhänger zu kaufen, gerät dadurch in einen Nachteil.

Das finanzkräftige Argument

Stehen zwei gleichstarke Partner einander gegenüber, können sie durch starke, fachliche Argumente überzeugen. Das beste Argument hat die Chance, die gewünschte Vorgehensweise zu bestimmen.

Erkauft sich einer der beiden aufgrund seiner Finanzkraft Macht, kann es ihm gelingen, trotz schwächerer Argumente den weiteren Verlauf zu bestimmen. Die Macht beziehungsweise das Geld bestimmt.

Dadurch wird nicht das Beste gewinnen müssen, sondern gegebenenfalls das Schlechte, Böse, Teuerste. Wohl gemerkt: zum Vorteil Weniger und zum Nachteil Vieler.

Bestechlichkeit und Korruption

Gaby saß ausgeruht auf der Terrasse des angesagten Gastronomiebetriebs. Gerade hatte sie die Rechnung beglichen, wobei sie aufgrund der freundlichen Bedienung den Rechnungsbetrag großzügig aufgerundet hatte.

Sie gab bei guter Serviceleistung gerne ein angemessenes Trinkgeld. Es freute sie, wenn sich das Personal über den Tip freute.

Als Gaby vor wenigen Tagen ihrer Bankangestellten, mit der sie schon seit Jahren beruflich zu tun hatte, einen 10-Euro-Schein als kleines Dankeschön für die Lösung einer Kniffligkeit geben wollte, hatte diese freundlich abgelehnt. Sie erklärte Gaby, dass sie keine noch so freundlich gemeinte Zuwendung akzeptieren dürfe, um nicht in den Verdacht der Bestechlichkeit zu geraten.

Präsente irgendwelcher Art, die zum Beispiel auf einem Event überreicht wurden, mussten dem Vorgesetzten gemeldet werden. Dort wurden die Geschenke registriert und, soweit möglich, an Bedürftige weitergeleitet.

Erpressbarkeit

Wer Geld, Ware oder Dienstleistung irgendwelcher Art für eine erbrachte oder auch nur eine per Schein erbrachte Leistung annimmt, macht sich höchstwahrscheinlich strafbar. Unabhängig davon bringt sich der Betreffende in ein Abhängigkeitsverhältnis.

Das kann ganz böse enden, da ein Risiko der Erpressbarkeit entsteht.

Manch einer nutzt die Möglichkeit der Erpressbarkeit im gegenteiligen Sinn. Er setzt darauf an, ein ‚Opfer' bestechen zu können. Der Bestochene kann sich nicht wehren, da er den anderen schlecht anzeigen kann, ohne selbst belangt zu werden.

Vielleicht ist die Anzeige aber der einzige Weg, sich aus der Abhängigkeit der Macht zu befreien.

Vorteilnahme

Von einer kleinen, wohlwollend gemeinten Gefälligkeit ist es kein großer Schritt bis zur fragwürdigen Bestechung. Um der Korruption vorzubeugen, ist die Bestechung gesetzlich sowieso verboten.

Wie erkennt ein sauber arbeitender Angestellter oder Beamter, ab wann die unsichtbare Grenze zwischen der Aufmerksamkeit und der Bestechung überschritten wird? Ab wann könnte das Wohlwollen erkauft werden?

Um den Empfänger (gleich Mitarbeiter) nicht in eine prekäre und illegale Lage geraten zu lassen, definiert der Arbeitgeber möglicherweise die Akzeptanz der Annahme eines Präsents.

So könnte beispielsweise ein materieller Wert zugrunde gelegt werden. Bis zu einem Wert von fünf Euro; in Ordnung. Höhere Leistung? Dann muss sie freundlich abgelehnt oder/und direkt an einen dafür vorgesehenen Beauftragten im Unternehmen zur Aufbewahrung weitergegeben werden.

Bonus, Malus, Risiko und Motivation

Gleich wie Feuer nicht Feuer löscht, so kann Böses nicht Böses ersticken.
Nur das Gute, wenn es auf das Böse stößt und von diesem nicht angesteckt wird, besiegt das Böse.

Leo Tolstoi (Lew Nikolajewitsch Graf Tolstoi), russ. Schriftsteller
(1828 - 1910)

„Bist du gut, bekommst du etwas!"

Begeht jemand etwas Böses, riskiert er, bestraft zu werden. Gelingt ihm Gutes, erwartet er eine Belohnung irgendwelcher Art. Gutes Tun muss einen Erfolg bringen, sonst gibt es überhaupt keine Motivation, in diesem Sinn vorzugehen.

Zurückkehrend zu den ersten Menschen dieser Welt, schafften sie Gutes, indem sie einen Lebensraum fanden und schufen, in dem sie gut leben und sich vermehren konnten. Gingen die Ressourcen dieses Lebensraums zu Ende, musste ein neuer gefunden werden.

Der Dank von außen

Derjenige, der seine Gruppe wohlüberlegt und möglichst unverletzt dorthin brachte, sicherte das Weiterkommen der Art. Es gab am neuen Ort Sicherheit und Nahrung. Dem Anführer wurde gedankt. Er stieg in der Achtung auf, sein Status wurde unantastbarer. Das war erst einmal Motivation, weiterhin in der Gruppe aktiv zu sein.

Motivation lässt sich in extrinsische und intrinsische Motivation einteilen.

Die extrinsische, äußere Motivation

Der Dank der anderen von außen lässt sich als äußere, als extrinsische Motivation bezeichnen. Die extrinsische Motivation heutzutage erfolgt, wenn Anreize von außen gegeben werden: durch Dank, Lob, Auszeichnung, Bezahlung, Statusinsignien wie Dienstwagen, größeres Büro usw. und eventuell Bonuszahlungen.

Nicht umsonst spielt bei vielen Personen in unserer Kultur der Status, das Ansehen und das Materielle solch eine ausgesprochen große Rolle.

Fast überall auf der Welt ist der Drang nach den genannten Merkmalen deutlich ausgeprägt. Weshalb? Nun, wie bereits am Beispiel des Vormenschen erklärt – um überleben zu können. Oder noch genauer, um sicherzustellen, auch in Zukunft, soweit sie ein Einzelner beeinflussen kann, das sichere Weiterleben zu gewährleisten.

Die äußere Motivation muss im Laufe der Zeit immer weiter steigen, da sie sonst gefühlt abflauen würde. Das soll die folgende Zeichnung veranschaulichen.

Motivationsschub   Leistungskurve

Eine äußere Motivation erzeugt einen Motivationsschub. Die Leistung steigt.

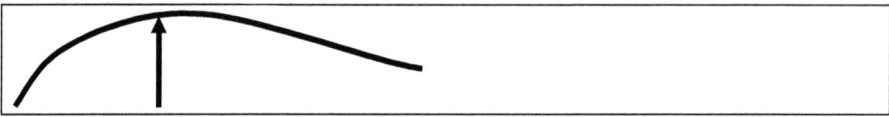

Ohne erneute Motivation fällt Leistungskurse nach und nach ab.

Deshalb muss es immer neue Motivationsschübe geben.

Die Leistungskurve müsste sich mehr oder weniger auf einem gehobenen Level bewegen.

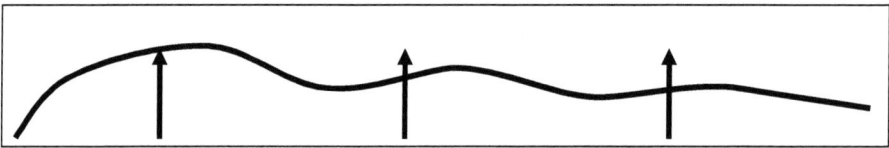

Tatsächlich baut sie im Laufe der Zeit ab. Weshalb? Nun, weil das gleichartige Loben (im Sinne der äußeren Motivation) zur Gewohnheit wird und auf die Dauer seinen Reiz verliert.

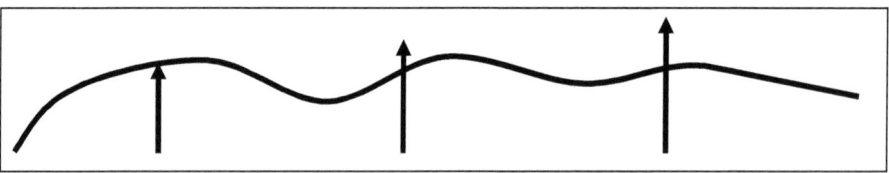

Um die Kurve gleichhoch zu halten, müssten die Motivationsschübe nach und nach gesteigert werden.

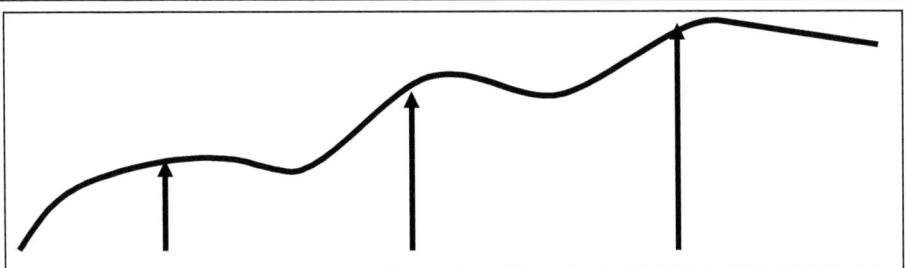

Soll die Leistungskurve nun ansteigen, müsste die Motivation noch deutlich stärker erfolgen.

Die Leistungskurve steigt. Schnell lässt sich erkennen, dass die Motivatoren nicht endlos gesteigert werden können.

Die intrinsische, innere Motivation

Glücklicherweise gibt es auch die innere, die intrinsische Motivation.

Die intrinsische Motivation wird vom Individuum von ‚innen' heraus entwickelt und gelebt. Wer sich selbst intrinsisch motiviert, kennt folgende Formulierungen: „Ich will das erreichen." „Ich mache das gerne – die Arbeit bereitet mir Freude." „Ich kann mich mit meinen Ideen ausleben." Und vergleichbare Aussagen/Gedanken.

Die innere Motivation kann eine viel höhere Leistungskurve erzielen, wenn die Person eine entsprechende Lebenseinstellung, eine ‚gesunde' Lebensstrategie praktiziert.

Nicht gut: „Ich mache das, wenn ich Geld erhalten." Sondern: „Ich mache das, weil es mir Freude bereitet."

Arbeitgeber und -nehmer tun gut daran, ein Arbeitsklima anzubieten und auszubauen, das die innere Motivation ausleben lässt.

Gerade die jüngere Generation legt mehr Wert auf eine ausgeglichene Work-Life-Balance. Geld ist nicht mehr das Allerwichtigste.

Bonus

Das Wort Bonus ist die Kurzform von Bonuszahlung (‚bonum': lateinisch für ‚gut' – Plural Boni oder Bonusse). Das Gegenteil von Bonus ist Malus (‚malus': lateinisch für ‚schlecht' – Plural die Malus oder Malusse); zum Beispiel würde Lohn abgezogen.

Interessanterweise steht ‚Malus' auch für ‚Apfel' (malus domestica). Das passt zur Geschichte von Adam und Eva an anderer Stelle in diesem Buch.

Ein Bonus soll die Motivation steigern und wird als Lob, Dank oder Anerkennung angesehen. Deshalb ist er in der Regel mit der Erreichung eines Ziels verknüpft. Eine erreichte Umsatzzahl könnte solch ein Ziel darstellen.

Da die Bonusleistung vom Arbeitgeber geleistet wird, handelt es sich um eine deutliche extrinsische Motivation.

Bonuszahlungen bringen Nachteile?

Bonuszahlungen scheinen doch gut zu sein, wer würde sie freiwillig ablehnen wollen? Weshalb sollen sie sich tatsächlich negativ auswirken? Wie ist das denkbar? Jeder, der in den Genuss eines Bonusses kommt, sollte doch froh sein. Er müsste motiviert oder noch motivierter als bisher seine Arbeit fortsetzen. Stimmt das?

Eine große Bonuszahlung ist verlockend. Einen Bonus sozusagen als Lockmittel vor der Nase zu sehen, bewirkt, das angestrebte Ziel schnellstens zu erreichen. Derjenige, dem der Bonus winkt, setzt vieles (alles?) dran, um eben diesen Bonus zu erhalten. Zwangsläufig bedeutet das, dass er risikoreicher als üblich vorgeht.

Risikoreicheres Vorgehen

Das hat natürlich den Vorteil, neue, ungeplante, ‚riskante' Schritte zu gehen. Gleichzeitig steigt das Risiko des ungeplanten oder unüberlegten Vorgehens und damit der Möglichkeit des kläglichen Scheiterns. Die Finanzkrise aus den Jahren 2007/2008 steht hierfür als warnendes Beispiel.

Grundsätzlich ist nichts dagegen zu sagen, wenn der Mensch ein gewisses Risiko eingeht. Gerade in Krisensituationen zeigt sich, dass der Mensch eine noch höhere Bereitschaft hat, ein Risiko einzugehen (oder eingehen zu müssen). Das ist gut so.

Diese Bereitschaft wird dann verstärkt, wenn – bei Erfolg – ein satter Bonus winkt. Wer hätte dagegen etwas einzuwenden? Etwas anders sähe es aus, drohte bei negativem Ergebnis ein Malus. Dann müsste das Risiko besser abgewägt werden.

Droht kein Malus, geht der nach dem Bonus Strebende genaugenommen kein oder fast kein Risiko ein. Er kann also ‚wild' loslegen. Immer wieder zeigen Beispiele, dass trotz negativer Unternehmensentscheidungen und daraus entstandenen großen Herausforderungen im Sinne von Image-Verlust und Ausgleichen von entstandenen Schäden horrende (und nach Meinung vieler nicht mehr gerechtfertigte) Bonuszahlungen erfolgen sollten.

Manchmal sollen Manager viermal so hohe Bonuszahlungen erhalten, als im Basisgehalt festgelegt war! Wohlgemerkt ausgehend von einem Basisgehalt von über 1 Million Euro pro Jahr. Pro Jahr! – So lässt sich die Bonuszahlung hochrechnen und leichter verstehen, weshalb einige der betroffenen Manager trotz Unternehmenskrise auf der vertraglich zugesicherten Bonus-Zahlung bestanden.

Intrinsische Motivation benötigt keine Bonuszahlungen

Wer intrinsisch motiviert ist, bringt gute Leistung, ganz ohne auf Bonuszahlungen aus sein zu müssen. Eine Bonuszahlung würde demnach nur bedingt seinen persönlichen Einsatz beeinflussen.

Keine Bonuszahlung und trotzdem bessere Leistung? Der Unternehmer reibt sich freudestrahlend die Hände und denkt, dass er aufgrund der fehlenden Bonusleistungen sehr viel Geld sparen kann.

Das mag im ersten Moment zutreffen. Tatsächlich wäre es besser, dieses Geld an anderer Stelle im Unternehmen zu investieren. Und genau diese Investitionen schaffen es, das weiter oben geforderte Arbeitsklima stehen zu lassen, in dem sich die innere Motivation verstärkt ausleben lässt.

Gefühlter Schutz steigert das Risiko

Der Soldat setzt sich zum Schutz einen Helm auf, der Bauarbeiter ebenso und der verantwortungsvolle Motorradfahrer sowieso. Der Helm schützt vor gefährlichen Verletzungen am oder im Kopf. Er rettet unter Umständen das Leben.

Der Ritter aus dem Mittelalter ist ein Beispiel dafür, wie der schwere metallene Schutz den Menschen – zu Fuß – fast bewegungsunfähig machte. Auf dem Schlachtross hingegen war er kaum besiegbar. Es ist nicht vorstellbar, dass ein Ritter ohne Rüstung in die Schlacht gezogen wäre.

Geschützt durch Harnisch, Helm und Kettenhemd konnte er gnadenlos, wild und Tod bringend unter den Fußsoldaten wüten.

Eine gewagte These behauptet, dass der Geschützte mehr Risiko eingehe, als der Ungeschützte.

Der Radfahrer mit Helm soll riskanter im Straßenverkehr unterwegs sein, als der unbehelmte Verkehrsteilnehmer.

Verhält sich der Autofahrer beim Vorbeifahren des behelmten Radfahrers unvorsichtiger, da er annimmt, dieser sei geschützter und wäre damit im Straßenverkehr weniger gefährdet?

Der Autofahrer mit integrierter ASR (Antriebsschlupfregelung) fährt rasanter in die Kurve, annehmend, das System schütze ihn vorm Wegrutschen. Je mehr Sicherheitssysteme das Fahrzeug bietet, desto sicherer fühlt sich der Fahrer. Es kann ihm ja nichts passieren; die Technik passt auf (und schützt).

Also kann der Fahrer riskanter im Straßenverkehr unterwegs sein – zumindest meint er das.

Der Fahrer verlässt sich hier auf die (vermeintlich) schützende Technik. Ist die Sicherheit gegeben oder ist das Verlassen auf die Technik riskant?

Oben offen – Höflichkeitsgeste

Begegnen sich Cabriolet-Fahrer unterwegs, ist immer wieder zu beobachten, dass sie sich zuwinken oder zunicken.

Sie ‚erkennen einander' und ‚erkennen einander an'. Sie zeigen durch den Austausch der Höflichkeitsgeste Respekt. Unter Umständen lassen sie dem anderen Vorrang oder Vorfahrt.

Sitzt der Fahrer im geschlossenen Fahrzeug, sind die genannten Höflichkeitsgesten kaum zu beobachten. Weshalb auch?

Der Fahrer sitzt geschützt und anonym im Auto. Der ‚Helm' hat lediglich größere Ausmaße angenommen. Aus dieser Anonymität heraus lässt sich viel grenzwertiger und risikobereiter fahren.

Je mehr Blech (oder andere Materialien) den Fahrer umgeben, desto sicherer, unangreifbarer fühlt er sich.

Entsprechend ist er im Straßenverkehr unterwegs. Ist das so?

Anonymität als stärkster Schutz?

Viele Fahrer mit vergleichbar ausgerüsteten Sicherheitssystemen im Fahrzeug werden vehement widersprechen. Sie werden genügend Argumente finden, die beweisen sollen, wie sensibel und aufmerksam sie im Verkehr unterwegs sind.

Nun, eingangs zu diesen Gedankengängen, wurde deswegen von einer gewagten Theorie ausgegangen. Jeder kann sich selbst hierzu seine Meinung bilden.

Zumindest wäre die Theorie eine Erklärung der gefühlten und zunehmenden Aggression im Straßenverkehr.

Übrigens, wurde oben von Fahrer gesprochen, sind Fahrerinnen natürlich genauso gemeint.

Der Gedanke kann weitergesponnen werden: Wer in den sozialen Netzwerken beleidigende Äußerungen oder Drohungen schreibt, fühlt sich geschützt.

Eventuell veröffentlicht er unter einem Pseudonym und somit aus der Anonymität heraus.

Politische Entscheider versuchen aktuell verzweifelt, den Hasskommentaren Einhalt zu gebieten.

Je mehr Schutz, je mehr Anonymität, desto mehr Risiko – umso mehr Aggression.

So lautet der Appell: „Raus aus der Anonymität – Gesicht zeigen und Farbe bekennen!"

Zeigen, dass das menschliche Gegenüber als Individuum erkannt und anerkannt wird. Mehr Respekt und Wertschätzung für den anderen aufbringen, damit langsam aber sicher wieder etwas mehr angenehme Zwischenmenschlichkeit erkannt werden kann.

Das königliche Spiel

Das Böse liegt nicht im Menschen versteckt, sondern in der Gesellschaft.
Wissarion Grigorjewitsch Belinski, russ. Philosoph
(1811 - 1848)

„Auf die Strategie kommt es an!"

Der König warf einen letzten Blick auf seine blank polierte Rüstung. Sein scharf geschliffenes Schwert wartete darauf, den Kopf eines unvorsichtigen Gegners mit einem glatten Hieb vom Körper zu trennen.

Seine mit ihm vor vielen Jahren verheiratete Ehefrau stand fein herausgeputzt neben ihm. Trotz des fortgeschrittenen Alters hielt sich die Königin straff aufgerichtet und scharf beobachtend an der Seite ihres Mannes.

Einige muskelbepackte Ritter standen waffenstarrend wie unbezwingbare Türme an den Außenseiten der sauber aufgestellten Schlachtformation. Andere, ungeduldige Ritter warteten einsatzbereit neben ihren mächtigen und kraftstrotzenden Schlachtrössern. Sie waren bereit, zu jedem Zeitpunkt gegen den Feind loszupreschen.

Vor den Adeligen aufgereiht stand das Fußvolk. Söldner, Kämpfer und verpflichtete Bauern, letztere teilweise nur mit Prügeln oder Mistgabeln bewaffnet.

Es waren die, die als Erste geopfert würden. Diese ‚Bauernopfer' wurden gleich zu Beginn der Auseinandersetzung losgeschickt, Im Fall des Verlusts war es zumindest keine große Tragik (für die Adeligen).

Verlor hingegen die mächtige Königin ihr Leben, wackelte der erhoffte Sieg.

Deshalb schlug sie bei passender Gelegenheit – aus dem Hintergrund startend, quer über das Schlachtfeld zu – und zog sich in Sicherheit zurück, so es denn möglich war. Ihre getreuen Vasallen schützen sie, wussten sie doch, was vom Überleben der berechnenden Königin abhing.

Der König wechselte nur selten seine eingenommene Position, von der er die beste Aussicht auf das Gesamt-Geschehen hatte. Er hütete sich davor, ins aktive Kampfgeschehen einzugreifen – zu groß war das Risiko, dass ihm etwas zustieße.

Oft zog sich die Schlacht über Stunden dahin. Manchmal war es ein ewiges Hin und Her, wobei sich nach und nach die Reihen der Kämpfer lichteten.

Fiel der König, war die Schlacht sofort entschieden. Schach matt!

Dass Heer antreten lassen

Das ‚königliche' Spiel Schach (persisch ‚schah' = ‚König') wird schon seit Jahrhunderten gespielt.

Angeblich vergnügten sich schon vor dem 13. Jahrhundert in Indien scharfdenkende Spieler mit diesem strategischen Spiel.

Zwei Spieler, vertreten durch die Spielfigur des Königs, lassen ein komplettes Heer gegeneinander antreten. Jeder der beiden hätte die Möglichkeit, auf die spielerische kriegerische Schlacht zu verzichten. Das kommt allerdings so gut wie nie vor, hoffen doch beide auf einen überwältigenden Sieg.

Schach – das Spiel der Könige. Schach – der Tod der Abhängigen.

Der König entscheidet, welche Bewegungen die Figuren auf dem Spielfeld vornehmen müssen. Einer entscheidet. Alle anderen müssen genau das tun, was nur dieser eine von ihnen verlangt. Auch – in den Tod zu gehen.

Die Hierarchie ist deutlich erkennbar. Der da ‚oben' entscheidet. Der da ‚unten' wird zur Not – oder vielleicht sogar gezielt – geopfert.

König Chef

Manch ein Vorgesetzter verhält sich vergleichbar dem König im Schachspiel.

Er sieht seine Mitarbeiter als Figuren auf dem Spielfeld. Diese Spielfiguren – hier echte Menschen – folgen dem Ziel des Vorgesetzten, den anderen, den Gegner, zu vernichten. Nicht nur zu schaden – nein, im Idealfall tatsächlich auszuschalten.

Wie eindrucksvoll zeigt das beliebte Schach-Spiel – seit den oben erwähnten Jahrhunderten, wie die Regeln im Spiel und in der beruflichen Wirklichkeit sind.

Viele nehmen ihr Leben lang eine fast bedeutungslose Figur im Berufsleben ein. Der Vorgesetzte verschiebt sie so, wie er sie braucht.

Kriegs-Rhetorik

„Wir müssen eine Schlachtordnung aufstellen und uns mit einem Schlachtruf aufs Schlachtfeld schmeißen. Sattele dein Schlachtross, damit du den anderen abschlachten und niedermachen kannst.

Hast du dich gut zum Kampf gerüstet? Ich hoffe, du bist kampfhungrig. Wir haben extra einen gnadenlosen Kampfpreis angesetzt. Du hast genügend Kampferfahrung, um in den Kampf zu ziehen und dich ins Kampfgetümmel zu werfen.

Damit du nicht kampflos aufgeben musst, gönne dir zwischendurch eine Kampfpause. Pass auf, dass du in der Verhandlung nicht den Kopf verlierst. Du weißt: Die Front verläuft hier. Am besten die gegnerischen Argumente frontal angehen.

Nimm dessen Schwächen direkt aufs Korn. Wir müssen ja nicht unbedingt großes Geschütz auffahren oder mit Kanonen auf Spatzen schießen. Aber hin und wieder einen spitzen Pfeil abschießen, wird den anderen außer Gefecht setzen.

Also, lass uns mit offenem Visier ins Gefecht ziehen. Machen wir kurzen Prozess. Zeigen wir dem anderen die Faust.

Vergiss nicht: Lass deine Muskeln spielen und pass auf, im Gespräch nicht unterlegen zu sein. Lass dich weder durch den Kakao noch über den Tisch ziehen. Nimm immer eine Siegerpose ein und bringe den Siegerpokal nach Hause!"

Interessant, wie viele Begriffe und Redewendungen der Kriegskunst in der Business-Sprache zu finden sind.

Auch im Gesellschaftlichen und im Sportlichen finden sich Relikte des mittelalterlichen Kampfgeschehens: Das sticht mir ins Auge. Das bricht mir das Herz. Frontmann/Frontfrau. Einen Schuss vor den Bug erhalten. Der hat den Schuss nicht gehört.

Terrakotta-Armee – Immer einsatzbereit

Der chinesische Kaiser Qin Shi Huang Di (259 – 210 v. Chr.) ließ sich schon zu Lebzeiten, ab 221 v. Chr., eine monumentale Grabanlage auf einer ca. 56 km² großen Fläche entwerfen und erbauen.

Auf dem riesigen Gelände wurde eine aus geschätzten 8.000 Mann bestehende Terrakotta-Garnison eines Heeres nachgebaut mit allen militärischen Rängen, vom einfachen Fußsoldaten bis zum hochdekorierten General, die den Kaiser im Jenseits bewachen sollten.

Jede der einzelnen 1,85 bis 2 m (die Generäle sind größer als die anderen Soldaten) großen Figuren ist individuell gestaltet. Sogar die Gesichter sind alle verschieden. Sie zeigen die typischen Gesichtszüge von acht ethnischen Gruppierungen der damaligen Zeit.

Nuancen der Individualität

Jedes Gesicht zeigt eine andere Mimik. Die Terrakotta-Figuren zeigen Terrakotta-Individualitäten. So, wie es in der Realität wäre.

Bemalt waren die Figuren mit leuchtenden Farben, bis ins Detail genau den damaligen Originalen nachempfunden. Stoffmuster, Kleidungsfalten, Gravuren und andere Nuancen sind noch heute gut erkennbar. Beispielsweise sind die Federn der Kopfbedeckungen der Generäle feinstens abgebildet.

Neben der großen Anzahl der sauber aufgereihten und geordneten Krieger, die an den Seiten von Armbrustschützen gesichert werden, finden sich immer wieder hölzerne Wagen, auf denen der jeweilige Übergeordnete gefahren wird. Neben sich und seinem Wagenlenker steht schützend ein aufmerksamer Bewaffneter.

Viele Reitersoldaten mit vollständig gesattelten Terrakotta-Pferden stehen mit ihren Reitern einsatzbereit.

Allein die Vorhut der Armee wird von über 200 Bogenschützen gebildet.

Eine Terrakotta-Quadriga für die Führungsspitze ist so aufgestellt, dass eine nötige Flucht sofort durchführbar gewesen wäre.

Bis heute sind die Ausgrabungen noch nicht beendet. Wer weiß, was die Grabungsstelle noch alles ans Tageslicht bringen wird.

Die Terrakotta-Armee mit ihren einsatzbereiten, aber hohlen Figuren, steht seit über 2.000 Jahren bereit, bei Befehl sofort loszulegen. Seit 1987 gehört sie zum Weltkulturerbe der UNESCO. Hoffentlich muss sie nie in die Schlacht ziehen.

Samurai Japan

Im früheren Japan gab es den Samurai (jap. ‚saberu' = ‚dienen') oder Bushi, ein hoch angesehener Krieger. Der Samurai trug ein scharfes Schwert, das er jederzeit einsetzen durfte.

Bewegte er sich auf den Straßen und ein Bürger machte ihm nicht rechtzeitig Platz, konnte er ihn niederschlagen. Sollte der Bürger dabei zu Tode kommen, war das akzeptiert.

Der Aber-Glaube

Das Böse ist ein verzehrendes Feuer.
Edith Stein, dt. Philosophin
(1891 - 1942, 1998 heiliggesprochen)

„Das glaube ich nicht!"

Glaube oder glauben muss natürlich nicht falsch sein. Immer wieder zeigen Beispiele, wie eine ‚falschgeleitete' Auslegung oder Befolgung religiösen Glaubens zu tragischen Ergebnissen führen kann.

Neben dem Glauben gibt es ein Verhalten, das diesem entgegengesetzt wird: der Aberglaube (auch Aberglauben).

In der spätmittelhochdeutschen Sprache gibt es seit dem zwölften Jahrhundert den Begriff ‚abergloube'. Das ‚aber' steht für ‚wider' und bezeichnet alles, was dem christlichen Glauben widerspricht.

Im Sprachgebrauch gibt es auch das Wort ‚Aberwitz' und den Begriff ‚Afterglaube'. Aberglaube steht für Missglaube und ist aus religiöser Sicht ein falscher Glaube. Er weicht von der geltenden Glaubenslehre ab.

Das war natürlich nicht in Ordnung. Alles, was vom ‚wahren' Glauben abwich, galt als Aberglaube. Für alle Fälle wurde der Aberglaube gleichzeitig als heidnisches Vorgehen bezeichnet. Und Heidnisches galt in den Augen des Klerus' als ketzerisch. Aus diesen Überlegungen musste Ketzerisches bekämpft werden – mit aller Macht.

Die Jagd auf Hexen

So wurde die Jagd auf Andersglaubende ausgerufen. Sie wurden als Hexen und Zauberer bezeichnet. Anfang des 15. Jahrhunderts begann die Hetze auf diesen Personenkreis.

Für die Verurteilung waren weltliche Gerichte verantwortlich.

Wie konnte eine Hexe erkannt werden? Ganz einfach. Eine rothaarige Frau, diese Haarfarbe kam nicht allzu oft vor, war sofort höchst verdächtig.

Von Geburt an wurden Rothaarige argwöhnisch betrachtet und oft ganz schnell zu Außenseitern. Aus Sicht der anderen verhielten sich Außenseiter (zwangsläufig) anders und sonderbar.

Da sie sich außerhalb der geachteten Gesellschaft ihr Leben verdienen mussten, sammelten einige von ihnen Kräuter, um damit Kranke zu heilen.

Obwohl Kranke und Leidende aus allen Schichten von den Kenntnissen der Andersartigen profitierten (oder sogar ihr Leben retten konnten), wurde das ‚unheimliche' Heilen mit großer Skepsis beäugt.

Wie schnell gelang es scheinbar Gläubigen solch einer Rothaarigen bösartiges und ketzerisches Tun nachzusagen. Behaupten konnte sowieso jeder, was er wollte.

Schnell geriet eine ungewollte Nachbarin in bösen Verdacht. Dieses Vorgehen untereinander gehörte keineswegs zur Seltenheit.

Denunziant

Es wird geschätzt, dass die Hexenverfolgung, die Hexenjagd in Europa 40.000 bis 60.000 Todesopfer forderte. 40.000 bis 60.000 überwiegend unschuldige Menschen! Wie grausam können Menschen sein?

Nun, der Denunziant machte sich seine Hände ja nicht schmutzig. Als aufrechter Bürger sah er als Pflicht an, Bösartiges aufzudecken ... Na ja.

In dieser Stimmung baute sich eine Welt von Göttern, Engeln, guten und bösen Geistern, vom Klabautermann, vom Wahrsager und Menschen mit dem Bösen Blick, Hexen und schließlich gar von Luzifer, dem Teufel auf.

Eine Welt voller wunderlicher Wesen, die in Menschenform Böses taten. Das musste unbedingt vermieden werden. Also Leute: Wo sind die Hexen?

Die Hexe Barbara

Barbara wachte aus einer Art Ohnmacht auf. Ihre Augenlider waren verklebt. Nur mühsam ließen sie sich öffnen. Barbaras Körper tat unendlich weh. Sie spürte Schmerzen überall, so stark, dass einzelne schmerzauslösende Stellen gar nicht mehr auszumachen waren.

Barbara konnte sich nicht bewegen, war sie doch an einem großen Holzkreuz festgebunden. Lange würde es nicht mehr dauern.

Barbara erblickte hunderte Menschen: Männer, Frauen, Kinder, die sich prächtig amüsierten oder heftig diskutierten. Einige schrien mit überschlagender und heiserer Stimme Barbara an, verfluchten und beschimpften sie. Andere bewarfen sie mit Unrat, faulem Obst, teilweise sogar mit Kot. Die Wachleute ließen das Volk gewähren. Barbara spürte kaum zusätzlich Schmerz, traf sie eines dieser Wurfgeschosse.

Sie wunderte sich über den Hass der Menschen. Viele von ihnen hatte sie in der Vergangenheit mit ihren Kräutern und Tinkturen von Leiden geheilt, Wunden gestillt, Verletzungen versorgt. Wie vielen Frauen hatte sie bei der Geburt eines Kindes hilfreich zur Seite gestanden? Was hatte sie Böses getan?

Ihren Füßen und Unterschenkeln wurde es heiß. Das Brennmaterial auf dem Scheiterhaufen war angezündet worden. In wenigen Minuten würde sie im dichten Rauch des brennenden Holzes ersticken und verbrennen – bei lebendigem Leib.

Warum taten ihr die Menschen das an?

Schreckung, Folter und blutige Strafen

Natürlich war es nicht so, dass die Gerichtsbarkeit einfach so ohne Beweis jemanden als Hexe zum Tode verurteilt hätte. Nein, nein, es sollte ja schließlich Recht gesprochen werden.

Territion – Schreckung

Dem Angeklagten wurden zuerst einmal die Folterinstrumente gezeigt – nur gezeigt, ohne dass sie angewendet wurden. Manchmal wurden sie ,angelegt', um dem Delinquenten ein Gefühl zu geben, was ihm bevorstünde.

Es ist verständlich, dass viele Betroffene aus Angst gestanden haben. Egal, ob sie etwas verbrochen hatten oder nicht. Hauptsache, sie wurden nicht gefoltert. Die Ankläger wollten ein Geständnis erzielen. Der übliche Begriff war Urgicht (altdt. ‚gichten' = ‚gestehen, bekennen').

Manche hatten die Kraft, sich ihr Schrecken bei dieser Schreckung nicht ansehen zu lassen. Sie wurden dann gefoltert. Das Wort Territion kommt aus dem Lateinischen ‚terrere' = ‚in Schreck versetzen'. In Schreck waren die ‚armen Sünder' schon lange versetzt.

Tortur – Folter

Vor der Tortur (mittellat. ‚tortura' = ‚Folter') hatten verständlicherweise die meisten Menschen fürchterliche Angst. Sie ahnten, was ihnen bevorstand. Viele haben die Folter sowieso nicht überlebt.

Peinliche Befragung

In heutiger Zeit wird unter ‚peinlich' etwas verstanden, was beispielsweise das Schamgefühl verletzt. Im Lateinischen steht Pein für ‚poena' = ‚Strafe, Qual'. Jemand sollte bestraft werden, er sollte gequält werden.

Nachdem die Schreckung keinen Erfolg zeigte, wurde die Blutgerichtsbarkeit (Hochgerichtsbarkeit, Blutbann) aktiv. Genaueste Untersuchungen – ‚peinliche Befragung' genannt, wurden von Beauftragten und ehrbaren Bürgern durchgeführt. Die einzelnen Schritte der Folter waren genau vorgegeben. Alles wurde genauestens protokolliert.

Dazu gehörten eingangs körperliche Untersuchungen des kompletten Körpers – die Verurteilte war nackt – das Abscheren aller Körperhaare, damit teuflische Merkmale in Form eines Muttermals an jeder noch so versteckten Stelle aufgefunden werden konnten.

Dann stand die ‚klassische' Folter auf dem Programm, beginnend mit Fuß- und Fingernägel ziehen, Knöchel brechen, Daumenschrauben anlegen, Gelenke ausrenken und so weiter.

Wer heutzutage ein gewisses Gruseln verspüren will, hat in vielen alten Burgen die Möglichkeit – natürlich gegen Bezahlung – die früheren Foltergeräte in kalten Kellerräumen zu begutachten. Streckbänke, die eiserne Jungfrau, der gespickte Hans, der spanische Stiefel und andere Marterinstrumente[6] rosten noch heute dort vor sich hin.

---

[6] Die eiserne Jungfrau: Ein mit nach innen zeigenden Dornen beschlagener Ganzkörperhohlraum in Form einer Person (meist einer weiblichen). Der Delinquent wurde in die Figur gestellt, die dann von außen geschlossen wurde, sodass sich die Dornen durch die Haut drückten. Der gespickte Hans: Eine mit Stacheln bestückte Rolle oder Walze. Damit konnte dem Delinquenten über die Haut gefahren werden. Der spanische Stiefel: Zwei Eisenplatten wurden um den Unterschenkel gelegt und dann gegeneinandergepresst.

Gottesurteile

Alles Böse wurzelt in einem Guten und alles Falsche in einem Wahren.
Thomas von Aquin, it. Philosoph
(1224 - 1274)

„Wir finden die Wahrheit!"

Allein schon das Zeigen der Folterinstrumente ließ einigen Angeklagten bereits das Blut in den Adern gefrieren.

Zeigte auch der tatsächliche Einsatz aller Folterinstrumente nicht die gewünschten Nachweise, beispielsweise, weil kein Geständnis erzielt werden konnte, konnte ein sogenanntes Gottesurteil gefällt werden. Das war die allerletzte Möglichkeit, wenn kein eindeutiges Urteil gefällt werden konnte.

Feuerprobe und Wasserprobe

Bei der Feuerprobe musste die Angeklagte oder natürlich auch der Angeklagte, wenn es sich um einen Hexer handelte, seine Unverletzbarkeit beweisen. Er musste ein glühendes Stück Eisen mit bloßen Händen über eine gewisse Strecke von A nach B tragen. Wer schon einmal versehentlich eine heiße Herdplatte oder den Innenteil eines aufgeheizten Ofens berührte, zuckte wahrscheinlich sofort mit den Fingern zurück.

Nun sollte die Verurteilte ein glühendes Eisen greifen und einige Meter weit transportieren!

Verheilten die Brandwunden, war die Kandidatin unschuldig. Entzündeten sich die Wunden, war sie schuldig.

War die Wasserprobe weniger gefährlich? Wohl kaum. Die Wasserprobe konnte entweder mit siedendem oder mit kaltem Wasser durchgeführt werden.

Wurde siedendes Wasser verwendet, wurde die Probe auch als Kesselprobe bezeichnet. In einen mit heißem Wasser gefüllten Kessel wurde ein Stein oder ein Ring gegeben. Der Angeklagte musste den Stein/Ring mit nacktem Arm herausholen. Je nach Höhe des Wasserstands ein äußerst schmerzhaftes Unterfangen. Verbrennungen waren garantiert.

Danach wurde beobachtet, ob und wie die Wunde verheilte.

Der Kesselfang und das Hexenbad

Eine Variante zeigt der Kesselfang. Dabei wurde dem Beschuldigten ein Kessel mit siedendem Wasser zugeworfen. Der Beschuldigte musste den Kessel auffangen, ohne dass Wasser auslief.

Auch hier wurden die Verletzungen später wie oben begutachtet und beurteilt.

Ob die Probe mit kaltem Wasser ‚angenehmer' war?

Bei der Kaltwasserprobe, auch Hexenbad genannt, wurde die Angeklagte, an Händen und Füßen gefesselt, ins kalte Wasser hineingeworfen.

Blieb sie nun an der Wasseroberfläche war sie schuldig, weil das reine Wasser, das immerhin als Teil der Schöpfung Gottes galt, sie nicht aufnehmen wollte. Also: Verurteilung.

Ging sie unter, galt sie auch nicht als unschuldig. Da die Angeklagte der Hexerei beschuldigt wurde, sollte es ihr möglich sein, unterzugehen und ihre Unschuld vorzutäuschen. Für Hexen sollte solch eine Täuschung doch wohl leicht durchzuführen sein. Also: Sie war dem Urteil auch nicht entkommen.

So stellte sich das Hexenbad als geniale Probe heraus. Egal, ob die Verurteilte unterging oder nicht – in beiden Fällen war eindeutig bewiesen, dass sie eine Hexe war.

Hexenwaage

Noch heute werden Hexen auf Besen fliegend dargestellt. Wie wären sonst die Vorgänge anlässlich der Walpurgisnacht zu erklären, beispielsweise am Brocken im Harz.

So war es für viele Menschen im Mittelalter logisch nachvollziehbar, dass Hexen fliegen konnten. Um fliegen zu können, mussten sie leichter sein als der Durchschnittsmensch.

Der Beweis zum Gewicht konnte ganz einfach, für jeden sichtbar und nachvollziehbar, geführt werden. Eine große Waage mit zwei Waagschalen wurde aufgebaut. Wurde eine Frau als Hexe beschuldigt, wurde sie auf solch einer Waage gewogen.

In eine Waagschale wurde ein vom Gericht festgelegtes Gewicht gegeben. Die vermeintliche Hexe musste sich in die andere Waagschale setzen. Nun balancierten sich die Schalen aus. Oder nicht?

Wog die Angeklagte weniger, wurde sie der Hexerei beschuldigt. (Sie war ja zu leicht, weshalb sie fliegen konnte). War sie schwerer als das Gewicht, wurde sie beschuldigt, die Waage als Hexe verhext zu haben. Sie wollte ja schließlich nicht als solche überführt werden.

Egal, wie die Wiegeprobe ausging, die Verurteilte war immer die Dumme. Wirklich raffiniert, diese Hexenprobe.

Lieber der andere, als ich selbst

Auf den ersten Blick mag es erschreckend sein zu sehen, wie einfältig die meisten Menschen zur damaligen Zeit gewesen sein mussten, diesen Humbug zu glauben. Ganz sicher wird es auch Menschen gegeben haben, die diese Vorgehensweise verachteten oder dem Unsinn überhaupt keinen Glauben schenkten. Das ist ehrenvoll.

Nur, wie sollten sie gegen eine aufgehetzte, frenetische Menschenmenge vorgehen? Welche Möglichkeit hatten sie, den höchstrichterlichen Verurteilern ins Handwerk zu greifen?

Sie hätten riskiert, als Freund der Hexe zu gelten – vielleicht selbst ein Hexer oder eine Hexe zu sein. Was dann geschehen würde, war allgemein bekannt. Also – lieber die anderen ,dran glauben lassen', als selbst angeklagt zu sein. Wie ehrenvoll ...

Das Leben und die Existenz ruiniert

Viele quälend lange Jahrzehnte dauerte es, bis die Hexenverfolgung und -Verurteilung eingestellt wurde.

Welchen grauenvollen Vorgehensweisen wurde dieser Personenkreis ausgesetzt? Welche Schmerzen wurden ihnen zugefügt, wie viel Leid zuteil?

Betroffen waren natürlich auch Angehörige, die in Folge kein ‚normales' Leben mehr führen konnten.

Wie viel Angst mussten Tausende gelitten haben, weil ein eifersüchtiger Nachbar sie wegen irgendeiner Lappalie anschwärzte?

Ist all das ein bewundernswertes menschliches Vorgehen? Nun, Hexenverbrennungen sind vorbei. Zumindest in Kulturen mit entsprechend denkenden Menschen, gibt es diese Art der Grausamkeit nicht mehr.

Drohung

Leere Drohung, übler Brauch, wird des Feindes Hohn nur schärfen;
kannst du keine Blitze werfen, Freund, so lass das Donnern auch!
Franz Emanuel August Geibel, dt. Lyriker
(1815 - 1884)

„Wenn du nicht sofort ...!"

Eine Drohung steht vor der tatsächlich ausgeführten Gewalt. Einer droht: „Wenn du das oder das tust (oder nicht tust), werde ich gegen dich vorgehen." Wird mit Gewalt gedroht, wird von einer Gewaltandrohung gesprochen.

Wird gar eine tödliche Verletzung angedroht, handelt es sich um eine Todesdrohung (Morddrohung).

Durch die angekündigte Drohung soll die Vorgehensweise des Bedrohten deutlich beeinflusst werden.

Drohung – Warnung

„Wenn du keine Hausaufgaben erledigst, darfst du nicht an deinen Laptop." Die Mutter steht mit ernstem Gesicht vor dem 10-jährigen Sohn.

Eine Hand hat sie gehoben und den Zeigefinger ausgestreckt. Der ausgestreckte Zeigefinger soll die Aufmerksamkeit sichern. Die Geste mit der Hand unterstreicht die Aussage. Diese ist als Drohung zu bewerten.

Der Sohn kann nun mit einer Trotz-Haltung reagieren. Er lässt seine Hausaufgaben liegen, riskiert aber, sein Laptop nicht benutzen zu dürfen.

Oder er beugt sich der Drohung, wendet sich der Erledigung seiner Aufgaben zu und darf anschließend an das Laptop.

Unfreiwilliges Folgen

Die Leistung nach einer Drohung verläuft unfreiwillig. Sie wird nur deswegen erbracht, um einer unangenehmeren Einschränkung vorzubeugen.

Der Geiselnehmer droht dem Opfer: „Ich nehme die Hand von deinem Mund. Wenn du schreist, verklebe ich dir den Mund."

Der Staatspräsident zum anderen: „Wenn ihr unseren beschlagnahmten Öltanker nicht freigebt, werden wir nicht zögern, gegen euch in den Kampf zu ziehen."

Wenn – dann

Eine Drohung lässt sich als Folge ‚wenn – dann' sehen. „Wenn das und das geschieht (oder nicht geschieht), dann passiert dies und jenes.

Derjenige, an den die Drohung gerichtet ist, wählt die Alternative.

Leere Drohung

Manchmal werden Drohungen als ‚leere Drohung' angesehen. Nämlich dann, wenn der Bedrohte fühlt, dass die angedrohte Konsequenz nicht umgesetzt wird. Trotzdem bleibt immer ein kleines Restrisiko.

Folgt auf die Drohung nicht die angekündigte Konsequenz, verliert der Drohende seine Glaubwürdigkeit. Je häufiger gedroht wird, desto mehr schwächt die Drohung ab.

Wer selbst eine Drohung ausspricht, sollte sich vorab genau überlegen, ob er die angekündigte (angedrohte) Aktion umsetzen wird/würde.

Mitarbeiter zum Chef: „Wenn Sie mir dieses Projekt nicht übertragen, dann suche ich mir einen anderen Arbeitgeber."

Falls der Chef nun das Projekt dem Mitarbeiter nicht zuteilt, müsste dieser den Arbeitsplatz wechseln. Macht er es nicht, wird der Chef bei zukünftigen Androhungen davon ausgehen, dass es sich um leere Drohungen handelt.

Warnung

Hin und wieder kann eine Drohung als Warnung ausgesprochen werden: „Ich warne dich, wenn du …, dann …"

Tatsächlich dient eine Warnung dazu, jemanden vor einer vermeintlichen Gefahr zu schützen: „Vorsicht: Nicht zu nahe an den Abgrund treten." Oder: „Vorsicht, bissiger Hund."

Der Gewarnte kann so weiterverfahren, wie er will; er wurde lediglich auf eine mögliche Gefahr hingewiesen.

Die Warnung dient zum Schutz der Person, die Drohung zum anders geplanten Handeln. Beide, Drohung die Warnung, können der Person helfen, sich gesetzeskonform zu verhalten. Sie können davor schützen, straffällig zu werden.

Die betroffene Person wurde darauf hingewiesen, dass eine Strafe bei Zuwiderhandlung erfolgen könnte.

In diesem Zusammenhang kann die Drohung/Warnung als Schutz für die Person angesehen werden.

Todesdrohung

Ein Mensch droht dem anderen an, ihn zu töten. Es handelt sich nicht um eine Warnung, was geschehen <u>könnte</u>, sondern um eine Androhung, was geschehen <u>wird</u>. Beispielsweise bei einer Erpressung: „Wenn Sie die X Euro nicht bis Y Uhr zahlen, bringen wir Ihr Kind um."

Lea Sonnecken wunderte sich zwar kurz, dass ein Brief mit handgeschriebener Adresse zwischen der wenigen Post lag. Sie schenkte dem aber keine weitere Beachtung.

Gedankenlos riss sie den Umschlag auf und zog einen gefalteten Bogen Papier heraus. Sie klappte das Papier auf.

Nun war schlagartig die Aufmerksamkeit gegeben. Mit Maschine und in fetten, schwarzen Großbuchstaben geschrieben, las sie: „DA DU WIEDER ZU DEINEM ANWALT GEGANGEN BIST, WIRST DU WEIHNACHTEN NICHT MEHR ERLEBEN."

Lea Sonnecken war kreidebleich. Sie zitterte. Sie setzte sich auf einen Stuhl, um ihre Gedanken zu sammeln. Was hielt sie in der Hand? Das war eindeutig eine Drohung, eine Morddrohung, die gegen sie gerichtet war. Langsam drang die Brisanz der Nachricht in ihr Bewusstsein. Sie sollte umgebracht werden?!

Lea war sofort klar, um wen es ging. Sie hatte einen ‚Typen' angezeigt, der sie stalkte (ihr nachstellte), der immer mal wieder vor ihrer Haustür stand, um sie ‚zufällig' abzufangen. Ein Typ, der anfangs ungewollte Geschenke machte, ihr Liebeserkundigungen per Mail schickte oder ihr immer mal wieder Blumen vor die Tür gelegt hatte.

Lea Sonnecken hatte deutlich klargemacht, dass sie die Zuneigung nicht im Geringsten erwiderte. Umsonst. So ging das wochenlang.

Also hatte sie sich entschieden, einen Anwalt einzuschalten. Es bedurfte vieler Konsultationen, Aufwendungen und Nachweise, das Stalken handfest zu beweisen. Der Stalker wurde verurteilt, durfte keinen Kontakt mehr aufnehmen und durfte sich Leas Wohnung bis auf 300 Meter nicht mehr nähern. Alles umsonst.

Im Gegenteil. Die ursprüngliche Liebe und Bewunderung war in abgrundtiefen Hass umgeschlagen. Ihr Mail-Account, obwohl sie die Adresse geändert hatte, quoll mit hässlichen Nachrichten über.

Dass sich der Stalker allerdings zu einer Morddrohung hinreißen ließ, ging einen Schritt zu weit. Lea Sonnecken überlegte, wie sie vorgehen sollte.

Es gibt keine gesicherte Zahl, wie viele Menschen gestalkt werden. Wo hört menschliche Zuneigung auf, wo fängt das Belästigen an?

Nein heißt Nein

Wer auf Annäherungsversuche, Liebesbekundungen oder auf einen Flirt nicht einsteigen will, soll keine Missverständnisse entstehen lassen.

Hier heißt es, deutlich das Desinteresse durch ein körperliches Abwenden, durch Vermeidung von Blickkontakt und Lächeln zu zeigen.

Erkennt die andere Person das Desinteresse nicht an, muss deutlich, klar und laut „Nein!" ausgesprochen werden. Dabei dem Gegenüber direkt und standhaft in die Augen schauen, auch hier ohne zu lächeln. Die Stimme sollte bestimmt und kräftig wirken.

Und umgekehrt: Ein Nein muss absolut akzeptiert werden. Zum Flirten oder näherem Austausch gehören nun einmal zwei Personen. Wenn einer der beiden nicht will, ist das absolut ihr/sein Recht. Dieses Recht hat Vorrang vor eigenen Bedürfnissen.

Gewalt – mächtig und erdrückend

Das Gesetz des Lebens heißt Gewalt.
Menander, gr. Komödiendichter
(342/341 - 291/290 v. Chr.)

„Weg mit dir!"

„Gewaltige Hindernisse sind zu überwinden. Gewaltige Unwetter verwüsten das Land. Gewaltige Schulden drücken auf sein Gemüt."

Das Wort Gewalt zeigt etwas Mächtiges, Furchtsames, Erdrückendes.

Menschliche Gewalt (lat. ‚vis/volentia', althochdt. ‚Walthan' = ‚stark sein') bedeutet die Ausübung schädigender psychischer oder physischer Handlungen an einer anderen o- der an der eigenen Person.

Im zwischenmenschlichen Bereich interessiert hier die Gewalt an einer anderen oder gegen eine andere Person. Die Handlung kann angedroht oder tatsächlich ausgeführt werden. Folgen beim Opfer sind psychische Schäden, körperliche Verletzungen und gegebenenfalls sogar der Verlust des Lebens.

Durch die Ausübung von Gewalt soll der Wille des anderen gebrochen werden.

Der Sozialtheoretiker Jan Philipp Reemtsma (Erbe der Reemtsmaer Cigarettenfabrik, *1952), selbst Opfer einer Entführung (1996), ordnet Gewalt in 3 Gruppen. Er verbrachte sicherlich eine grauenvolle Zeit während seiner Entführung, die vom 25. März bis zum 26. April 1996 dauerte.

1. Gruppe der Gewalt – lozierende Gewalt

Lozidieren (lat.) bedeutet die Reihenfolge, in die jemand positioniert ist.

Steht aus Sicht des Gewalttätigen eine andere Person ‚vor' ihm und blockiert sein Fortkommen, will er freie Bahn in seinen Handlungen haben. Also entfernt er den Körper des ihm im Weg stehenden Menschen.

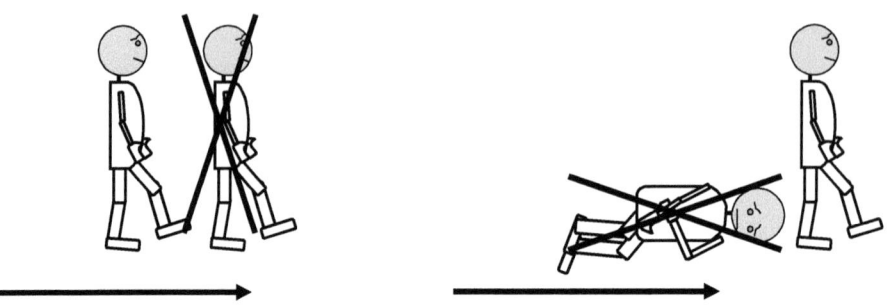

Diese Art der Gewalt findet sich zum Beispiel bei Raubüberfällen, Morden und in kriegerischen Auseinandersetzungen. „Der andere muss weg! Ich will weiterkommen. Der andere behindert mich in meinem Fortkommen."

2. Gruppe der Gewalt – raptive Gewalt

Das englische Wort ‚rape' kann übersetzt werden mit Schändung, Plünderung, Entführung, Vergewaltigung. Bemächtigt sich ein Gewalttätiger des Körpers eines anderen, um ihn für seine eigenen Interessen zu missbrauchen, liegt diese Art Gewalt vor.

Sehr konkret findet sich das bei sexuellen Übergriffen und bei Anwendung sonstiger sexueller Gewalt.

Die Geiselnahme gehört auch dazu. „Greifst du mich an, wird der Geisel etwas zustoßen. Also lass' mich in Ruhe!"

3. Gruppe der Gewalt – autotelische Gewalt

Das Wort Autotelie kommt aus der altgriechischen Sprache. Dabei bedeuten ‚autos' = ‚selbst' und ‚telos' = ‚Ziel'.

Diese Art der Gewalt wird zum reinen Selbstzweck ausgeübt.

Dabei dient beispielsweise das Vergehen an anderen Körpern der Steigerung des eigenen Lustgewinns. Dazu zählt auch das Töten um des Tötens willen. Beispiele fangen an beim Erschrecken, gehen über Quälen und Foltern bis zum Töten.

Scheidungskinder

Manchen getrenntlebenden Eltern fällt es gar nicht auf, wie das gemeinsame Kind unter der Situation leiden kann. Die Hälfte der Zeit verbringt es beim einen, die andere Hälfte beim anderen Elternteil. Das Kind mag beide Elternteile.

Allerdings begehen manche Eltern den Fehler, in Anwesenheit des Kindes über den Partner zu lästern. Sie versuchen, das Kind gegen den anderen einzunehmen.

Das kann für die kindliche Entwicklung unangenehme Folgen haben. Unter Umständen werden sogar psychische Spätfolgen entwickelt. Gewalt am Kind?

Gewalt erzeugt Gegengewalt

Ein Opfer wird Gewalt nur bedingt an sich vornehmen lassen. Irgendwann wird es höchstwahrscheinlich zur Gegengewalt schreiten. Damit beginnt eine sich in Bewegung setzende Gewaltspirale.

Die Familienangehörigen der Familie A beäugen die Angehörigen der Familie B schon seit langem. Irgendwie wirken sie nicht geheuer.

Und tatsächlich: Da ist doch ein Kratzer am Auto? Der war gestern noch nicht da. Das kann nur einer von B gewesen sein. Na warte!

In der anstehenden Nacht ist so weit. Zwei Jugendliche der Familie A brechen ‚aus Versehen' die Seitenspiegel eines Fahrzeugs der Familie B ab. So ein Pech aber auch.

Einen Tag später: An einem Fahrzeug der Familie A sind alle vier Reifen aufgestochen. Familie A reagiert böse.

Die Familienmitglieder sind absolut sicher, dass nur Familie B dahinterstecken kann. Diese Frechheit kann niemand auf sich sitzen lassen. Die Fahrzeuge der Familie B werden angezündet. ...

Es ist nachvollziehbar, dass auch Familie B nicht vor weiteren Taten zurückschrecken wird.

Der erste Kratzer löste die Gewalt aus. Prompt folgte die Gegentat. Und so weiter, und so weiter. Die einzelnen Taten werden immer gewalttätiger. Dieser sich hochschaukelnde Vorgang wird höchstwahrscheinlich in einem strafrechtlichen relevanten Verbrechen enden.

Keine Chance gegen Eindringlinge

Auch der Indianer ist Mensch und steht im Besitze seiner Menschenrechte;
es ist eine schwere Sünde, ihm das Recht, zu existieren,
abzusprechen und die Mittel der Existenz nach und nach zu entziehen.
Karl May, (Carl Friedrich May) dt. Schriftsteller
(1842 - 1912)

„Wir zeigen euch, wo's langgeht!"

Herr und Frau Jones schauen sich verstohlen an. Sie waren sich nicht sicher, wie sie sich ihrem ungewöhnlichen Gast gegenüber verhalten sollten.

Vorsichtshalber hatte Frau Jones Tee und Kaffee zubereitet, sowie zitternd ein Glas Wasser auf den Kaffeetisch gestellt. Glücklicherweise hatte sie noch ein Stück Marmorkuchen vom Vortag, der für den Gast auf einem Porzellanteller angerichtet war.

Der Gast sagte kein Wort. Er schien nicht zu wissen, wie er mit den angebotenen Speisen und Getränken umgehen sollte. Herr Jones hatte den Eindruck, es würde den Gast auch nicht wirklich interessieren.

Innerlich war Herr Jones einerseits recht nervös über den Besuch, hatte er doch eine weite Reise hinter sich gebracht. Andererseits war er stolz, da der Gast gerade ihn und seine Frau als Gastgeber ausgesucht hatte.

Plötzlich bewegte sich der Besucher. Er schien in die Richtung des Fernsehgerätes zu schauen. Es gab einen Knall, das Gerät explodierte und stand in Flammen. Frau Jones stieß einen lauten Schrei aus und klammerte sich Hilfe suchend an ihrem Mann fest.

Starr vor Schreck starrte das Ehepaar Jones auf den fremdartigen, seltsamen Gast, der sich nun wieder den Gastgebern zuwendete. Er schien direkt auf Frau Jones zu blicken, die nach einem kurzen Ruck plötzlich in Herrn Jones' Arm zusammensackend ihr Bewusstsein verlor. Dann traf es auch Herrn Jones selbst. Das war sie also – die erste Begegnung mit dem Außerirdischen.

Keiner weiß, wie ein Besuch der kleinen grünen Marsmenschen auf der Erde ablaufen würde. Kämen sie in freundlicher Absicht oder verhielten sie sich so, wie viele irdische Eroberer in früheren Zeiten?

Denn wie sich die ersten menschlichen Besucher eines anderen Kontinents verhielten, ist weitestgehend überliefert.

Indianer

Der riesige nordamerikanische Kontinent war dünn von der Urbevölkerung besiedelt. Diese wurden von den Siedlern generell als Indianer bezeichnet. Indianer untereinander hatten sicherlich auch Konflikte, teilten sich aber die natürlichen Schätze seit Generationen.

Mit Eintreffen der ‚weißen' Europäer begannen allerdings die wirklichen Probleme, die bis zur Vernichtung der meisten indigenen (einheimischen, ursprünglichen) Kulturen führten.

Europäische Auswanderer und Glücksritter verließen in Scharen den ‚alten' Kontinent.

Hungersnöte und das Hoffen auf ein besseres, neues Leben, Flucht vor begangenen Straftaten, ließen die Menschen gefährliche Strapazen und unabwendbare Risiken auf sich nehmen, um den Atlantik zu überqueren.

Goldrausch – Goldfieber

Der Goldrausch (engl. ,gold rush' = ,Goldansturm') zwischen 1848 und 1854 trug ein Übriges dazu bei, Tausende ,lichtscheue' Gestalten anzuziehen.

Per Zufall entdeckte der Zimmermann einer Ranch, James Wilson Marshall (1810 – 1885), am 24. Januar 1948 an der Sutter's Mill ein Goldnugget. Sein Boss, der Schweizer Johann August Sutter (1803 – 1880) wollte den Fund geheim halten. Nur, Menschen sind geschwätzig.

Der Goldfund sprach sich wie ein Lauffeuer herum und zog Abertausende Glücksritter an. Das kleine Städtchen San Francisco hatte im Januar 1848 etwa 1.000 Einwohner, im Dezember 1849 bereits 25.000. Scharen Unerschrockener wollten ihr Glück versuchen und erhofften sich Reichtum für alle Zeit.

Die indianische Bevölkerung an der westamerikanischen Küste ging während des Goldrauschs von über 300.000 Bewohnern auf etwa die Hälfte zurück. Im Jahr 1870 lebten dort angeblich nur noch 31.000 Indianer.

Marshall starb im Übrigen verarmt und auch Sutter hatte den größten Teil seines Besitzes eingebüßt.

Auseinandersetzung zwischen Indianern und Neuankömmlingen

Den Siedlern, Goldsuchern und neuen Bewohnern kamen die Einheimischen in die Quere, die ihre Gebiete schützen wollten. Es kam zu Übergriffen bis hin zu entsetzlichen Schlachten.

Auf dem kompletten nordamerikanischen Kontinent gab es Auseinandersetzungen zwischen der Urbevölkerung und den neu Angekommenen, häufig unterstützt durch das Militär.

Die Indianer wurden massakriert, skrupellos abgeschossen, es waren Prämien auf ihre Skalpe (,Skalp' = ,Kopfschwarte') ausgesetzt (ja, die Weißen nahmen zum Beweis ,ihres Erfolgs' die Kopfhaut mit). Viele Indianer-Kinder wurden geraubt und als Sklaven eingesetzt.

Hier eine kleine Auflistung von den sehr vielen grausamen Auseinandersetzungen:

- Irokesenkrieg (Biberkrieg, Franzosenkrieg, 1640 – 1701). Franzosen kämpften gegen die Irokesen.

- Pontioac-Aufstand (1763 – 1766) gegen die Briten. Häuptling Pontiac (Obwandiyang, 1712/20 – 1769) war das Oberhaupt der Ottawa-Indianer am Gebiet der großen Seen.

- Tecumseh-Aufstand (1810 – 1813). Tecumseh (1768 – 1813) war Häuptling der Shawnees in Ontario. Der Häuptling verlor beim Kampf sein Leben.

- 3 Seminolen-Kriege (1817 – 1818, 1835 – 1842, 1855 – 1858) in Florida.

- Aufstände des Cochise (1861 – 1874). Es kämpften die Chokonen und die Chiricahua-Apachen.
- Schlacht am Little Bighorn (25. – 26.06.1876). Auf der einen Seite stand der US-Oberstleutnant George Armstrong Custer (1839 – 1876) und auf der anderen Seite Häuptling Sitting Bull (Thathaŋka Iyotake, ‚sich setzender Bulle‘, um 1831 – 1890) sowie weitere Häuptlinge wie Crazy Horse (Tashunka Witko ‚sein Pferd ist verrückt‘, um 1839 – 1877). Custer verlor in der Schlacht sein Leben. Die Indianer stammten von den Stämmen der Cheyennen, Dakota, Arapaha und Lakota.
- Massaker vom Wounded Knee (29.12.1890) in South Dakota gegen die Sioux. Auf der anderen Seite kämpfte Oberst James William Forsyth (1834 – 1906).

Was die Kugel oder das Messer nicht schafften, übernahmen Epidemien, Seuchen und eingeschleppte Krankheiten. Ein kompletter Erdteil wurde von anderen Völkern erobert. Wie viele Tausende Indianer ihre Kultur, ihr Leben verloren, ist nicht bekannt.

Viele Nachkommen der heute noch lebenden Indianer verbringen ihr Leben in Reservaten. Sie zählen heute zu den Verlierern der Gesellschaft.

Aborigines

Auf dem letzten entdeckten Kontinent, Australien, kamen die Siedler über kurz oder lang mit der Urbevölkerung, den Aborigines, in Kontakt.

Wird von Aborigines gesprochen, wird pauschal die ursprüngliche Bevölkerung Australiens gemeint. Allerdings sind hier eine ganze Menge verschiedener Stämme mit unterschiedlichen Bräuchen und Sprachen (ursprünglich immerhin angeblich ca. 250 verschiedene, heute noch etwa 170) zu verstehen.

Australien hat eine Landfläche von 7.692.000 km^2, ist mehr als 21mal so groß wie Deutschland (357.385 km^2). Es wird geschätzt, dass heute nur noch weniger als 500.000 Aborigines in Australien leben.

Aufgrund der Lebenssituation, Kindersterblichkeit und anderen Einflüssen liegt ihre Lebenserwartung etwa 10 Jahre niedriger als die der anderen Australier.

Die Gestohlene Generation – Zwangsentfernung

Die Siedler und Neubewohner Australiens brachten ihre eigenen religiösen Einstellungen, ihre Sitten und Bräuche mit. Diese sahen ganz anders aus als die kulturellen Gebräuche der Urbevölkerung. Es kam, wie es (offensichtlich) kommen musste. Die Einheimischen wurden zurückgedrängt, ihre Heiligtümer entweiht, ihre Wasserquellen benutzt. Sie wurden in Reservate ‚zusammengefasst‘.

Eine große Abhängigkeit der Aborigines entstand. Sie mussten unterstützt werden; was auch bis heute noch geschieht.

Im Laufe der Zeit sank die Zahl der ‚reinrassigen‘ Aborigines. Dafür ergaben sich sogenannte ‚Mischlinge‘, genannt ‚half-caste children‘ (halbblütige Kinder).

Die australische Regierung entschied, diese angeblich vernachlässigten Kinder der australischen Obhut zu übergeben. Durch spätere Heirat sollten sie spätestens in der dritten Generation wieder ‚reinrassig‘ weiß werden.

Über 60 Jahre hinweg, von 1909 bis 1969, wurden die betroffenen Kinder den Familien der Urbevölkerung ‚entnommen', in der Regel gegen den deutlichen Willen der Eltern und unter Einsatz von Gewalt. Dramatische Szenen müssen sich abgespielt haben. Die Kinder wurden ‚gestohlen', weshalb sie heute als ‚Gestohlene Gesellschaft' (Stolen Generation) bezeichnet werden. Angeblich war bis zu jede dritte Familie betroffen. Es wird von bis zu 100.000 gestohlenen Kindern berichtet.

Die nächsten Jahre ihres Lebens wuchsen die Kinder unter einengenden Regeln in Heimen oder Missionen auf. Sie wurden gedemütigt, geprügelt und strengstens nach ‚christlichen Werten' erzogen.

Einige Kinder wurden danach adoptiert oder in Pflege gegeben, wo es ihnen nicht unbedingt besser erging. Sie stellten billige Arbeitskräfte dar, mussten oft als Haushaltshilfe oder als Hilfsarbeiter arbeiten. Demütigungen, Erniedrigungen, Schikanen, Prügel, sexueller Missbrauch und anderes blieb nicht aus.

Die heranwachsenden Kinder entfremdeten sich der eigenen Kultur, einige fielen in Depressionen, andere in die Kriminalität. Drogen- und Alkoholkonsum stiegen deutlich an.

Erst im Jahr 1999 zogen die ersten Kläger vor Gericht. 8 Jahre später, 2007, wurde die erste Entschädigung gezahlt.

Am 13. Februar 2008 entschuldigte sich der Premierminister Kevin Michael Rudd (*1957) im Parlament bei den Betroffenen. Die Erklärung wurde bejubelt.

Heutzutage lässt sich der eine oder andere Australier hinter vorgehaltener Hand dazu hinreißen, von einem Verbrechen an der Menschheit zu reden.

Kongogräuel

Die Belgier beteiligten sich wie andere Staaten auch am Kolonialismus.

König Leopold II. (Leopold Ludwig Philipp Maria Viktor, 1835 – 1909) zeichnet hierbei ‚besonders' aus.

Er hatte das afrikanische Land Kongo ausgesucht, das er zwischen den Jahren 1888 und 1908 ausbeutete. Hauptziel war die Gewinnung von Kautschuk. Für Leopold und die beteiligten Unternehmen war das Geschäft extrem lukrativ.

Die Bewohner der Dörfer erhielten den Auftrag, hohe, festgesetzte Mengen Kautschuk in einer gewissen Zeit zu Sammelpunkten zu bringen.

Um die Männer nicht auf ‚dumme Gedanken' kommen zu lassen, wurden deren Frauen so lange in Geiselhaft genommen (und dort auch häufiger vergewaltigt).

Aufstände wurden brutal niedergeschlagen: Abhacken der rechten Hand, Peitschenhiebe mit einer Flusspferdhaut-Peitsche (die zum Tode führen konnten), kopfüber an Bäumen aufhängen und sterben lassen – oder direkt erschießen.

Angeblich verloren 8 bis 10 Millionen Kongolesen ihr Leben, was etwa der Hälfte der damaligen Bevölkerung entsprach.

Fremd gleich Gefahr – Neugierde

Für die Menschen gilt: je weniger Wissbegierde, desto mehr Neugierde.
Friedrich Theodor von Vischer, dt. Philosoph
(1807 - 1887)

„Was machst du?"

„Was macht denn mein Nachbar da unten im Garten? Immer hat er dort irgendwas zu tun. Was ist da los?" Vorsichtig schob Erika Schulze die Gardine zur Seite, damit sie den Nachbarn besser beobachten konnte. Frau Schulze hatte ihn schon länger in Verdacht, etwas Unrechtes zu tun. „Das kriege ich schon raus!", war sich Erika Schulze sicher.

Plötzlich schaute der Nachbar zum Fenster hoch. Frau Schulze zuckte schnell zurück. „Hat er mich gesehen? Ui, die Gardine wackelte noch etwas." Frau Schulzes Herz klopfte heftig. Sie brauchte etwas Zeit, um sich zu beruhigen. Trotzdem war ihre Neugierde zu groß. Sie musste noch einmal nachschauen. Vorsichtig bewegte sie sich zum Fenster. ...

Neugierde ist die Gier nach Neuem. Je verborgener und geheimer etwas ist, desto stärker wird die Gier danach, das Unbekannte zu lüften.

Offensichtlich liegt es in der Natur des Menschen, neugierig zu sein. Nicht nur zu Beginn des bewussten Lebens gibt es viel zu entdecken.

Allerdings gibt es auch Bereiche, die keinen anderen etwas angehen. Das sind persönliche, intime Dinge und anderes, was jemand nicht preisgeben möchte. Privates soll privat bleiben.

Beständigkeit und Unsicherheit

Alles, was der Mensch kennt, was ihm bekannt ist, gewährt ihm eine Beständigkeit und Sicherheit. Er weiß, <u>wie</u> etwas <u>ist</u> und kann damit stressfrei umgehen. Seine Energie kann er in andere Aufgaben stecken.

Bei fremden Situationen ist die Sicherheit nicht gegeben. „Was ist das?" „Wie kann ich damit umgehen?" „Brauche ich das?" „Gibt mir das Hilfe und Stärke?"

Zweifel und Unsicherheiten breiten sich aus. „Vielleicht bringt mir das Neue, das Unbekannte Nachteile?" „Ist das gefährlich?" „Macht mich das schwach?" „Droht mir Gefahr?"

Es scheint besser, skeptisch zu bleiben und sich möglichst vor dem Unbekannten zu schützen. Gegebenenfalls muss das Neue, das Fremde bekämpft und ausgelöscht werden. „Sicher ist sicher!" Und – siehe weiter oben – sofort zu eliminieren.

Wissbegierde

Glücklicherweise gibt es die Wissbegierde. Der Begriff drückt im Gegensatz zur (leicht negativ empfundenen) Neugierde ein positives Interesse an Unbekanntem aus. Alles was gelernt oder erfahren werden kann (und soll), hilft, die Wissbegierde zu befriedigen.

Der Einzelne und dadurch folgend die Gesellschaft, schließlich die Menschheit, streben danach, sich ständig weiterzuentwickeln.

Die Folge: Ständig kommen Neuigkeiten, Erfindungen, Weiterentwicklungen auf den Markt. Sie zielen darauf ab, den Menschen erfolgreicher (im materiellen und immateriellen Sinne) werden zu lassen.

Der Grundbedingung des Menschen, seine Nachkommen erfolgreich(er) weiterleben zu lassen, ist Genüge gegeben.

Wissbegierde ist gut, Neugierde dann, solange sie legitimer Nachforschungen dient.

Sollen geschützte Geheimnisse anderer aufgedeckt werden, wird von Spionage gesprochen.

Spitzel – Informant – Stasi

Die eigene Neugierde tritt zurück – die Entlohnung rückt in den Vordergrund.

Der ‚kleine‘ Spitzel wird erpresst oder für seinen Verrat bezahlt. Er hat Zugang – nach Angaben des regierenden Systems – zu verdächtigen Kreisen. Dort schnappt er die eine oder andere Information auf, die ihm Geld einbringen könnte.

Vielleicht bleibt er nicht nur passiver Zuhörer, sondern fängt an, aktiv auszuhorchen. Es ist ihm klar, sollte er mit seinen Spitzeleien auffliegen, kein Verständnis bei den Ausgespitzelten wecken zu können.

Die meisten Spitzel in der DDR arbeiteten für das Ministerium für Staatssicherheit (Stasi) als IM, Informelle Mitarbeiter. Laut wikipedia.de arbeiteten über die Jahre hinweg etwa 624.000 Menschen als Zuträger. In den 70er Jahren sollen (nach selber Quelle) etwa 200.000 Spitzel zeitgleich aktiv gewesen sein.

Bei etwa 16 Millionen Bewohnern (1989) heißt das, dass die Spitzel in der Nachbarschaft, in den Betrieben, in den Vereinen, vielleicht sogar in der eigenen Familie saßen. Wer konnte einem anderen vertrauen, ohne ständig die Furcht zu haben, dass sein Handeln und seine Aussagen hinter seinem Rücken weitergeleitet würden?

Schnüffler

Schlapphut, Sonnenbrille und Kamera – das muss ein Schnüffler sein. Ist dort nicht noch eine Tageszeitung unter dem Arm eingeklemmt? Das Wort Schnüffler klingt etwas abwertender als der Begriff Privatdetektiv oder Privatermittler.

Nach Meinung vieler folgt der Schnüffler dem Weg des untreuen Ehepartners oder der untreuen Ehepartnerin.

Über Stunden, Tage, Wochen schnüffelt der Schnüffler einem Drogenhund gleich der Spur des Unrecht tuenden nach. Viel Zeit wird investiert, um dem Auftraggeber genügend (Foto-)Beweise zu liefern. Inwieweit der Datenschutz (für die beobachtete Person) gewährleistet wird?

Kaffeeschnüffler

Der deutsche Kaiser Friedrich der Große (1712 – 1786) sprach seinerzeit ein Kaffee-verbot aus und schickte deswegen tatsächlich Schnüffler (Kaffeeschnüffler, Kaffeerie-cher) durchs Land.

Die Männer mit den sensiblen Riechorganen sollten herausfinden, ob jemand verboten-erweise dieses köstliche Getränk zubereitete oder gar genoss.

Bekanntlich nutzte die eifrige Kaffeeschnüfflerei nichts. In Europa trinken die meisten Menschen Kaffeegetränke der ausgefallensten Art.

Friedrich der Große soll an seine eigene Aussage erinnert werden: „Wer verblendet und grausam ist, kann noch verfolgen; wer aufgeklärt und menschlich ist, muss tolerant sein." Also, lieber Friedrich, weshalb dann den Genuss verbieten?

Detektiv

Wie anders sieht das Bild des seriösen Detektivs nach außen aus? Selbstverständlich dient der Detektiv der Sache des Guten. Er will Böses aufdecken und Täter entlarven.

Das Wort Detektiv findet sich schon in der lateinischen Sprache. Detegere bedeutet übersetzt ent-/aufdecken.

Meisterdetektiv Hercule Poirot

Glücklicherweise hatte die heute noch bekannte britische Erfolgsschriftstellerin Dame Agatha Mary Clarissa Christie, Lady Mallowan, genannt Agatha Christie (1890 – 1976) die unglaubliche kreative Kraft, mehrere Detektivgeschichten zu schreiben. Immerhin sollen über 2.000.000.000 (2 Milliarden!) ihrer Bücher verkauft worden sein.

Zu ihren Erfolgen zählen zweifellos Geschichten vom belgischen Meisterdetektiv Hercule Poirot. Dessen Freund, Captain Arthur Hastings, der den Detektiven zu allen Fällen begleitete, ist bereit, ein paar Informationen über seinen Freund zu geben.

Captain Arthur Hastings erzählt:

Monsieur Poirot ist immer picobello gekleidet. Kein Staubkörnchen, keine Stofffalte ist auf seiner stets gereinigten und glatt gebügelten Kleidung zu sehen.

Ich kenne Monsieur Poirot seit vielen Jahren. Es überrascht mich immer wieder, wie scharfsinnig und logisch er denkt. Jede noch so kleine Beobachtung, jede unwichtige Aussage eines Zeugen kann sich als wichtiges Mosaiksteinchen zum finalen Lö-sungsbild entpuppen.

Poirot gilt als sehr intelligenter und erfolgreicher Meisterdetektiv. Er sagt mir im-mer: „Meine kleinen grauen Gehirnzellen arbeiten für mich."

Obwohl er bereits im Ruhestand ist, arbeitet er noch. Er recherchiert allerdings nur dann, wird er von einem guten Freund darum gebeten. Da kann er natürlich nicht nein sagen.

Manchmal beschleicht ihn das Gefühl, die ‚Fälle' würden ihn aufsuchen und nicht umgekehrt.

Er stellt jeden Täter oder jede Täterin. Er kriegt sie alle! Jeder begeht über kurz oder lang einen entscheidenden Fehler. Durch präzise Beobachtung und raffinierte Kombination des Wahrgenommenen entwischt ihm keiner.

Recht schwierig für ihn war der Mord im Orient Express zu lösen. Weshalb? Nun, meistens wird nur ein Täter gesucht. In diesem Fall war es aber eine ganze Gruppe. Darauf musste er erst mal kommen – mit seinen vielen grauen Zellen.

Unglaublich, in diesem Zugbereich waren tatsächlich alle Mitreisenden am Mord beteiligt. Alle 15! Sogar der Schaffner. Ist das zu glauben?

Nach der Lösung des Falls hat er aber ein Auge zugedrückt. Es gab die Alternative, alle 15 Täter verhaften zu lassen. Oder, einen mysteriösen und damit unbekannten fremden Schaffner als Täter zu bezichtigen. Aufgrund der Vorgeschichte der 15 Personen, hat sich der im Zug mitreisende Direktor der Eisenbahngesellschaft, Signor Bianchi, für die zweite Variante entschieden. Poirot war es recht.

Eine wichtige Erkenntnis für ihn war, dass nicht immer ein Täter wirklich schuldig ist. Aus moralischer Sicht betrachtet schafft es die Rechtsprechung nicht immer, richtig von falsch abzugrenzen. Das macht es für ihn manchmal fast unmöglich, Recht von Unrecht abzugrenzen.

Immer mal wieder denkt Poirot darüber nach, ob ihm selbst etwas zustoßen könnte. Poirot weiß natürlich, dass er nicht unsterblich ist. Ermordet werden möchte er allerdings nicht. Er meint: „Meine grauen Zellen helfen mir, nicht in eine Falle zu tappen."

Er hofft, eines Morgens nicht mehr aufzuwachen. Es wäre schön für ihn, am Abend zuvor ein ausgezeichnetes Abendessen bei einer hervorragenden Flasche Rotwein genießen zu können.

Menschen machen sich immer wieder lustig über ihn. Das ist ihm ganz egal. Er legt großen Wert auf eine absolut saubere und korrekte Kleidung, eine perfekte Frisur und auf einen sauber sitzenden Schnurrbart. Es könnte gesagt werden, dass er eine gewisse Eitelkeit offenbarte.

Andererseits lässt er sich vom Auftreten eines Verdächtigen nicht abhalten, unbeeinflusst zu recherchieren. Jeder, egal wie er aussieht oder wie er sich verhält, hat dieselben Rechte und Pflichten.

Übrigens, was er gar nicht mag ist, wenn ihn Personen als Franzosen bezeichnen. Er ist ein stolzer Belgier! Hercule aus Belgien! Und nicht Herr Porridge oder sonst wer von irgendwo her.

Er ist der Meinung: „Mord lohnt nicht! Den perfekten Mord gibt es nicht." Ehrlichkeit währt am längsten.

Verdeckter Ermittler

Manchmal benötigen offizielle Stellen einen Profi, der für sie Informationen Verdächtiger beschafft.

Setzt die Polizei, der Zoll, der Bundesnachrichtendienst bezahlte Beamte ein, die zum Beispiel in Strukturen der organisierten Kriminalität eintauchen (und dort mitwirken), um dem Auftraggeber geplante oder durchgeführte Straftaten zu offenbaren, ist der verdeckte Ermittler im Einsatz.

Obwohl er beim kriminellen Auftraggeber unter Umständen gesetzlich Unrechtmäßiges tut, schützt ihn der offizielle Auftraggeber.

Zweifelhaft wird seine Informationsbeschaffung dann, wenn er bewusst Straftaten provoziert oder selbst begeht, um den Kriminellen überführen zu können.

V-Mann

Ähnlich aber doch unterschiedlich geht es beim Vertrauensmann aus. Der V-Mann ist weder bei der Polizei, dem Zoll oder dem Bundesnachrichtendienst angestellt, arbeitet aber für sie. Er genießt Vertrauen beim seriösen Auftraggeber, die Informationen ihrer kriminellen Auftraggeber erhalten.

In Filmen wird der V-Mann oft mit leicht zweifelhaftem Charakter dargestellt

Spionage

Ein Spion am rechten Ort ersetzt 20.000 Mann an der Front.
Napoleon I. Bonaparte, frz. Kaiser
(1769 - 1821)

„Du kannst mir nichts verheimlichen."

Wer Spionage (lat. ‚spicari', althochdt. ‚spineon' = ‚ausspähen') betreibt hat das Ziel, geschütztes Wissen, Fertigkeiten oder Informationen eines anderen zu erlangen.

Geheimdienst

Der deutsche Bundesnachrichtendienst (BND) arbeitet seit 1956 in Berlin.

Unter anderem wurde seine Arbeit durch die Aufdeckung am 24. April 1974 der Spionagetätigkeit von Günter Karl Heinz Guillaume (1927 – 1995) bekannt.

Guillaume war ein Spion der DDR (Deutschen Demokratischen Republik), der als einer der engsten Vertrauten des deutschen Bundeskanzlers Willy Brandt (Herbert Ernst Karl Frahm, 1913 – 1992) arbeitete.

Guillaume war bereits etwa ein Jahr vor einer Entlarvung verdächtigt, als Agent (Offizier) des Ministeriums für Staatssicherheit (MfS, Stasi) tätig zu sein.

In diesem Fall führte die Aufdeckung der Spionage zum Schutz der Pläne der deutschen Politik.

Auf der Webseite des Bundeskriminalamtes ist zu lesen, dass unter anderem in folgenden Spionage-Delikten ermittelt wird:

- Klassische Spionage (Informationsbeschaffung)

- Cyber-Spionage (IT-Angriffe)

- Oppositionellen-Ausspionierung (Ausspionieren von [geschützten] Personen und Organisationen)

- Staatsterrorismus (von Nachrichtendienste der Staaten gesteuerter Terror)

Damit ein Spion entlarvt werden kann, bedarf es der Spionage der Gegenseite. Beide Parteien haben das Ziel, die jeweils andere Seite auszuspionieren. Es lässt sich kaum klären, welche der beiden Parteien das Recht hat, den anderen zu hintergehen. Der eine? Der andere? Beide? Keiner?

Der britische Auslandsgeheimdienst heißt Secret Intelligence Service MI6 (Military Intelligence Section 6). Er wird seit 1909/1919 in London (Großbritannien) unterhalten.

Es darf davon ausgegangen werden, dass alle Staaten Spionage betreiben. Einander freundlich gesinnte Staaten helfen sich gegenseitig mit erfahrenen Informationen.

Wirtschaftsspionage

Liegt eine Wirtschaftsspionage vor, soll das (zum Beispiel technische) Wissen eines Erfolgreicheren ausspioniert werden. Und zwar zum eigenen Vorteil, gegebenenfalls sogar, um die Erfolge des bisher Erfolgreichsten zu übertrumpfen.

Erfolgreich durchgeführte Wirtschaftsspionage kann den wirtschaftlichen Erfolg des ausspionierten Unternehmens extrem reduzieren.

Werden die neuen Erkenntnisse vom spionierenden Unternehmen zu eigenem Vorteil eingesetzt, spart das Unmengen an Geldern für Forschungs- und Entwicklungsarbeit.

Doppelspionage

Herr X ist staatlich beauftragt, bestimmte Machenschaften des Landes B auszuspionieren. Das funktioniert über Jahre hinweg erfolgreich. Sein Auftraggeber (Staat A) ist sehr zufrieden mit seiner Spionagetätigkeit.

Eines Tages treten zwei Personen auf ihn zu. Sie offenbaren ihm, für den Abwehrdienst des Landes B zu arbeiten. Herr X war entlarvt. Er wurde vor folgende Alternativen gestellt:

Entweder würde er verhaftet, verurteilt und müsste mehrere Jahre Gefängnishaft durchleiden.

Oder er würde nun vom eigenen Auftraggeber (Staat A) Informationen für B besorgen.

Herr X brauchte nicht lange, um sich zu entscheiden. Er betrieb ab sofort Doppelspionage.

Die niederländische (Nackt-)Tänzerin Mata Hari (Margaretha Geertruida Zelle, 1876 – 1917) war seit 1910 eine Spionin des deutschen Geheimdienstes.

Ab 1916 arbeitete sie auch für die Franzosen. Es half ihr nichts: Am 13. Februar 1917 wurde Mata Hari verhaftet und ins französischen Frauengefängnis Saint-Lazare gebracht. Bevor es ein reines Frauengefängnis wurde, saßen auch viele männliche Häftlinge ein. Beispielsweise Marquis de Sade (siehe dort).

Vom militärischen Geheimdienst wurde die Inhaftierte aufgrund ihrer Doppelspionage und des Hochverrats zum Tode verurteilt. Mata Hari wurde am 15.10.1917 durch ein 12-köpfiges Exekutionskommando erschossen.

007 – Der smarte Geheimagent

Wie mag er ihn wohl? Lässig, aber immer bestens gekleidet, betritt Geheimagent James Bond, genannt 007, die Bar. Natürlich ordert er einen Martini-Cocktail (Gin und Wermut im Verhältnis 6 zu 1, grüne Olive, in einem V-förmigen Cocktailglas serviert).

Wer die Filmgeschichte James' verfolgt, muss sich fragen, wie viel Alkohol solch ein brillanter Agent seiner Majestät offensichtlich verträgt. Egal – er bevorzugt den Cocktail übrigens geschüttelt. Klassisch wird er gerührt.[7]

007, eine der bekanntesten Zahlenfolgen steht für James Bond, Geheimagent seiner Majestät, der für den MI6 arbeitet.

Sein ‚Erfinder' ist der britische Schriftsteller Ian Lancaster Fleming (1908 – 1964). Er hat immerhin 12 Romane und 9 Kurzgeschichten über den smarten James Bond geschrieben.

Der erste verfilmte James Bond Text (1953) hieß ‚Casino Royal'.

---

[7] Quelle: ‚Der kleine Getränke- und Trinkkultur-Knigge [2100]' vom selben Autor

Im Jahr 2015 erschien der 24. Film ‚Spectre‘. Der 25. ‚Bond 25‘ ist für das Jahr 2020 geplant. Es ist interessant, über wie viele Jahrzehnte hinweg eine erfundene Figur Millionen Kinogänger, Zuschauer und Leser fasziniert.

Zwangsläufig mussten sich die Produzenten im Lauf der Jahre abwechseln. Auch der Hauptdarsteller, „James, James Bond", wurde von verschiedenen Charakteren dargestellt, ohne dass es dem Erfolg schadet.

Die Produzenten der ersten Filme:

- Harry Saltzmann (Kan., 1915 – 1994)
- Albert Romolo Broccoli (US-Am., 1909 – 1996)

Später:

- Michael Gregg Wilson (US-Am., *1942)
- Barbara Dana Broccoli (US-Am., Tochter von Albert Broccoli, *1960)

Drohnen – Multicopter

Die Drohne wird üblicherweise zu militärischen Zwecken eingesetzt, der Multicopter zu wirtschaftlichen oder privaten.

Wer sich heute über unbemannte Drohnen austauscht, wird schnell feststellen, dass es zig verschiedene Varianten dieses Fluggeräts gibt. Beispielsweise Transport-, Überwachungs-, Abfang-, Fracht-, Kamera-, Kampf-, Paket-, Such-Drohnen und viele andere mehr. Sie können miniklein sein und fast als Jackentaschen geeignet gelten oder auch mehrere Tonnen Gewicht auf die Beine (besser: ‚auf die Flügel‘) bringen.

Die Bezeichnung Drohne hat sich für alle Arten eingebürgert. Tatsächlich gibt es bei den Multicoptern Unterschiede.

Zum Beispiel den Quadrocopter oder Quadrokopter (lat. ‚quadrum‘ = ‚Viereck‘ und gr. ‚pteron‘ = ‚Flügel‘). Der Name ist angelehnt an die meist quadratische Form der kleineren Drohnen. In der Regel hat sie vier Rotoren.

Der Tricopter trägt drei Rotoren, der Hexacopter sechs und der Octocopter sogar acht.

Je nach Art, kann eine Drohne über etliche Kilometer ferngesteuert werden. Geologische Hindernisse werden problemlos überwunden – politische Grenzen allerdings auch. Eine Spionage-Drohne dient zur militärischen Erkundung fremden (in der Regel feindlichen) Gebiets.

Ein ‚humaner‘ Vorteil der Drohne: Im Falle eines Abschusses wird zumindest keine Besatzung getötet.

Kleinere Kamera-Drohnen können wunderschöne und hochauflösende Luftaufnahmen liefern, aber auch ungewollte (und heimliche) Einblicke bei Nachbarn durch Schlafzimmerfenster vornehmen.

Manche Kamera-Drohnen-Besitzer lassen ihre Drohne ‚einfach so‘ über Flugplätze fliegen.

Zum einen bedeutet das für den aktiven Flugverkehr einen gefährlichen Eingriff in die Flugsicherheit, zum anderen ist der Einsatz der Drohnen über diesen und anderen schutzbedürftigen Gebieten verboten.

Seit April 2017 regelt in Deutschland die Drohnen-Verordnung (Verordnung zur Rege-
lung des Betriebs von unbemannten Flugobjekten) den Einsatz von Drohnen und legt
Flugverbote fest. Diese gelten zum Beispiel über/rund um den/ein/eine

- Wohngrundstück (nur mit Einverständnis des Eigentümers)

- Kraftwerk

- Krankenhaus

- Militäranlage

- Gefängnis

- Unglücksstelle

- Menschenansammlung

- Deutschen Reichstag

- und über Fern- und Bundesstraßen

Whistleblower

Ein Whistleblower ist eine Person, die Missstände enthüllt und an die Öffentlichkeit
bringt. Gilt diese Person, die vermeintliche Ungerechtigkeiten an die Öffentlichkeit
bringt als Held oder als Verräter?

Der Whistleblower (engl. ‚to whistle' = ‚pfeifen', ‚to blow' = ‚blasen, schlagen') sieht es
als seine Aufgabe an, die Öffentlichkeit über verschwiegene Machenschaften zu informieren. Die Öffentlichkeit zeigt sich bei diesen Enthüllungen entsetzt, aber in der Regel
froh, dass die Informationen öffentlich gemacht wurden.

Der Entlarvte tobt, fühlt er doch einen böswilligen und gesetzlich nicht zulässigen Eingriff in seine Betriebsgeheimnisse. Er bezeichnet den Whistleblower als Verräter.

Der australische Politaktivist Julian Paul Assange (*1971) flüchtete in die Obhut der
ecuadorianischen Botschaft in London, Großbritannien. 2019 wurde Assange nach einem Machtwechsel in Ecuador ‚von heute auf morgen' aus dem Schutz der Botschaft
entlassen und auf der Stelle von polizeilichen Kräften gefangengenommen.

Bekannt geworden als Whistleblower ist ebenso der US-Amerikaner Edward Joseph
Snowden (*1983), ehemaliger CIA-Mitarbeiter. Er flüchtete über Honkong und Russland, um seiner Verhaftung zu entgehen.

Das System hört mit

Inwieweit sind Suchmaschinen, GPS, digitale Sprachassistenten und andere Systeme
als Spione zu bezeichnen? Die Systeme erhalten doch lediglich Anfragen oder Befehle.
Harmlos, oder? Tatsächlich werden alle eingegebenen Daten erst einmal festgehalten
und analysiert. Aufgrund der Analyse der Daten sollen die Systeme immer schneller
und besser werden, natürlich im Sinne des Nutzers.

Soweit wäre das alles noch in Ordnung, würden alle Angaben anonymisiert. Tatsächlich
ist bekannt, dass Rückschlüsse auf den Nutzer gezogen werden. Der Nutzer wird immer
‚gläserner', wobei er sich dieser Tatsache oft nicht wirklich bewusst wird.

Durch Vergleiche mit dem Verhalten anderer Nutzer lassen sich Lücken erkennen. Höchstwahrscheinlich verhält sich der 22-jähriger Nutzer, der bei gleichem Einkommen und Familienverhältnissen im selben Stadtviertel lebt, vergleichbare Anfragen im Internet vornimmt, sehr ähnlich wie die anderen 22-jährigen Nutzer auch.

Auch wenn es im Einzelfall nicht hundertprozentig stimmen muss, werden die Ergebnisse im Sinne der Verallgemeinerung zutreffen.

Das System sorgt für Ordnung

Das ‚anonyme System' erstellt detaillierte Bewegungsprofile vom Einzelnen, weiß, was und wo und zu welchen Mengen und Preisen eingekauft wird, wie seine kulturellen Interessen und seine Urlaubswünsche sind und vieles, vieles mehr.

Der Unbedarfte meint: „Ich habe sowieso nichts zu verbergen." Soll er mit dieser Annahme weiterleben.

Welche Ausmaße die technischen Möglichkeiten erlauben, zeigt sich eindrucksvoll in einigen chinesischen Testgebieten.

Die Menschen dort sind komplett überwacht. Kamerasysteme erkennen anhand ausgeklügelter Gesichtserkennung, wer sich wann, wo und mit wem mit welcher Geschwindigkeit wohin bewegt.

Bei gutem Verhalten erhalten Bewohner ‚positive Punkte' (Sozialkreditsystem) die im gesellschaftlichen oder beruflichen Leben Vorteile bringen. Sammelt jemand nicht genügend Punkte, muss er mit Nachteilen rechnen.

Fehlverhalten erwirtschaftet Negativpunkte. Beispielsweise muss er mit längerer Bearbeitungszeit bei Ämtern rechnen, mit schlechteren Aussichten bei der Berufswahl und so weiter.

Wird so die Zukunft auch in der entwickelten Industriewelt in naher Zukunft aussehen?

„Wie viele Punkte bist du wert?"

Das System, vertreten durch die Machthaber, ordnet die Bürger nach einem Punktesystem in gut und schlecht ein. Jeder Bürger kann so einen Punktewert erreichen und dadurch mit allen anderen Bürgern verglichen werden.

So könnte allen Bürgern mit einem Wert unter X ein höherer Betrag bei Versicherungen, Kautionen, Darlehenswünschen und so weiter berechnet werden. Umgekehrt könnten Bürger mit einem Wert über X für dieselben Leistungen einen gewissen Bonus erzielen.

Lässt sich mit solch einem System das Böse in der Gesellschaft eliminieren? Wären nach einigen Jahren Praxiseinsatz die Menschen wirklich besser, ablesbar an ihren erreichten Werten?

Oder würde der Mensch zu einem gesteuerten Wesen, das nur noch im Sinne des Systems handelt und damit gleichzeitig den eigenen Punktewert erhöht?

Widerstandskampf – missglückter Anschlag

Wer glaubt, gegen ein unrechtes System und deren Machthaber vorgehen zu wollen, arbeitet oft – aus eigenen Sicherheitsgründen – aus dem Verborgenen heraus.

Er geht in den Untergrund. Von dort wird er versuchen, Anschläge, Sabotage und gegebenenfalls Attentate vorzunehmen.

Zu den bekanntesten deutschen Widerstandskämpfern gehört Claus Schenk Graf von Stauffenberg (1907 – 1944). Der Oberst versuchte am 20. Juli 1944 Adolf Hitler (1889 – 1945) durch ein Attentat zu beseitigen. Der Anschlag missglückte. Schon am selben oder am Folgetag wurde von Stauffenberg standrechtlich erschossen.

Widerstandskampf – Weiße Rose

Die Geschwister Sophie (Sofia Magdalena Scholl) und Hans Scholl (1921 und 1918 – 1943) führten die Widerstandsgruppe ‚Weiße Rose‘ an. Die Aktionen richteten sich gegen die Ungerechtigkeiten des Nationalsozialismus. Nach ihrer Entdeckung wurden beide zum Tode verurteilt und am selben Tag mit einer Guillotine hingerichtet.

Freiheitskämpfer Andreas Hofer

Andreas Hofer aus Südtirol (1767 – 1810) lehnte sich aktiv gegen die jeweils herrschende Macht. Er kämpfte offen gegen die Bayern und die Franzosen. Da der Freiheitskämpfer sich unterdrückt fühlte, benötigte er zu seinem Kampf in der Regel eine große Gruppe Gleichgesinnter. In Südtirol (Italien) gilt Andreas Hofer heute noch als Nationalheld.

Freiheitskämpfer Wilhelm Tell

Ob Wilhelm Tell, der Schweizer Freiheitskämpfer, jemals tatsächlich gelebt hat, ist bis heute ungeklärt. Falls ja, war er etwa zwischen 1290 und 1310 in der Zentralschweiz aktiv. Er soll 1307 den Reichsvogt Hermann Gessler mit einem Pfeil aus seiner Armbrust erschossen haben.

Was war geschehen? Im Jahr 1291 war Tell mit seinem kleinen Sohn Walter unterwegs in Altdorf. Der Vogt hatte befohlen, seinen auf einer Stange positionierten Hut, auch in dessen Abwesenheit, zu grüßen.

Tell hatte das übersehen, wäre aber zu dem Gruß sowieso nicht bereit gewesen. Prompt wurde er von den Wachleuten angehalten. Er wird aufgefordert, den Gruß auszuführen. Tell weigert sich. Da erschien der Vogt und bestrafte Tell. Er sollte seinem Sohn aus gewisser Distanz mit der Armbrust einen auf den Kopf gelegten Apfel abschießen.

Jedes Bitten war umsonst – der Vogt war gnadenlos. Der Schuss gelang zur Erleichterung Wilhelms, Walters und der meisten Umherstehenden. Vogt ließ Tell trotzdem einsperren.

Jahre später konnte sich Tell rächen. Das war ihm in der ‚Hohlen Gasse‘ bei Küssnacht am Rigi möglich. „Durch diese hohle Gasse muss er kommen", lässt der deutsche Schriftsteller Johann Christoph Friedrich von Schiller (1759 – 1805) Tell aussprechen.

Zu schön, um wahr zu sein? Vielleicht handelt es sich nur um eine Legende. Egal – aus Schweizer Sicht ist Tell als Nationalheld zu betrachten.

Partisan

Ein Partisan (it. ‚partigiano' = ‚Parteigänger') ist eine bewaffnete Person, die aus dem Hinterhalt/Untergrund heraus in militärischer Art und Weise operiert. Der Partisan kämpft im eigenen Land gegen den eingedrungenen Feind. Er kämpft unabhängig des eigenen Militärs beziehungsweise der Streitmacht seines Landes.

Sabotage

Soll vermieden werden, dass der ursprünglich Erfolgreichere weiterarbeiten kann, kann vom Gegner eine Sabotage erfolgen.

Der Arbeitsfluss wird gestört, beschädigt, behindert oder verhindert.

Sabotage kann zu immensen materiellen Schäden führen.

Gewaltlosigkeit – Gewaltfreiheit

Mancher erkennt, dass die Gewaltspirale in jedem Fall ins Chaos führen wird. Er versucht, diese Spirale gar nicht erst in Bewegung zu setzen. Deshalb lehnt er Gewalt ab oder versucht, auch durch gewaltfreien Widerstand, die Gewalt zu überwinden. Es greift der Begriff der Gewaltlosigkeit.

Zum gewaltfreien Widerstand zählen Streik, Protest, Boykott, Demonstration oder Dienst nach Vorschrift. In diesem Zusammenhang wurde zum Beispiel der indische Widerstandskämpfer Mahatma Gandhi (Mohandas Karamchand Gandhi, 1869 – 1948) im Jahre 1930 durch seinen Salzmarsch (Salz – Satyagraha, 12.03. – 06.04.1930) bekannt.

Er wollte mit dieser Aktion das Salzmonopol der britischen Kolonialmacht brechen. Der Fußmarsch führte Gandhi und seine Anhänger über 385 Kilometer ans Meer.

Der deutsche Philosoph und Kriegsgegner Nikolaus Koch (1912 – 1991) verwendete den Begriff Gewaltlosigkeit im beschriebenen Sinne erstmals im Jahr 1951.

Gewaltfreies Handeln ist nicht feige, sondern zeigt überlegtes Vorgehen.

Deeskalation

In diesem Zusammenhang sei auf das Wort Deeskalation hingewiesen. Gewalttätige Aktionen sind also bereits gestartet.

Der Deeskalierende versucht den entstehenden Konflikt nach und nach abzubauen, zu verringern oder abzuschwächen.

Gewaltenteilung – Gewaltentrennung

Damit im politischen Umfeld die Führung nicht zu viel Gewalt ausüben kann, hat sich in vielen Demokratien eine Gewaltentrennung erfolgreich etabliert.

In Deutschland sind die Gewalten so geteilt:

- Legislative Gewalt: Die gesetzgebende Gewalt, wie Politik.

- Judikative Gewalt: Die rechtsprechende Gewalt, wie Richter.

- Exekutive Gewalt: Die ausführende Gewalt, wie Polizei.

Diese Trennung der Gewalten hilft, Unrecht möglichst auszuschließen. Versucht das politische Oberhaupt eine der Gewalten oder gar beide in seine Hände zu bringen, gibt es so gut wie keine Schranke mehr zum diktatorischen Vorgehen.

Erkenntnis – Offenheit oder Geheimniskrämerei?

Es ist vollkommen egal, aus welcher Seite Spionage, Detektivarbeit oder der Einsatz von Drohnen betrachtet wird, geht es doch mehr oder weniger immer darum, den eigenen Wissensvorsprung zu vergrößern. Der erzielte Vorteil bedeutet Macht gegenüber dem Ausspionierten. Wer etwas weiß, ist im Vorteil. Wer mehr weiß, ist im größeren Vorteil.

Die gezeigten Überlegungen lassen erkennen, dass die gewonnenen Vorteile zum Nachteil der Ausspionierten gehen. Es entsteht ein Ungleichgewicht.

Im unternehmerischen Denken wird immer wieder auf die zielorientierte Teamarbeit hingewiesen. In vielen Seminaren, Trainings und begleitender Literatur wird die Arbeit im Team hochgelobt und die daraus entstehenden Vorteile hervorgehoben.

Das mag so sein. Oder ist das nur Theorie? Das Ausspionieren von anderen würde der Betroffene ganz bestimmt nicht als Teamarbeit bezeichnen. Da dieses Vorgehen weltweit zu beobachten ist, Hunderttausende von Mitarbeitern ihr Gehalt verdienen lässt, scheint diese Art des ‚Zusammenlebens' offensichtlich viel erfolgreicher zu sein.

Wer möchte schon gerne in seiner Arbeit bespitzelt werden, oder gar die Befürchtung haben zu müssen, dass die eigene Partnerin oder der eigene Partner das Vertrauensverhältnis durch Spitzeleien schädigt?

Wer diese Art der Zusammenarbeit oder des Zusammenlebens nicht mag, sollte sich selbst den anderen gegenüber offen verhalten. Diese Vorgehensweise kann jeder für sich allein entscheiden.

Journalismus

Ich wünschte Sie zu überzeugen, dass auch ein Journalist bedauern kann,
Unwahres geschrieben zu haben.
Gustav Freytag, dt. Schriftsteller
(1816 - 1895)

„Ich informiere dich."

Journalisten informieren die Öffentlichkeit. Was geschah wann und wo? Sie sollen wahrheitsgemäß vorgehen. Spekulationen gehören nicht ihren Aufgaben.

Journalistische Selbstverpflichtung

Im Jahr 1973 veröffentlicht der Deutsche Presserat (Trägerverein des Deutschen Presserats e.V.) erstmals einen Pressekodex, der immer wieder angepasst wird.

Der Pressekodex (Publizistische Grundsätze) stellt eine freiwillige Selbstverpflichtung für Journalisten dar. Die Verpflichtung für die Journalisten zielt darauf, seriös und ehrenhaft zu arbeiten. Der Pressekodex umfasst 16 Kriterien.

Seriös arbeitende Journalisten achten zum Beispiel auf folgende Selbstverpflichtungen. Der Journalist ...

* ... achtet die Menschenwürde.

* ... achtet das Privatleben des Menschen.

* ... verletzt niemanden bei seinen Veröffentlichungen, weder durch Ton, Wort oder Bild.

* ... diskriminiert niemanden.

* ... veröffentlicht die Wahrheit.

* ... setzt keine Behauptungen oder Gerüchte in die Welt.

* ... vermeidet eine Darstellung, die der Sensationslust dient.

* ... recherchiert sorgfältig und nur im legalen Umfeld.

* ... wahrt Vertraulichkeit.

* ... lässt sich weder bestechen noch nimmt er Zuwendungen oder Vergünstigungen an.

Das sind anspruchsvolle Verpflichtungen, denen sich der seriös arbeitende Journalist unterwirft.

Recherchieren und Publizieren

Zur Arbeit des Journalisten gehört auch die Recherche. Hintergründe zu Vorgehensweisen und Geschehnissen sollen gefunden und bekannt gemacht werden. Sollten geheime Machenschaften vermutet werden, müssen diese aufgedeckt werden.

Manche Skandale kommen nur durch das emsige Nachforschen gut arbeitender Journalisten und Journalistinnen ans Tageslicht.

Das ist genau der Grund, weshalb manche, die ‚Dreck am Stecken' haben, die Arbeit der Journalisten verhindern wollen.

Das gelingt ihnen durch Lügen, Vertuschen, Verheimlichen, Verschleiern, durch Fehlaussagen, Fehlbeschuldigungen und vergleichbare Aktionen.

Lebensgefahr für Journalisten

Fürchtet der Beschuldigte, ‚aufzufliegen', greift er unter Umständen zu härteren Methoden. Er droht dem Journalisten, greift an, schadet ihm auf verschiedene Weise, verletzt ihn oder ‚zieht ihn aus dem Verkehr'. Die Umsetzung speziell der letzten Variante erfordert kriminelle Energie und/oder die Macht, Journalisten, ‚aus dem Weg' zu räumen.

Diktatoren werden es nicht zulassen, dass Journalisten ihre Position ins Wanken bringen. Also lassen sie Journalisten einsperren, foltern oder gar töten. Die Journalisten werden als Verräter oder Terroristen verunglimpft.

Die Arbeit der Journalisten kann gefährlich, sogar lebensgefährlich werden.

Menschenrechtsorganisationen prangern deswegen einige Staaten an, die die Arbeit der Journalisten im oben genannten Sinne behindern.

Auf der Webseite ‚Reporter ohne Grenzen' ist eine Rangliste von 180 Staaten aufgeführt, in welchen Ländern Pressearbeit lebensgefährlich werden kann. Die letzten 5 Plätze belegen im Jahr 2018 China, Syrien, Turkmenistan, Eritrea und an letzter Stelle Nordkorea.

Im Jahr 2018 sind viele Journalisten inhaftiert, mindestens 80 wurden getötet.[8]

Die Generalversammlung der Vereinten Nationen hat den 3. Mai eines jeden Jahres zum Internationalen Tag der Pressefreiheit erklärt.

Johann Wolfgang von Goethe, (1749 – 1832) meinte: „Nach Preßfreiheit schreit niemand, als wer sie missbrauchen will."

---

[8] Quelle: Reporter ohne Grenzen

Die Macht des Einzelnen

Töte einen Menschen, und du bist ein Mörder.
Töte Millionen, und du bist ein Eroberer.
Töte alle, und du bist ein Gott.
Edmond de Rostand, frz. Dramatiker
(1868 - 1918)

„Ich bin stark!"

Einer der Berater Alexanders, der ihn bis zu seinem Tod begleitete, berichtet:

Manche Zeitgenossen kommen regelrecht ins Schwärmen, sprechen sie von Alexander dem Großen. Ich versuche, chronologisch vorzugehen und will so neutral wie möglich informieren.

Alexander der Große beziehungsweise Alexander III. war ein makedonischer Herrscher, der von 356 bis 323 v. Chr. lebte. Er wurde nicht sehr alt.

Alexander war einer der Söhne von Philipp II. (ca. 382 – 336 v. Chr.) und Olympia (ca. 375 – 316 v. Chr.). An Philipps Regierungssitz scheint es ‚heiß' hergegangen zu sein. Es wird gemunkelt, dass er mit acht (Ehe-)Frauen zusammenlebte. Angeblich gehörten nicht nur Frauen zu seinen Liebenden. Philipp wird nachgesagt, dass er ausgesprochen erfolgreich regierte, teilweise allerdings auch sehr brutal.

Alexander und sein Vater gerieten oft aneinander. Möglicherweise hatte Alexander denselben Drang, etwas zu bewegen. Angeblich soll Alexanders Vater gesagt haben: „Geh, mein Sohn, suche dir ein eigenes Königreich, das deiner würdig ist. Makedonien ist nicht groß genug für dich." Da war Alexander noch ein Junge.

Alexander wurde hervorragend ausgebildet. Der große griechische Philosoph Aristoteles (384 – 322 v. Chr.), den ich selbst bewunderte, unterrichtete ihn in Philosophie, Kunst und Mathematik. So erhielt er wichtige Einblicke in verschiedene Denkweisen und in logische Zusammenhänge. Alexanders Intelligenz, kombiniert mit dem gelernten Wissen, steigerten sein Selbstbewusstsein und machte ihn zu einem schnell denkenden Strategen.

Er war 20 Jahre alt, als sein Vater ermordet wurde. Unerwartet saß er – von heute auf morgen – auf dem Thron. Sofort erkannte er, dass er Ruhe innerhalb seines Königreiches schaffen musste. Deshalb musste er sofort militärisch aktiv werden.

Nachdem er in Griechenland für Ordnung gesorgt hatte, dauerte es nicht lange, da drang er mit seinem treuen Pferd Bukephalos in das riesige Reich der Perser ein.

Alexander eroberte scheinbar im Handumdrehen die Länder nordöstlich von Griechenland, dann den Nahen Osten, Ägypten, Persien und weitere Länder, die geographisch bis zur Grenze zu Indien lagen. Er besetzte ein unglaublich großes Gebiet. Noch heute ist dieser Erfolg kaum vorstellbar. In der damaligen Zeit etwas absolut Einmaliges. Wer hatte geahnt, dass es solche riesigen Flächen zu erobern gab? Irgendwo müsste doch die Welt aufhören?

Im Gegensatz zu vielen anderen Diktatoren verwüstete Alexander die eroberten Länder nicht. Seiner Idee nach sah er die neuen Gebiete nicht als erobert an, sondern lediglich seinem mazedonischen Bereich angegliedert beziehungsweise eingefügt.

Das war klug von ihm. Er sorgte dafür, dass die Eroberten in ihrer gewohnten Art, in ihrem Glauben und ihren kulturellen Riten weiterhin ungestört leben konnten.

Alexander ging sogar einen Schritt weiter. Er gab vielen Soldaten seines Heeres die Möglichkeit, sesshaft zu werden. Deshalb ließ er im Januar 324 v. Chr. eine riesengroße Hochzeit ausrichten, die unter dem Namen Massenhochzeit von Susa (Persien) in die Geschichtsbücher einging. Ungefähr 80 seiner Getreuen nutzten die Gelegenheit und ließen sich verheiraten. Alexander selbst heiratete hier seine erste Frau Roxane (345 – 310 v. Chr.).

Insgesamt wurden etwa 10.000 seiner Soldaten mit persischen Frauen verheiratet. Damit beugte Alexander Widerstände gegen seine Besatzungen vor. Gleichzeitig wurde das endlos weite Land in seinem Sinne besiedelt.

Alexanders persönlicher Erfolg ging zulasten seines Heeres und seiner Berater (auch ich war betroffen). Immerhin war er jahrelang unterwegs, sodass viele Soldaten unter Heimweh litten und zurückkehren wollten. Tatsächlich lehnten sich einige langjährige und ältere Berater gegen ihn auf. Ich bekenne, dass ich dazu gehörte. Wir erkannten, dass das Riesenheer niemals das Ende der Welt erreichen würde. So blieb Alexander nichts übrig, als irgendwann den Weg Richtung ursprünglicher Heimat einzulegen. Diese sollte er aber nie wieder lebend erreichen.

Während eines der vielen Festmähler – ich neige dazu ‚Saufgelage' zu sagen – trank Alexander aus einem riesigen Zeremonienkelch Wein. Irgendetwas stimmte nicht, denn nur eine halbe Stunde später setzten bei ihm Krämpfe und Fieber ein. Wurde er vergiftet? Zwölf Tage rang Alexander mit dem Tod. Diesen Kampf verlor Alexander. Er war 32 Jahre alt. Es dauerte Jahre, bis der einbalsamierte Leichnam Alexanders im ägyptischen Alexandria sein Ziel erreichte.

Übrigens: Alexanders Idee eines Riesenreiches hielt nur wenige Jahre an. Nach seinem Tod fiel das geographisch/politische Gefüge wieder auseinander. Hätte er das gewusst ...

Es war für uns phänomenal zu sehen, was ein einzelner Mensch erreichen kann. Natürlich stand ihm – im wahrsten Sinne des Wortes – ein riesiges Heer zur Verfügung. Trotz allem ist es beachtlich, welche Macht eine Einzelperson über tausende von anderen ausüben kann. Die Geschichte listet bekanntlich einige Diktatoren auf, die – egal ob das, was sie erreichten, als gut oder böse angesehen wird – Unglaubliches bewegten.

Wer seine Ziele ‚gnadenlos' verfolgt, kann offensichtlich sehr viel erreichen. Auf der einen Seite kann ich Alexanders Ergebnisse bewundern, andererseits ging nicht nur sein eigenes Leben an seinen Visionen unter.

Immer wieder zeigt sich, wie ein Einzelner die Abläufe auf der Welt entscheidend verändern kann. Oft durch Ausübung von Gewalt, manchmal aber auch gewaltlos (siehe Gandhi).

Visionen, Erfindungen, Entdeckungen, Ehrgeiz, Fanatismus, Überzeugung, Machtstreben und andere tragen dazu bei, die Menschheit aus der täglichen Lethargie rauszureißen und mit Neuem, manchmal Besserem, manchmal Schlimmerem zu konfrontieren. Die Aussage „Als Einzelner kann ich sowieso nichts ändern" ist durch obige Beispiele widerlegt.

Das Recht des Stärkeren – die 1. Nacht

Die frischvermählte Braut freut sich, die ersten Stunden mit ihrem Ehemann verbringen zu dürfen. Aber – das gelingt nicht immer. Weshalb nicht? Wegen des im Mittelalter bis etwa Anfang des 18. Jahrhunderts geltenden Herrenrechts.

Das sogenannte Herrenrecht, das ‚Recht der ersten Nacht' (lat.: ius primae noctis) erlaubte dem Gutsherren oder Gerichtsherren, in der ersten Nacht, also der besondere Hochzeitsnacht, mit der Braut seiner Untergebenen schlafen zu dürfen. Dieses Recht galt auch für seine Dienerschaft, sollte sich dort jemand verheiraten. In dieser Nacht wurde die Entjungferung der Braut durch den Gutsherrn vorgenommen.

Aus heutiger Sicht ist das fast unvorstellbar. Das Herrenrecht war meist noch nicht einmal schriftlich fixiert. Es entsprach auch nicht dem kirchlichen Glauben. Trotzdem war es üblich und wurde im Sinne der Machtverhältnisse eifrig ausgenutzt.

Häusliche Gewalt

Steht auf der einen Seite das Bedürfnis nach Macht und Emporkommen, muss offensichtlich in vielen Fällen diese Macht auch ausgeübt werden.

Was ist leichter, als sich jemanden auszusuchen, der schwach ist oder schwächer erscheint? An solch einer Person ist Macht leicht(er) auszuüben.

Macht rechtfertigt nicht das Bedürfnis über einen Schwächeren zu verfügen. Wie sieht es in Partnerschaften aus? Wie viele Frauen werden von ihren Männern unterdrückt (umgekehrt gibt solche Fälle natürlich auch)?

Die Vergangenheit, in der die Frau so gut wie keine Rechte der Partnerschaft hatte, hat einen sehr langen Atem bis in die Gegenwart. Das mag die entschuldigende Erklärung sein, weshalb einige Männer immer noch die Frau als schwächere Person in der Partnerschaft ansehen.

Selbstverständlich zeigen viele Partnerschaften ein gleichwertiges und wertschätzendes Miteinander und Zusammensein. Jeder bringt seine Stärken ein. Schwächen werden vom anderen aufgefangen und ausgeglichen. Ein gut zusammenarbeitendes Team entsteht.

Bedauerlicherweise gibt es genügend andere Lebensgemeinschaften, in denen diese Gleichberechtigung nicht gelebt wird.

Der eine bringt das Geld nach Hause, der andere bleibt zu Hause. Meistens ist die Frau, die sich um den Haushalt kümmert, einkauft, die Mahlzeiten zubereitet und die Kinder, sofern es welche gibt, versorgt.

Der Mann geht einer bezahlten Tätigkeit nach und fällt nach Arbeitsende müde in den Fernsehsessel, wo er bald einschläft. Funktioniert im Haushalt etwas nicht so, wie er es sich vorstellt, reklamiert er, bricht einen Streit vom Zaun oder wird handgreiflich.

Solch ein Szenario gibt es nicht mehr? Oh doch! Viele der betroffenen Frauen schweigen, weil sie im Fall einer Trennung meinen, (finanziell) nicht mehr über die Runden zu kommen.

Handgreiflichkeiten gegenüber dem Partner finden in allen Gesellschaftsschichten statt.

Auch in Familien, in denen Geld keine Rolle zu spielen scheint, kommt es zu psychischen wie physischen Übergriffen. ‚Blaue' Augen werden mit einer Sonnenbrille oder geschickt aufgetragenem Make-up versteckt, Hämatome werden mit Kleidungsstücken verdeckt. Dabei bleibt es nicht immer. Manchmal kommt es zu Rippenbrüchen oder gequetschten inneren Organen.

Manch einer Frau gelingt die ‚Flucht' in ein Frauenhaus, wo sie Zuflucht und Schutz findet und wo sie sich erholen kann.

Die erwachsene Frau ist aufgrund ihres Alters in der Lage, eine Entscheidung zu treffen, wie sie vorgehen will.

Wie sieht es mit misshandelten Kindern und Jugendlichen aus?

Können die sich wehren?

Misshandlung von Kindern und Jugendlichen

Das Wohl des Kindes wird verletzt. Oft werden Personen direkt im familiären Umkreis der Kindesmisshandlung aktiv. Täter finden sich unter den Eltern und Großeltern, (ältere) Geschwister, Tanten und Onkel, sowie nahestehende Freunde der Familie.

Zur Kindesmisshandlung zählen:

- Körperlicher Missbrauch: Züchtigung, Schläge, Ohrfeigen …

- Emotionaler Missbrauch: Liebesentzug, Isolierung, Entwertung, Verspottung, Zurückweisung …

- Sexueller Missbrauch: sexueller Körperkontakt, sexuelle Nötigung, Missbrauch, Vergewaltigung …

- Vernachlässigung: Mangelversorgung bei Ernährung und Hygiene, Unterlassen fürsorglichen Verhaltens, fehlende Betreuung, Zuwendung und Förderung …

Kinder sind die Zukunft. Sie geben die erhaltenen Gene weiter.

Kinder benötigen vielfältige Unterstützung und Zuneigung der Erziehungsberechtigten und der Beauftragten. Nur durch eine fürsorgliche Zuwendung kann sich das Kind zu einer selbstbewussten Persönlichkeit entwickeln.

Wer missbräuchliches Verhalten in Form der oben genannten Beispiele praktiziert, zeigt sich verantwortungslos und macht sich mit größter Wahrscheinlichkeit strafbar.

Die Arbeit mit und die Erziehung von Kindern mag manchmal Nerven kosten und ‚das Letzte' abverlangen.

Wie schön ist es hingegen, das Heranwachsen eines Kindes zu begleiten? Wie faszinierend ist es zu sehen, wie sich das junge Leben körperlich und geistig entwickelt, wie es anfängt, eine eigene Individualität zu entfalten?

Es heißt deutlich: Kein Missbrauch von Kindern und Jugendlichen! Wer sich messen will, soll Gleichstarke und Gleichalte aussuchen.

Säugling im Hochsommer im Auto auf dem Parkplatz

Wie ist es zu beurteilen/verurteilen, lässt ein Elternteil im Hochsommer ein Kleinkind (allein) im überhitzten Auto auf dem Supermarktparkplatz stehen?

Während das Elternteil im klimatisierten Supermarkt einkauft, steigt die Temperatur im Fahrzeug schnell auf über 60 Grad an. Genauso schnell kann das Ansteigen der Temperatur den Tod des Kleinkindes hervorrufen.

Unterdrückung

Unterdrückung im familiären Umfeld ist das eine. Unterdrückung im Beruflichen ist etwas anderes, trotzdem vergleichbar.

Immer noch gibt es Vorgesetzte, die ihre Mitarbeiter als Untergebene ansehen. Sie quetschen die Beschäftigten regelrecht aus, bezahlen nur das Minimum und bieten ein unattraktives Arbeitsklima.

Wie viele Angestellte verbringen einen Großteil ihres Arbeitslebens an einem Arbeitsplatz, zu dem sie sich täglich hinquälen müssen? Welche Arbeitsleistung können sie unter diesen Konditionen erzielen?

Glücklicherweise haben in vielen Unternehmen die Führungskräfte ihr Verhalten zu der ‚Software' Mensch dem Zeitgeist angepasst. Sie achten auf deren Bedürfnisse, dem Wunsch nach ausgewogener Work-Life-Balance und ein motivierendes Arbeitsklima.

Der Mitarbeiter wird wertgeschätzt, darf im Rahmen vorher gesteckter Bereiche seine Kreativität und seine Vorschläge einbringen. Es entwickelt sich ein faires Miteinander, von dem alle profitieren.

Von Unterdrückung kann keine Rede mehr sein.

Nötigung

Helene Hartmann wachte in ihrem bequemen Fernsehsessel auf. Sie musste eingenickt sein. Seit Wochen konnte die 81-Jährige nur sehr schlecht schlafen.

Seit 49 Jahren bewohnte sie die gemütliche, 65 m² große Altbauwohnung im 3. Stock eines Acht-Parteien-Hauses. Die Wohnung lag angenehm fußläufig zur Stadtmitte.

Vor 32 Jahren war ihr lieber Mann gestorben. Wie lange das schon her war ... Ihre Tochter und Sohn hatten schon lange eigene Familien gegründet. Sie lebten zufrieden, natürlich unter stressigen Arbeitsbedingungen, in anderen Städten.

Frau Hartmann seufzte. So war das wohl, in der heutigen Zeit, dachte sie sich.

Sie fühlte sich sehr wohl in ihrer Wohnung, hatte sich mit viel Geschmack eingerichtet und konnte sich gar nicht vorstellen, jemals woanders hinzuziehen. Ihre seltenen Besucher fanden die Einrichtung etwas altmodisch. Aber das war Frau Hartmann egal. Ihre Wohnung war ihr Lebensmittelpunkt und spiegelte die Vergangenheit wider.

Früher hatten noch 7 andere Mietparteien im Haus gewohnt. Sie waren alle ausgezogen. Genauer gesagt, sie hatten nach und nach entnervt aufgegeben und sich aus ihrer Wohnung verdrängen lassen. Den ständigen Baulärm und die dadurch entstandenen Einschränkungen wollten sie nicht länger aushalten müssen.

Seit die durch die neue Eigentümerin eingesetzte Verwaltung aktiv war, begannen diese nervenden Belästigungen. Die neue Eigentümerin wollte den Altbau zu einer First-Class-Immobilie umgestalten. Die umgebauten Wohnungen würden sich dann zu einem Vielfachen der jetzigen Mieten vermarkten lassen.

Zuerst erhielten die Mieter, auch Frau Hartmann, einen einigermaßen nett, aber trotzdem eindeutig geschriebenen Brief. Sie wurden über den geplanten Umbau und die damit später deutlich höheren Mietkosten informiert.

Die Mieter waren erschrocken. Die angekündigte Mieterhöhung würde das Budget jedes Mieters überschreiten. Die ersten beiden Mietparteien zogen schnell aus.

Dann begannen die Bauarbeiten. Tagelanges Bohren und Hämmern, Abschlagen der Kacheln im Treppenhaus, Reizhusten auslösender Staub, offene Leitungen und so weiter, wurden zu täglichen Begleitern der Bewohner. Die nächsten Mieter suchten das Weite.

In den leer stehenden Wohnungen wurden Toiletten- und Waschbecken herausgebrochen, weshalb an mehreren Tagen kein Leitungswasser zur Verfügung stand. Dann fiel für mehrere Stunden der Strom aus, Lebensmittel im Kühlschrank verdarben.

Vorübergehend sollte Frau Hartmann ein im Hof aufgestelltes Klo-Häuschen benutzen.

Immer mal wieder erhielt sie unangekündigten Besuch der Verwaltung, die sie drängte, auszuziehen. Fast täglich suchten Handwerker den Zugang zu ihrer Wohnung, weil sie irgendwas ablesen oder abmessen wollten.

Dreck und Staub drangen in ihre Wohnung. Frau Hartmann hatte schon eine Tagesdecke unten an die Eingangstür gelegt, um Lärm und Staub fernzuhalten. Oft musste sie auch die Fenster geschlossen lassen.

Wie würde es weitergehen? Frau Hartmann wollte nicht weichen. Sie hoffte nur, dass ihr ihre Gesundheit keinen Streich spielen würde.

Moralischen Druck ausüben

Wie lange würde Frau Hartmann durchhalten (können)?

Altbauten hochwertig zu renovieren und mit enormem Gewinn weiter zu veräußern, scheint ein verlockendes Geschäftsmodell zu sein. In guten Lagen der meisten Großstädte warten viele Betuchte auf solche ‚Filetstücke'. Die Nachfrage ist da. Die monetäre Kraft entscheidet.

Sollte eine alte Bewohnerin dem Glück der Finanzstarken im Weg stehen?

Inquisition

Das Böse, dass man selbst an sich hat, straft man desto härter am anderen.
Theodor Gottlieb von Hippel der Ältere, dt. Staatsmann
(1741 - 1796)

„Ich spüre die Missstände auf!"

Papst Innozenz III. (1161 – 1216) wollte Missstände in der Kirche aufspüren, beseitigen und die Täter bestrafen. Dazu setzte er ein Verfahren ein, das als Inquisitionsverfahren in die Geschichte einging.

Die Inquisition (lat. ‚inquisitio' = ‚Untersuchung') breitete sich vor allem in Süd- und Mitteleuropa aus. Sie dauerte bis Ende des 18. Jahrhunderts an und kostete geschätzten 10 Millionen Menschen das Leben.

Häresie und Blasphemie

Ziel der Inquisition war die Bekämpfung der Häresie (altgr. ‚hairesis' = ‚Wahl'), die Wahl anderer Glaubensgrundsätze als die, die der Kirche entsprachen.

Häretikern – dazu gehörten beispielsweise christliche Glaubensgemeinschaften wie Katharer, Protestanten, Täufer, Beginen und Begarden, Apostelbrüder – wurde der Strafbestand der Blasphemie (altgr. ‚blasphemia' = ‚Rufschädigung') auch Magie und anderer Vergehen vorgeworfen.

Ein Inquisitionsgericht spürte die Häretiker auf, folterte, bekehrte und/oder verurteilte sie. Vorsitzender solch eines Gerichts war der gefürchtete Inquisitor.

Folterinstrumente, die auch beim Kampf gegen die Hexerei eingesetzt wurden, kamen ständig in aller Vielfalt zum Einsatz. Nicht umsonst ist sonst eine dermaßen große Zahl Getöteter zu beklagen.

Ablenken vom eigenen Bösen?

Das Zitat von Hippel dem Älteren ist in diesem Zusammenhang interessant. Zuerst wird unterstellt, dass ein Mensch Böses in sich trägt. An vielen Beispielen in diesem Buch kann das bestätigt werden.

Wird bei einem anderen vergleichbar Böses erkannt, beginnt die Verfolgung und Strafe dieses Bösen.

Wer beispielsweise selbst Steuern hinterzieht, würde die Steuerhinterziehung bei anderen stark verurteilen. Wer seine/n Partner/in schlägt, würde häusliche Gewalt bei anderen verurteilen.

Wer früher selbst rauchte (sofern Rauchen als böse bezeichnet werden kann), verurteilt den anderen Raucher oftmals sehr stark.

Sollte das Zitat zutreffend sein, ließe sich im Fall der Inquisition rückschließen, dass die Inquisitoren das Böse, das sie bekämpften, in irgendeiner Art in sich selbst versteckten. Darüber kann nachgedacht werden.

Diktator, der uneingeschränkte Herrscher

Alles böse Vorangehende fängt wie ein gerechtfertigter Schritt an.
Gajus Julius Caesar, röm. Staatsmann
(100 - 44 v. Chr.)

„Ich führe euch!"

Das Wort Diktator hat in der lateinischen Sprache seinen Ursprung (‚dictatura' = ‚der Sprechende'). Der Diktator spricht für alle. Ursprünglich schien gar nichts verwerflich dabei, ein Diktator zu sein.

Gaius Julius Caesar (100 – 44 v. Chr.) ließ sich 46 v. Chr. zum lebenslangen Diktator ernennen. Er regierte damit mit ausgesprochen vielen Rechten das römische Reich. Die Senatoren und andere erkannten schon damals die Gefahr, die von Caesar in dieser Position ausgehen könnte.

Ihre Befürchtungen bewahrheiteten sich. Nicht umsonst wurde Caesar zwei Jahre später von etwa 80 Senatoren, darunter von seinem Freund Brutus (Marcus Iunius Brutus Caepio, 85 – 42 v. Chr.) am 15. März 44 v. Chr. erdolcht.

Caesar war übrigens nicht der erste Diktator. Vor ihm wurden ca. 90 andere zum Diktator (auf Zeit) ernannt.

Ein Wille – unzählige Todesopfer

Diktatoren gab es offensichtlich in allen Jahrhunderten. Aus dem (überwiegend) 20. Jahrhundert seien hier einige aufgelistet, wobei die Führung des Dritten Reichs mit geschätzten 55 bis 60 Millionen Todesopfer oben ansteht. Die eigene Todesursache ist in Klammern erwähnt.[9]

- Chile, Augusto José Ramón Pinochet Ugarte (1915 – 2006, an den Folgen eines Herzinfarkts), 17 Jahre Diktatur. 3.200 Todesopfer

- Uganda, Idi Amin Dada (1928 – 2003, im Koma an Nierenversagen), 8 Jahre Diktatur, 300.000 Todesopfer

- Haiti, Jean Claude Duvalier ‚Baby Doc', (1951 – 2014, Herzinfarkt), 15 Jahre Diktatur, 30.000 Todesopfer

- Italien, Benito Amilcare Andrea Mussolini (1883 – 1945, erschossen), 21 Jahre Diktatur, 1,2 Mio. Todesopfer

- Spanien, Francisco Paulino Hermenegildo Teódulo Franco (1892 – 1975, an den Folgen eines Herzinfarkts), 36 Jahre Diktatur, 1,2 Mio. Todesopfer

- Kambodscha, Pol Pot (1925/28 – 1998, Herzinsuffizienz), 4 Jahre Diktatur, 1,7 Mio. Todesopfer

- Sowjetunion, Josef Wissarionowitsch Stalin (1878 – 1953, Schlaganfall), 31 Jahre Diktatur, 25 Mio. Todesopfer

---

[9] Quelle der Zahl der jeweiligen Todesopfer: https://www.maennernews.info/php/diktatoren__tyrannen,83,2780.html

Obwohl den meisten Menschen der Erde klar sein dürfte, welchen Schaden Diktatoren anrichten können, sind auch aktuell (also noch lebende) mehrere Diktatoren für das ‚Wohl' ihres Volkes an der Macht.

Die Weltgemeinschaft schafft es offenbar nicht, Diktatoren den Weg an die Macht zu verhindern.

Ob eine Monarchie, eine Demokratie oder eine andere Regierungsform die beste Variante darstellt, sei dahingestellt. Für einen frei denkenden Menschen dürfte die Diktatur nicht zur ersten Wahl gehören.

Tyrann

Der Diktator und der Tyrann liegen in ihrem Verhalten nahe beieinander.

Mit positiver Unterstellung des Lesers kann gegebenenfalls angenommen werden, dass der Diktator (zumindest anfangs) im Sinne seines Volkes handelt.

Der Tyrann hingegen interessiert sich für die Belange seines Volkes nicht im Geringsten. Für ihn sind die eigenen Interessen ausschlaggebend.

Als Tyrann (lat. ‚tyrannos' = ‚Alleinherrscher') wird ein Gewaltherrscher, ein Despot bezeichnet.

Der Tyrann ist herrschsüchtig und rücksichtslos. Er erstellt seine eigenen Regeln. Er herrscht absolut, allein und entscheidet ebenso. Seine Führung wird als Willkür-, Schreckens- oder Gewaltherrschaft bezeichnet.

Das Vorgehen eines Tyrannen zeigt Aggression und fehlende Rücksichtnahme auf andere. Wenn es sein muss, lässt er Kritiker, Gegner, Mahner, vermeintliche ‚Terroristen' ohne rechtliches Vorgehen ‚verschwinden'.

Interessant, dass es im familiären Umgang den Begriff des Haustyrannen gibt, was eine Gewaltherrschaft in der Familie oder Partnerschaft beschreibt.

Diktator oder Tyrann – von sich aus wird keiner der beiden freiwillig von seiner Macht ablassen, also vom Amt zurücktreten. Entweder er stirbt oder er ‚wird gestorben'. Damit ist gemeint, dass es jemand schafft, den Diktator/Tyrannen zu entmachten beziehungsweise zu töten.

Putsch – Staatsstreich

Ein Machthaber soll beseitigt werden? Vielleicht fühlt sich eine ‚schlagkräftige' Gruppe Politiker und Anhänger, eine paramilitärische Organisation oder das Militär berufen, aktiv zu werden.

Der Termin für einen Putsch/Staatsstreich wird strengstens geheim gehalten, wenn die Absetzung des Machthabenden Erfolg haben soll.

Dann erfolgt der – meist gewaltsame – Zuschlag. Geschütze und Panzer fahren auf, Flughäfen und Radio-/TV-Sender werden besetzt, der Regierungssitz eingenommen und – vor allem – der Machthaber festgenommen.

Zwei Beispiele aus der nahen Vergangenheit:

- 3. Juli 2013, Ägypten. Gestürzt wurde Präsident Mohammed Mohammed Mursi Isa al-Ayyat (1951 – 2019).

- 11. April 2019, Sudan. Gestürzt wurde Präsident Umar Hasan Ahmad al-Baschir (*1944). Er selbst provozierte auch einen Militärputsch, um 1989 an die Macht zu gelangen.

Kriegsrecht

Das Kriegsrecht stellt einen Ausnahmezustand dar. Es droht eine Störung der Öffentlichen Sicherheit, sei es von innen (Revolution) oder von außen (feindlicher Angriff).

Durch das (in der Regel zeitlich begrenzte) Kriegsrecht werden Grundrechte eingeschränkt. Meist wird das Militär eingesetzt, um die Ordnung erneut herzustellen oder zu sichern.

Da in solcher Situation meist auch die Gewaltenteilung (siehe dort) eingeschränkt ist, besteht das Risiko, in eine Diktatur oder Militärdiktatur zu verfallen.

Sklaven

Ein Sklave, der mit seiner Lage zufrieden ist, ist doppelt Sklave,
weil nicht nur er selbst, sondern auch seine Seele in Knechtschaft ist.
Edmund Burke, ir.-engl. Staatsmann
(1729 - 1797)

„Bin ich noch ein Mensch?"

Kapitän Jan Schamp stand mit zufriedener Miene auf dem Deck seines prachtvollen Schiffes Leusen, das zu seiner fünften Dreiecks-Handelsfahrt aufbrechen würde. Einem Ameisenhaufen gleich eilte die Mannschaft hin und her, aber trotzdem genau den vorgegebenen Anweisungen folgend. Der Navigator, der Quartiermeister und der Steuermann brüllten mit lauter Stimme der Mannschaft ihre Befehle zu.

Schließlich trat Jan Schamps Steuermann salutierend vor ihn und erstattete Meldung: „Kapitän, die Ware und die Verpflegung sind verstaut, die Mannschaft ist komplett an Bord." Kapitän Schamps erwiderte den militärischen Gruß. „Wie viel Stück Ware sind geladen?" „748", erfolgte prompt die Antwort auf diese erwartete Frage. „Gut, Leinen los!"

Sofort eilte der Untergebene davon, um die entsprechenden Befehle weiterzugeben.

Das schwer beladene Handelsschiff bewegte sich langsam von der Anlegestelle weg und nahm Kurs zur Karibik auf.

Die Fahrt vom niederländischen Texel über Elmina nach Accra (beide in Ghana) hatte mehrere Wochen in Anspruch genommen. Ziel war, nach erneutem kurzen Zwischenstopp in Elmina, Surinam in der Karibik und dann zurück nach Texel.

Die aus den Niederlanden mitgebrachten Textilien, Werkzeuge und Waffen waren in Ghana komplett gegen die neue Ware eingetauscht. Diese wiederum würde auf Surinam gegen Zucker, Kaffee, Tabak, Kakao, Baumwolle und andere für die Niederlande wichtige Handelsgüter eingetauscht werden.

Schamp hatte extra vom Zimmermann ein Zwischendeck einziehen lassen, um in Ghana die große Menge an Ware einladen zu können.

Kapitän Jan Schamp war sicher, einen guten Umsatz zu erzielen, wovon seine Auftraggeber, seine Mannschaft und nicht zuletzt er selbst profitieren würden. Zufrieden schaute er in die Weite, wohin ihn seine Leusen bringen würde.

Dreiecks-Handelsfahrt

Die Leusen war am 30.01.1728 in See gestochen. Nach über einem Jahr, genau nach 478 Tagen, würde sie in ihren Heimathafen zurückkehren. 10 Jahre später, auf ihrer letzten, der zehnten Dreiecks-Handelsfahrt, war sie gesunken. Damals waren 702 Tote zu beklagen: 664 Sklaven und 38 der Mannschaft.

Die Leusen war als Sklavenschiff unterwegs. Die ‚Stück' Ware bezeichnete die Zahl der Sklaven. Diese wurde nicht als Mensch, sondern als seelenlose Ware bezeichnet (und weitestgehend so behandelt). Manchmal wurde ‚die Ware Mensch' in den Papieren als ‚Tonnen' angegeben, wobei eine Tonne etwa drei Sklaven entsprach.

Das optimale Maß eines ‚Stücks' war ca. 180 cm hoch (5 Fuß und 11 Zoll), gesundheitlich fit und zwischen 30 und 35 Jahren alt.

In der Regel wurden die Sklaven ‚Platz sparend', das heißt Körper an Körper, auf jedem verfügbaren Fleckchen angekettet. Falls das Sklavenschiff sinken sollte, bedeutete das für die Angeketteten den unweigerlichen Tod.

Internationaler Sklavenhandel

Viele Nationen beteiligten sich am Sklavenhandel zwischen Afrika und Amerika. Auf der unrühmlichen Liste sind beispielsweise zu finden: Brandenburg, Dänemark, England/Großbritannien, Frankreich, Niederlande, Portugal, Schweden und die USA.

1519 bis 1867 gilt als die Zeitspanne des klassischen Sklavenhandels, vorwiegend zwischen Ghana oder der Elfenbeinküste auf der einen Seite und auf der anderen Seite Ländern wie Nordamerika, Curacao, Jamaika, Barbados, Haiti, Martinique, Trinidad, Brasilien und andere.

Aus der Familie gerissen und verschleppt

Angeblich wurden in diesen Jahren 11 bis 12 Millionen Afrikaner verschleppt, wovon unglaubliche 1,5 Millionen während der Überfahrt umgekommen sein sollen.

Auf der oben erwähnten Leusen befanden sich während der zehn Fahrten jeweils zwischen 465 und 747 Sklaven an Bord. Im Schnitt verloren etwa 70 Sklaven pro Fahrt ihr Leben.

Nach damaliger Sicht erzielten alle beteiligten Händler und Geldgeber großen Profit. Die Sklavenjäger in Afrika bekamen wertvolles Arbeitsmaterial. Händler auf dem amerikanischen Kontinent erhielten Arbeitskräfte für ihre Zuckerrohr-, Tabak-, Kaffee-, Kakao-, Baumwollplantagen, aber auch für Bergwerke.

Und die europäischen Auftraggeber erfreuten sich der Luxusprodukte wie Kaffee, Kakao und Tabak.

Eine Win-Win-Win-Konstellation? Nun, für die Sklaven bestimmt nicht.

Favabohnen und Flatus

Während der langen Atlantik-Überfahrt blieben die Gefangenen immer unter Deck eingesperrt. Als einzige, karge Mahlzeit erhielten sie einen Brei aus Favabohnen, Hirse und Maniokmehl.

Das Verzehren der Bohnen erhöhte die Zahl der ‚Darmwinde' extrem, sodass es unter Deck unglaublich gestunken haben muss. Die Zustände waren absolut unmenschlich.

1781, auf der Fahrt mit der britischen Zong nach Jamaika, wurden mit 442 doppelt so viel wie vorgesehene Sklaven transportiert. Das Schiff war total überfrachtet. Prompt wurde das Trinkwasser knapp. Was tun? Der Kapitän entschied kurzerhand, einfach 142 Sklaven über Bord schmeißen zu lassen. Der Befehl wurde ohne Zögern befolgt.

Maroon

Nur wenige Sklaven entkamen ihrem späteren, menschenunwürdigen Schicksal in den Zielländern. Sie schlossen sich zu Gruppen zusammen, beispielsweise zu Maroon-Gemeinschaften (Jamaika). Im Laufe der Zeit entwickelten sie Gemeinden, bildeten Städtchen, in denen heute noch die Nachfahren leben. Am 1. August eines jeden Jahres feiern die Nachkommen der Sklaven auf Jamaika die Befreiung ihrer Vorgänger.

Übrigens: Es gab schon Sklavenhaltung im römischen Reich, bei den ägyptischen Pharaonen, aber auch im Gebiet Karls des Großen (747/748 – 814). Prag galt zum Beispiel als Umschlagsplatz für den damaligen Sklavenhandel.

Modernes Sklaventum

Kinderarbeit, Kindersoldaten, Zwangsprostitution und andere Bereiche ,beschäftigen' weltweit Millionen von Menschen unter unsäglichen Bedingungen und gegen deren Willen.

Als modernes Sklaventum lässt sich auch bezeichnen, wenn Arbeiterinnen in Ländern wie Bangladesch für europäische Bekleidungsindustrie gegen Minimalbezahlung arbeiten. Jeder Toilettengang ist reglementiert und geht zulasten des Zeitkontos – wird also an der Bezahlung abgezogen. Zusätzliche, unvergütete Überstunden, sind die Regel.

Und die ganze Plackerei an 6 Tagen in der Woche für umgerechnet 1 Euro am Tag (Stand Drucklegung).

Galeerenstrafe

Wer das Böse entschuldigt, vervielfältigt es.
Gustave Le Bon, frz. Arzt
(1841 - 1931)

„An die Ruder!"

Der Handel im Mittelmeer blühte im Mittelalter richtig auf. Seewege erschlossen neue Handelsbeziehungen und lieferten wertvolle Ware aus den entferntesten Destinationen. Die Werften brachten immer geräumigere und schnellere Fahrzeuge aufs Wasser. Gleichzeitig stieg der Bedarf an Ruderern, die mit Muskelkraft die Kolosse durch jegliches Unwetter sicher in den nächsten Hafen brachten.

Im Gegensatz zur Römerzeit, in der die Ruderer Freiwillige waren, wurden nun überwiegend Sträflinge für diese Knochenarbeit eingesetzt.

Jean, vormals ehrbarer Pariser Bürger, war nach dem langen Weg von Paris bis hierher nach Venedig seiner kompletten Kräfte beraubt. Am liebsten würde er sich in einen der Kanäle stürzen, um seinem Leben ein Ende zu bereiten.

Und das, obwohl er einer Todesstrafe entkommen war. Wegen anderer Glaubensansicht (er zählte sich zu den Hugenotten) war er zum Tode verurteilt worden. Dann wurde das Urteil in eine lebenslange Galeerenstrafe umgewandelt. Glück oder Pech? Jean konnte das nicht beurteilen.

Vor allem empfand er kein Unrecht für seinen Glauben – aber die Kirche und die Staatsmacht vertraten eine deutlich andere Meinung.

Brutal wurde er von einem Aufseher über eine unsicher wirkende Planke auf die schwankende Galeere gestoßen. Es würde das letzte Mal in seinem Leben sein, festen Boden unter seinen Füßen gespürt zu haben.

Andere Sträflinge waren vor und hinter ihm aufgereiht. Mit Schrecken stellte er fest, dass jedem ein Brandzeichen auf die Schulter gepresst wurde. Die Häftlinge schrien vor Schmerzen auf. Die meisten sackten zusammen, wo sie sofort von zwei Wächtern aufgefangen und unters Deck geschleift wurden.

Ehe Jean sich versah, wurde er einen Schritt nach vorn gerissen. Zwei Helfer hielten ihn mit ihren riesigen Pranken fest. Schon spürte er den unglaublich brennenden Schmerz auf seiner Schulter. Ein gellender Schrei drang aus seiner Lunge.

Direkt wurde er ins untere Deck gezerrt, wo er auf einen Platz auf einer der hintereinander aufgereihten vielen Ruderbänke fallen gelassen wurde.

Benommen nahm er wahr, wie ein Aufseher eine Eisenkette um seinen Fuß legte und diese mit einem mächtigen Eisenring, der im Boden verankert war, verband. Jean wurde dort angeschmiedet. Für immer.

Jean war verzweifelt. Wie konnten Menschen ihm so etwas antun? Wo war das göttliche Wesen, das er bisher immer angebetet hatte? War er von jeglicher Hilfe verlassen?

Ein kalter Wasserstrahl holte Jean aus seiner Träumerei zurück. Hatte er geschlafen? Wie lange? Mittlerweile war das komplette Deck mit stöhnenden oder stumm starrenden Verurteilten gefüllt. Auf seiner rechten und auf seiner linken Seite saßen weitere Gefangene, die er verstohlen anschaute. Er blickte nur in leere Augen.

„An die Ruder!", schrie ein Aufseher. Gleichzeitig hieb ein Trommler mit seinen Stöcken einen gleichmäßigen Takt. „Und 1 – und 2 – und 3 ..." Ohne weiter zu überlegen, hatte Jean an das Ruder gegriffen. Es dauerte gar nicht lange, bis er sich in gleichförmiger Bewegung mit seinen Nachbarn befand.

Einige Minuten, nachdem sie die Lagune Venedigs verlassen hatten, wurde der Takt-schlag schneller. Jean musste sich noch mehr anstrengen. Nach einer geschätzten Drei-viertelstunde war Jean fix und fertig. Er konnte nicht mehr. Er fiel nach vorn auf das Ruder.

Es dauerte nur wenige Sekunden, bis er einen heftigen Peitschenschlag auf den Rücken erhielt. „Weiter! Rudern!", wurde er angebrüllt.

Inzwischen mussten mehrere Tage vergangen sein. Das Deck war stickig heiß, es stank bestialisch. Die, die ursprünglich noch Kleidung am Leib getragen hatten, hatten mitt-lerweile nur noch total verdreckte und eingerissene Stücke an sich hängen.

Neben Schweiß stank es nach Erbrochenem und nach Urin sowie Kot. Alles war ver-dreckt. Da die Gefangenen auf der Bank angeschmiedet waren, blieb ihnen gar nichts anderes übrig, als sich an Ort und Stelle zu entleeren. War das alles noch ein Leben wert?

Bürgerlich tot

Schwerpunktmäßig vom Ende des 15. bis ins 20. Jahrhundert(!) wurden Sträflinge, die des Mordes oder des Hochverrats verurteilt waren, zur Galeerenstrafe verdonnert. Sie entkamen dadurch der Todesstrafe. Manchmal wurden die Kandidaten, überwiegend einfache Leute, Bauern, Bürger und Gesetzlose, auf einige Jahre zwangsverpflichtet, ansonsten auch lebenslänglich.

Adelige waren üblicherweise von dieser Strafe ausgenommen.

Überwiegenden Absatz für die Sträflinge fand sich bei den Seemächten Genua und Ve-nedig. Die Galeerenstrafe wurde nicht nur in Spanien, Italien, Frankreich und dem Kir-chenstaat fällig, sondern auch in der Schweiz, Österreich, in Deutschland und einigen anderen Ländern. Verurteilte wurden zu gutem Geld vor allem an die oben genannten Seemächte verkauft.

Die Galeerenstrafe verschwand erst dann von der Bildfläche, als der Schiffstyp der Ga-leere unmodern geworden war.

Lebenslang Verurteilte verloren alle bürgerlichen Rechte. Sie galten als ‚bürgerlich tot'. Ihr Hab und Gut war sowieso bereits eingezogen. Falls ein Testament vorlag, hatte das jegliche Gültigkeit verloren.

Sollte sich ein Sträfling verstümmeln, um nicht weiterrudern zu können, wurde er ge-tötet. Sackte irgendwann einer der Ruderer tot an seinem Platz zusammen, wurde er abgeschmiedet und über Bord geworfen. Im nächsten Hafen gab es genügend mensch-lichen Nachschub.

Mobbing

Böse Menschen müssen das Böse aus Hass gegen die Bösen tun.
Novalis (Georg Philipp Friedrich Leopold Freiherr von Hardenberg) dt. Dichter
(1772 - 1801)

„Du bist schwach!"

Nach wie vor – egal in welcher Kultur – gibt es Personen, die als Außenseiter gelten, belächelt, gehänselt und gedemütigt werden. Oft werden sie gemobbt. Bekanntermaßen ist das Mobbing weit verbreitet, obwohl Behörden, Schulen, Arbeitgeber und andere versuchen, Mobbing möglichst zu unterbinden.

Auch wenn das Mobbing nicht (unbedingt) das Ziel hat, jemanden umzubringen, wird der Weg in diese Richtung durch die verschiedenen Varianten des Mobbings geebnet.

Passwort gesperrt

Die neue Sachbearbeiterin Marlies Möller ist nun schon etwa sechs Wochen an ihrem neuen Arbeitsplatz. Anfangs erschien ihr die neue Arbeitsstelle sehr willkommen. Allerdings spürte sie, dass ihre drei Kolleginnen etwas Distanz zu ihr wahrten. „Das muss so sein", überlegte sich Frau Möller, denn schließlich fühlte sie sich in der Geberpflicht als neue Kollegin.

Allerdings änderte sich das Verhalten ihrer Kolleginnen in den nächsten Tagen nicht. Immer, wenn sie das gemeinsame Büro betrat, verstummten die anderen schlagartig. Jede redete nur das Notwendigste mit ihr. Selbstverständlich zeigten sie sich nach außen hin freundlich. Sobald Frau Möller das Büro verließ, konnte sie hören, wie die Kolleginnen sofort wieder miteinander eifrig redeten, scherzten und lachten. Frau Möller konnte sich das Verhalten nicht erklären.

Auch in den Pausen, wenn die anderen lustig plaudernd zusammenstanden oder -saßen, verstummten diese schlagartig bei ihrem Erscheinen.

Frau Möller versuchte, durch eifrigeres Arbeiten, durch morgens früher kommen und nachmittags länger bleiben, den anderen ihre Arbeitsbereitschaft zu zeigen. Das nutzte nichts. Im Gegenteil: Frau Möller erhielt manche Nachricht oder Information nicht. Zu gemeinsamen Meetings wurde ‚vergessen' sie einzuladen. Dann verschwanden auch mal Unterlagen von ihrem Schreibtisch, einmal war das Passwort gesperrt.

Immer wieder passierten Frau Möller aufgrund von Nervosität und sich breitmachendem Stress kleine Fehler beziehungsweise Unaufmerksamkeiten, die ihr vorher nicht passiert sind. Ein gefundenes Fressen für die Kolleginnen, da diese für jeden hörbar auf die begangenen Fehler aufmerksam machten.

Frau Möllers Körper reagierte zuerst mit Kopf- und Bauchschmerzen, sie konnte nachts nur noch schlecht schlafen. In kürzester Zeit verlor sie mehrere Kilo an Körpergewicht. Erst ihr Hausarzt machte sie auf mögliche Ursachen aufmerksam, sodass sie sich zum ersten Mal mit Gedanken zu Mobbing auseinandersetzte.[10]

---

[10] Quelle: ‚Soft Skills-Knigge [2100]' vom selben Autor

Mobbing auch bei Tieren

Der österreichische Tier-Verhaltensforscher Konrad Zacharias Lorenz (1903 – 1989) ist für seine Tierbeobachtungen bekannt. Er erkannte, dass Tiere sich durch Gruppenangriffe gegen Fressfeinde oder überlegene Tiere (Gänse auf Fuchs) wehrten. Viele Tiere stellten sich gegen ein Tier. Dieses Verhaltensmuster des sich Wehrens bezeichnete er im Jahr 1963 als Mobbing.

Übertragung auf den Menschen

Sechs Jahre später, 1969, übertrug der schwedische Arzt Peter-Paul Heinemann (1931 – 2003) diesen Begriff auf den Menschen. Mobbing sah er als das Verhaltensmuster, das sich zeigt, wenn sich eine Gruppe Menschen gegen einen Einzelnen richtet.

Das Verhalten des Einzelnen weicht von der gesellschaftlichen Norm Vieler ab, was die Vielen so nicht akzeptieren.

Mobbing in der Arbeitswelt

1993 kam der deutsch-schwedische Arzt und Psychologe Heinz Leymann (1932 – 1999) ins Spiel. Er übertrug den Begriff Mobbing auf die Arbeitswelt, so wie wir ihn heute kennen. Dazu schrieb er ein Buch mit dem Titel „Psychoterror am Arbeitsplatz und wie man sich dagegen wehren kann."

Drei Jahre später (1996) hat der Duden den Begriff Mobbing aufgenommen. ‚Mob' steht für Pöbel, ‚mobbish' für pöbelhaft. Wird der Begriff Mobbing verwendet, bedeutet dieser Anpöbeln oder Runtermachen.

Das einmalige Handeln gilt nicht als Mobbing. Unter Mobbing werden böswillige Handlungen über einen längeren Zeitraum verstanden.

Die Handlungen haben kein anderes Ziel, als einen anderen Menschen fertig zu machen. Liegt eine Absicht vor, jemanden bewusst und absichtlich, regelmäßig und über einen längeren Zeitraum körperlich und/oder seelisch zu verletzen, ist das Mobbing eindeutig.

Gründe für das Mobbing

An sich ist die Antwort schon durch die oben erklärten Überlegungen gegeben. Eine Person verhält sich anders als die Gesellschaft, worauf diese sich wehrt.

Die Frage müsste eher in die Richtung gehen, weshalb es jemand aus der Gruppe nötig hat, den Einzelnen, der von der Norm abweicht, zu mobben.

Dabei ist egal, ob der Mobbende als Anführer oder als Mitläufer aktiv wird. Sicherlich gehören folgende Gründe dazu: Neid, eigene ungeklärte Probleme, Frust mit sich oder der Umwelt, ungelöste Konflikte, schlechtes Betriebsklima, Konkurrenzdruck, Angst vor Verlust des eigenen Arbeitsplatzes.

Die meisten der aufgelisteten Punkte beziehen sich auf die Unzufriedenheit des Mobbenden. Er überträgt diese Unzufriedenheit auf das Opfer.

Cyber-Mobbing

Mobbing gibt es in vielen Lebensbereichen. Angefangen in der Schule, an der Universität, am Arbeits- oder Ausbildungsplatz, am Arbeitsplatz, im Verein, im Gefängnis aber auch im Altersheim. In den letzten Jahren verstärkt auch im Internet, was dann als Cyber-Mobbing bezeichnet wird. In jüngster Vergangenheit zeigten zahlreiche Beispiele, wie schnell, dank des benutzten Mediums, das Mobbing auf den/die Betroffene/n von vielen ausgeübt werden kann.

So stark, dass der Gemobbte als einzigen Ausweg aus der Situation manchmal nur in die Flucht in den Selbstmord sieht.

Cyber-Bullying

Durch die neuen, schnell und vielfältig arbeitenden Techniken entwickeln sich neue Möglichkeiten. So entstand das Cyber-Bullying, in dem die Täter Smartphone oder Internet einsetzen. So werden zum Beispiel die Opfer bei Übergriffen oder in privater Atmosphäre (wie in Toiletten-Räumen) gefilmt, um anschließend das Material an andere zu versenden oder gar im Internet für jedermann zugänglich zu machen.

Für den Täter ist die Tat selbst schon ein Schritt in die Illegalität. Seine Befriedigung erhält er wohl daraus, wenn möglichst viele (auch fremde) Menschen die Aufnahmen sehen. Das Opfer wird dadurch zusätzlich gedemütigt.

Upskirting

Was ist denn das schon wieder? Ein Skirt ist ein (Damen-)Rock. Im Supermarkt kniet ein Mann vor einem Regal. Ob er etwas im unteren Fach sucht? Nein, er hält sein Smartphone unter den Rock der neben ihm stehenden, ahnungslosen Kundin und filmt oder fotografiert nach oben in den Intimbereich. Es handelt sich also um einen voyeuristischen Vorgang, von dem die fotografierte Frau nichts mitbekommen soll.

Der Mann wird die Aufnahmen später in den sozialen Netzen veröffentlichen und mit interessierten Nutzern teilen.

Bossing – Schikane von ‚oben' nach ‚unten'

Erfolgt das Mobbing von oben nach unten, also vom Chef zum Beschäftigten über zwei Hierarchie-Ebenen, wird von Bossing gesprochen. Gemeint ist eine systematische Schikane durch Vorgesetzte. Der einmalige Ausrutscher gilt nicht, sondern das wiederholte Handeln ist ausschlaggebend. Die böswillige Absicht wird unterstellt.

Kritisiert der Chef ständig, gibt nicht zu bewältigende Aufgaben vor – oder umgekehrt – setzt er den Betroffenen in ein leeres Zimmer und gibt überhaupt keine Anweisung mehr, zeigt sich die Dauerhaftigkeit. Im letzten Fall muss der Gemobbte trotzdem zur ‚Arbeit' erscheinen, da ein Nichterscheinen ein Grund zur Abmahnung oder später sogar zur Kündigung führen kann.

Staffing – Schikane von ‚unten' nach ‚oben'

Seltener anzutreffen, aber trotzdem zu beklagen: Das Mobbing von unten nach oben. Das bedeutet, dass die Mitarbeiter gemeinsam ihren Vorgesetzten schikanieren. Der Begriff hierfür lautet Staffing (engl. ‚staff' für ‚Mitarbeiter').

Bullying – Einsatz von körperlicher Gewalt

Das Bullying (‚bully' aus dem Englischen = ‚brutaler Kerl, Rüpel, Rabauke, Schläger, Tyrann') steht für Einschüchtern, Tyrannisieren, was häufig unter Einsatz von Gewalt (wie zum Beispiel auf dem Schulhof!) mit dem Ziel geschieht, das Opfer zu zerstören. Hierzu zählen neben Hänseleien, Bedrohungen und Erpressungen, auch üble Nachrede oder systematisches Ignorieren. Das Bullying wird geschickterweise meist so durchgeführt, dass Dritte es nicht mitbekommen.

Wer mobbt, zeigt Charakterdefizit

Wie erklärt, hat der Mobbende Probleme mit sich selbst. Deshalb werden die erwähnten Mobbing-Varianten bei Personen mit Charakterdefiziten gesehen. Diese Personen treten in allen Bereichen des gesellschaftlichen Lebens auf.

Sie sind nicht willig, sich in die Gedankenwelt der Opfer zu versetzen. Ihnen fehlt die Empathie – die Einfühlungskraft.

Täter wie Opfer können aus allen Schichten kommen. Allerdings sind Opfer meist Schwächere, Minderheiten, Menschen mit körperlicher Behinderung und andere. Ihnen wird oft ein sehr großer seelischer und gesundheitlicher Schaden zugefügt.

Selbst nach Beendigung des aktiven Mobbing-Geschehen kann die gefühlte Bedrohung anhalten. Es kann sein, dass der Betroffene noch jahrelang, gegebenenfalls ein Leben lang, unter den Schikanen und den Folgen zu leiden hat.

Stärke wird zur Schwäche

Zurückkehrend zu Konrad Lorenz' Beobachtungen, schützte das Mobbing die Gruppe. Mit dem heutigen Mobbing hat das nichts zu tun.

Bei allem denkbaren Verständnis für die möglichen Probleme des Mobbenden, kann und darf keinerlei Verständnis dafür aufgebracht werden, wenn dieser andere quält und ihnen Leid zuführt.

Eigene Macht aufbauen durch Leid dadurch, dass vermeintlich Schwächeren Schaden zugefügt wird? Das sind sicher keine rechtschaffenen Beweggründe und gehören deswegen deutlich verurteilt.

Der Mobber ist hier als der Böse anzuschauen. Deshalb erfolgt an dieser Stelle der Appell, dass alle, die sich am Mobbing aktiv beteiligen, zuschauen oder unwidersprochen passiv bleiben, sich im Umfeld des Bösen bewegen.

Es ist immer leichter, aus einer starken Rolle heraus auf den Schwächeren Druck auszuüben. Diese Vorgehensweise kann deshalb als schwach bezeichnet werden, als charakterlich schwach.

In diesem Zusammenhang dürfen Personen, die sich für Gleichberechtigung auf allen Ebenen und allen Bereichen einsetzen, gelobt werden.

Diffamierung Andersdenkender

Glücklicherweise sind andere Menschen anders. Die Natur hat dafür gesorgt, dass zahllose verschiedenartige Menschentypen gibt, Menschen mit unterschiedlichem Aussehen und verschiedenen Charaktereigenschaften.

So sollte es nicht verwundern, wenn ein anderer auch anders denkt und handelt. Es erzeugt ein gewisses Gruseln sich vorzustellen, verhielten sich Menschen alle gleichartig wie Lemminge. Alle dächten, handelten gleichartig. Es gäbe nur eine Art des Vorgehens. Wie uni-form, wie eintönig, wie langweilig.

Die Gesellschaft braucht die Vielfältigkeit, um sich weiter entwickeln zu können. Das macht das Leben abwechslungsreich, farbig und lebhaft.

Die Vielfältigkeit im Denken und Handeln wird zwangsläufig gegenseitige Ansichten hervorbringen. Schon stehen zwei Meinungen gegenüber. Sofort meint jeder, seine Meinung sei die richtige.

Logisch – oder besser pseudologisch – müsste demnach die gegenläufige Meinung falsch sein. Falsch! Also wohl gemerkt, dieser scheinbar logische Schluss ist falsch.

Die andere Meinung muss keineswegs falsch sein – sie ist lediglich ‚anders'. Anders muss nicht zwangsläufig falsch sein.

Zwei diskutierende Gesprächspartner mit gegenläufiger Meinung denken, die eigene Meinung ist die richtige (sonst würden sie sie ja nicht vertreten). Demnach muss die andere Meinung falsch sein (da sie nicht der eigenen entspricht).

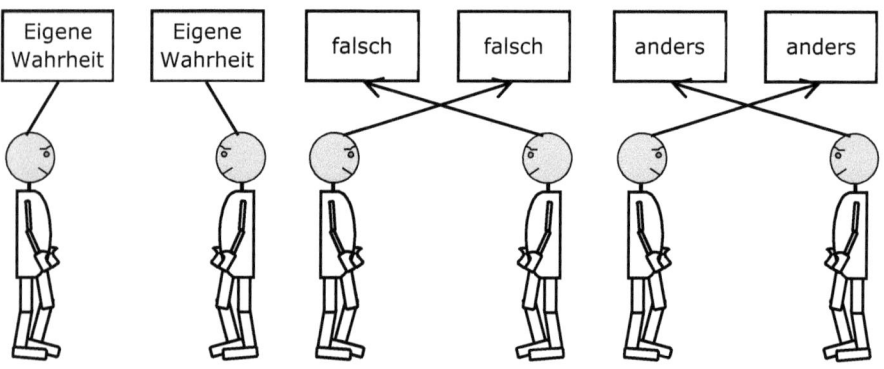

Akzeptiert jeder, dass die andere Meinung lediglich mit der eigenen nicht konformgeht, lässt sich konstruktiv diskutieren. Argumente können ausgetauscht werden, der eigene Horizont wird erweitert, das eigene Blickfeld vergrößert.

Wer so vorgeht, handelt konstruktiv.

Der Mächtige

Macht ist böse.
Jacob Christoph Burckhardt, schweiz. Humanist
(1818 - 1897)

„Ich bin der Machthaber!"

Die gewählte Führung ist aufgrund der Unterstützung mächtig in der Ausübung ihrer Aufgaben. Die Person übt Macht aus. Sie ist der Machthaber – andere sind machtlos, wobei ein Machtgefälle sichtbar werden kann.

Manchmal ergibt es sich, dass der Mächtige nicht mehr von seiner Macht ablassen kann. Er demonstriert ein gewisses Machtgehabe, das seine Unterstützer nur bedingt akzeptieren werden.

Ein weiteres Risiko ist erkennbar. Wer Macht hat, lässt ungern von ihr ab.

Der Spruch „Wo Tauben sind, fliegen Tauben hin" ist locker übertragbar auf die Macht: „Wer Macht hat, dem fliegt Macht zu." Dem Mächtigen werden Privilegien eingeräumt, auf die der Machtlose keinen Zugriff hat.

Der Mächtige wird immer mächtiger. Es ist nachvollziehbar, dass er nicht mehr von der wachsenden Macht loskommen kann.

Loslassen können

Manch ein Seniorchef, der seiner Tochter oder seinem Sohn das Unternehmen übergibt, kann sich einfach nicht zurückziehen. Immer wieder greift er in den Betriebsablauf ein, trifft nicht abgesprochene Entscheidungen und bringt die Beschäftigten in einen Loyalitätskonflikt.

Für den Nachfolger bauen sich zusätzliche Hindernisse auf, die überwältigt werden müssen. Streit und Stress sind die Folgen.

Für den Senior, der bestimmt viel Herzblut, Zeit, Energie und Geld in sein Unternehmen steckte, ist es verständlicherweise schwierig zu sehen, wie sein Nachfolger – mit ganz anderer Technik und Mitarbeiterführung – das Unternehmen weiterführt. Gut gemeinte Ratschläge mögen in Ordnung sein; die unbeeinflusste Entscheidung liegt nun aber bei der nächsten Generation.

Der Alt-Kanzler als Hinterbänkler

Als weiteres Beispiel soll die Politik dienen. Der Alt-Kanzler, der immer wieder von der Hinterbank aus seine – nicht mehr gewollten – Ratschläge erteilt, glaubt, alles besser zu wissen.

Das mag so sein. Trotzdem tragen nun andere die Verantwortung. Wird ein Ratschlag gewünscht, wird er erbeten. Ungewollte Tipps werden eher als Einmischung empfunden.

Der Alt-Kanzler hat gute Dienste für das Land und das Volk geleistet. Er darf sich nun zurücklehnen und anderen Dingen frönen.

Ziehen lassen können

Auch in Familien sind solche Machtverhältnisse über Jahre hinweg zu beobachten. Dass anfangs Eltern eine gewisse (auch schützende) Macht über ihren Nachwuchs ausüben, ist verständlich und nachvollziehbar.

Die Kinder werden älter und wollen sich der Macht (auch Kontrolle) der Eltern weitestgehend entziehen.

Die Tochter ist ausgezogen, berufstätig und lebt nun ihr eigenes Leben. Täglich ruft die Mutter sie abends an, um zu fragen, ob es ihr gutgeht.

Zuerst findet die Tochter es noch angenehm, diesen Kontakt zur Mutter zu halten. Irgendwann fühlt sie sich aber durch diese Anrufe kontrolliert. Sie gewinnt den Eindruck, dass die Mutter genau wissen will, mit wem sie es zu tun hat, mit wem sie ausgeht, welche Sorgen sie quälen. ‚Gut gemeinte‘ Ratschläge werden wie Befehle oder Einmischung ins Leben empfunden.

Einer Seminarteilnehmerin, die die Wohnung der Mutter samt Einrichtung übernommen hatte, platzte der Kragen. Sie sagte: „Aus jedem Möbelstück guckt mich meine Mutter an! Ich will das nicht mehr! Ich schmeiße alles raus!"

Gut gemeinte Zuneigung der Eltern kann vom Nachwuchs als mächtige Kontrolle empfunden werden. So schwierig es für Eltern ist; loslassen ist notwendig. Benötigt der Nachwuchs Rat oder Unterstützung, wird er sich bei einem bestehenden guten Eltern-Kind-Verhältnis melden.

Rollenkonformes Verhalten

Deine Aufgabe ist, die Rolle, die dir zugeteilt wurde, gut zu spielen;
die Auswahl der Rolle steht einem anderen zu.
Epikur, gr. Philosoph
(um 50 - 138)

„Lasst mich nicht allein!"

„Ich behalte meinen eigenen Willen! Ich mache doch nicht das, was eine anonyme ‚Rolle' von mir verlangt!" Das könnte jemand ausrufen, der ein gutes Selbstbewusstsein zeigt, der weiß, was er will, kann und wie er auf andere wirkt.

Die Person ist der festen Meinung, sich ausschließlich so zu verhalten, wie sie es selbst für richtig und überzeugend hält.

Ist das so? Inwieweit lässt sich ein selbstbewusstes Individuum durch erwartetes Verhalten in Ausübung einer Rolle beeinflussen?

Stanford-Prison-Experiment

Hierzu wurde 1971 vom US-amerikanischen Psychologen Philip George Zimbardo (*1933) ein aufschlussreiches Experiment durchgeführt.

Beteiligt waren 3 Gruppen: Ein Team als Beobachter rund um den Versuchsleiter, eine Gruppe ‚Gefangener' und eine Gruppe ‚Wärter'.

24 Studierende schlüpften per Los in die zu spielende Rolle des Gefangenen oder des Wärters. Als kleiner finanzieller Ausgleich wurden ihnen 15 US-Dollar pro Tag gezahlt. Das Experiment sollte zwei Wochen dauern.

Die Gefangenen unterschrieben vor Versuchsbeginn, während ihres ‚Gefängnis-Aufenthalts' auf alle ihre Grundrechte zu verzichten.

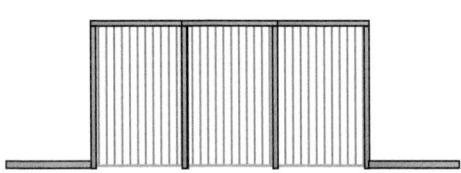

Das Versuchs-Ziel sollte das angepasste Verhalten in Gruppen darstellen, jeweils der Rolle entsprechend.

Ein Bereich im Keller der Universität wurde als Gefängnis gewählt.

Dort wurden drei Zellen mit Gittertüren eingerichtet. Der Flur galt als Gefängnishof.

Die in die Rolle geschlüpften Gefangenen wurden von echten Polizisten zu Hause abgeholt. Angekommen im Institut begann der ‚eigentliche' Versuch.

Dort wurden die Gefangenen entlaust. Als einziges Kleidungsstück erhielten sie ein Krankenhaushemd. Dann mussten sie einen Nylon-Strumpf über den Kopf ziehen und es wurden ihnen Fußfesseln angelegt. Ihre Individualität war aufgehoben. Ab sofort wurden sie nur noch mit Nummern angesprochen.

Die Wärter trugen eine Uniform und eine Sonnenbrille. Weiter waren sie mit einem Gummiknüppel ausgestattet. Die Wärter sollten, wie es sich für Aufsichtspersonal gehört, für Ruhe und Ordnung sorgen.

Im Falle eines gelungenen Ausbruchsversuchs eines Gefangenen würde das Experiment abgebrochen. Die Vorbereitungen waren abgeschlossen. Das Experiment konnte starten.

Was geschah in den nächsten Tagen? Hier eine auszugsweise Übersicht der Geschehnisse im Umgang mit den Gefangenen.

- 1. Tag: Beliebige Zählappelle. Liegestütze.

- 2. Tag: Aufstand der Gefangenen. Wärter schlugen Aufstand nieder, sprühten mit Feuerlöschern in die Zellen. Kleidung und Betten wurden abgenommen. Demütigungen. Statt WC-Gang nur noch Benutzung eines Eimers in der Zelle. Essensentzug.

- 3. Tag: Der Versuchsleiter musste einen Gefangenen aufgrund extremer Stressmerkmale entlassen. Sadistisches Verhalten. Misshandlungsversuche (der Versuchsleiter musste einschreiten).

- 6. Tag: Das Team um den Versuchsleiter merkte, dass es selbst die Objektivität über das Geschehen verloren hatte. Sie entschieden sich, das Experiment vorzeitig abzubrechen.

Aus dem Ruder gelaufen

Das Ergebnis dieses Experiments ist eher als sehr bedenklich zu bewerten. Es wurde bald erkannt, dass sich die per Zufall ausgewählten Studierenden so sehr mit ihrer Rolle identifizierten, dass sie sich absolut rollenkonform auslebten. Sie hatten keinerlei Skrupel, sich gegen ihr übliches Verhaltensmuster zu verhalten. Die Rolle gab ihnen einen gewissen Schutz.

Bei späteren Interviews mit einigen Beteiligten des Experiments zeigten sich teilweise erschütternde Situationen. Viele quälten sich jahrelang damit, sich in der Rolle so unerwartet verhalten zu haben. „Das hätte ich nie von mir erwartet."

Möglicherweise hat der eine oder andere noch heute psychisch an diesem Experiment zu arbeiten beziehungsweise zu leiden. Obwohl es ‚nur' ein Spiel war, entwickelte sich das wegweisende Experiment zu einer gefährlichen Realität.

Rollen-Identifikation

Im oben beschriebenen und in ähnlichen später durchgeführten Experimenten schlüpft die Versuchsperson in eine Rolle.

Überraschenderweise identifiziert sie sich in ihrer Rolle relativ schnell. Sie schafft es, so zu denken und zu handeln, wie es von der Rolle erwartet wird.

Die Person verhält sich rollenkonform. Unabhängig davon, welche Rolle eingenommen wird, verläuft das rollenkonforme Verhalten von Anfang an. Das Rollenverhalten wird von den anderen genauso erwartet.

Das Experiment zeigte und zeigt immer noch einwandfrei, dass sich das Verhalten Einzelner in der Rolle so deutlich aufbaut, dass es schon erschreckend erscheint.

Der Mitspieler muss keine Schuld fühlen. Die zugewiesene Rolle entschuldigt, erfordert sogar das teilweise extreme Verhalten.

Er ‚musste' sich der Rolle entsprechend verhalten, was ihm – wie bewiesen – nicht im Geringsten schwerfiel. Ein anderer in seiner Rolle hätte sich ähnlich verhalten. Der Häftling hat sich gefälligst wie ein Häftling zu benehmen. Der Wärter hat seine kontrollierende und für Ordnung sorgende Tätigkeit auszufüllen.

Aber – es war ‚nur' ein Experiment. Wie sieht es im echten Leben aus?

Verhalten und Erwartung in der eingenommenen Rolle

Im gesellschaftlichen Leben bestätigen sich sofort die Erkenntnisse des Experiments. Ein Blick in die Karnevalshochburgen genügt. Kaum hat sich einer eine rote Nase aufgesetzt, verhält er sich absolut anders, als es im üblichen Leben zu erwarten wäre.

Im klassischen Leben wäre ein anderes Verhalten sehr wahrscheinlich auch nicht akzeptiert. Durch das Schlüpfen in die Rolle besitzt der Betreffende nun im wahrsten Sinne des Wortes eine Art Narrenfreiheit eine ‚Rollenfreiheit'.

Genau genommen ‚spielen' die meisten Menschen täglich in verschiedenen Rollen. Damit kommt die Gesellschaft gut klar. Vielleicht funktioniert sie auch nur deshalb.

Beispielsweise erfüllt jemand verschiedene Rollen als Mutter, als Ehefrau, als Freundin, wie auch als Kundin, Kollegin oder Vereinskameradin.

Das Verhalten derselben Person wird in den einzelnen Rollen entsprechend verschieden sein – so, wie es die anderen Personen des sozialen Umfelds erwarten.

Im Extremfall zeigt sich das Rollenverhalten sogar so unterschiedlich, dass ein Außenstehender sich wunderte, falls er die Person in allen ihren Rollen unbemerkt beobachten könnte.

Rollen-Konformität als Entschuldigung?

Es wäre bedenklich – oder kritisch zu beurteilen – sich lediglich auf die Rollen-Konformität zu berufen. Ganz einfach das tun, was die Rolle von einem erwartet. Damit würde es sich der Einzelne zu einfach machen, ließe sich somit jedes Handeln, auch das Böse, entschuldigen. Ja, nicht nur entschuldigen, sogar erklären: „Ich kann ja nicht dafür! Ich bin in meiner Rolle gefangen."

So einfach darf es sich niemand machen. Das Phänomen der Rollen-Konformität kann von einem ‚Lenker', ‚Führer', ‚Charismatiker' so genial eingesetzt werden, dass Tausende, Hunderttausende, Millionen von Menschen unreflektiert einem Manipulator nachlaufen.

Also gut aufpassen, ob das eigene Handeln tatsächlich der eigenen Entscheidung zugrunde liegt.

Banden, Clans, Gangs

Das Wort ‚Familienbande' hat einen Beigeschmack von Wahrheit.
Karl Kraus, österr. Schriftsteller
(1874 - 1936)

„Wir beherrschen euch!"

Gleichgesinnte finden sich zusammen, um anderen Macht und Stärke zu demonstrieren. Folgende Gruppierungen stehen stellvertretend für unterschwellig oder offen ausgeführte Aggressionen.

Clan

Ein Clan ist ein Verband von Menschen, die oft durch verwandtschaftliche Beziehung gemeinsame Interessen vertreten und diese anderen gegenüber verteidigen. Das Wort kommt aus der schottisch-gälischen Sprache; ‚clann' = ‚Kinder'. Dadurch wird der familiäre Aspekt deutlich.

Oft lebt der Clan in einem abgegrenzten Gebiet. Eheschließungen finden innerhalb des Clans statt. Eine Person von außerhalb müsste vom Clan aufgenommen werden.

Wer zum Clan gehört, hilft den anderen aus dem Clan. Die gegenseitige Unterstützung ist sehr hoch und bindet den Einzelnen im Clan fest ein.

Der Clan verleiht dem Einzelnen Schutz. Im September 2019 soll es angeblich über 100 Clans im Ruhrgebiet geben.

Greift jemand von außen (zum Beispiel die Polizei) auf eine Person des Clans zu, steht er schnell allen Clanangehörigen gegenüber. Eine bedrohliche Situation kann entstehen.

Bande

Finden sich für eine gewisse Zeit mehrere Personen zusammen, die gemeinsam eine Straftat begehen wollen, bilden sie eine kriminelle Vereinigung, eine Bande.

So kann eine Bande einen Bandendiebstahl begehen. Beispiel: Einer plant den Überfall des Geldtransporters, einer steuert das Fluchtauto, einer sprengt die Fahrzeugtür des Transporters, einer bewacht die Geldboten, einer räumt das Fahrzeug aus und so weiter.

In einer Bande kann jeder seine Fähigkeiten und Kenntnisse einsetzen. Der Erfolg der Bande zeigt sich, wenn jeder seine zugewiesene Aufgabe optimal erfüllt.

Die Bande handelt aus dem Hinterhalt und will nicht als solche erkannt werden.

Bonnie und Clyde

Die verfilmte und besungene Geschichte von Bonnie und Clyde mag heldenhaft klingen. Tatsächlich handelte es sich um zwei Bandenmitglieder.

Die Hauptverantwortlichen waren Bonnie Elisabeth Parker (1910 – 1934) und Clyde Chestnut Barrow (1909 – 1934), beide US-amerikanische Verbrecher, Köpfe der sogenannten Barrow-Bande.

Obwohl beide kurze Zeit in Gefängnissen verbrachten (Clyde wurde übrigens 1930 von einem Mithäftling sexuell missbraucht), betrieben sie ihr Unwesen, sobald sie wieder in Freiheit waren.

Sie raubten Banken aus, überfielen Tankstellen und Geschäfte. Ihr Aktionsbereich lag in Missouri, New Mexiko, Oklahoma und Texas. Dabei gingen sie gnadenlos vor und zögerten nicht, Menschen zu erschießen. Viele Polizisten starben beim Versuch, Bonnie und Clyde dingfest zu machen.

Kurz vor ihrer Festnahme gelang es ihnen, von der Gefängnisfarm Eastham mehrere Häftlinge zu befreien. Zwei Wärter kamen bei dieser Aktion ums Leben.

Die beiden fuhren ein modernes Fahrzeug der Firma Ford (Ford V8, Modell 18) mit immerhin 8 Zylindern und unglaublichen 30 PS. Damit waren sie ihren polizeilichen Verfolgern immer eine Nase voraus.

Schließlich gelang es der Polizei, Bonnie und Clyde mithilfe eines ihrer Bekannten in die Falle zu locken. Dieser täuschte eine Reifenpanne vor, das Verbrecher-Duo wollte helfen. Dann schlug die Polizei zu, die sich bis dahin gut versteckt hatte. Sie schoss wie wild auf die beiden Bandenmitglieder. Später wurde festgestellt, dass Bonnie sowie Clyde jeweils von etwa 50 Kugeln tödlich getroffen wurden. Im Auto wurden später 167 Einschüsse gezählt.

Bonnie und Clyde kamen am 23. Mai 1934 im Kugelhagel um. Die Bewohner konnten aufatmen.

Der große Postzugraub

Ebenfalls mehrfach verfilmt ist der Postzugraub der britischen Royal Mail am 8. August 1963.

Eine Bande, damals bekannt unter ‚Great Train Robbery Bande', bestehend aus mehreren Bandenmitgliedern, plante monatelang und präzise den genial durchgeführten Raub.

Federführend waren unter anderen:

- Bruce Richard Reynolds (Anführer der Bande, 1931 – 2013)
- Ronald Arthur Biggs (1929 – 2013)
- Ronald Christopher Edwards, genannt ‚Buster' (‚Buster' = ‚Knochenbrecher', 1931 – 1994)
- Charles Frederick Wilson (1932 – 1990)
- Brian Field (1934 – 1979)

Der Postzug war von Glasgow nach London unterwegs. Die Bande manipulierte Signale, sodass der Zug bei Ledburn stoppen musste. Wenige hundert Meter weiter wurde der abgekoppelte Waggon mit den Geldern auf die Bridego-Brücke gefahren. Von dort wurden die prall gefüllten Geldsäcke nach unten zu den Fluchtfahrzeugen geworfen.

Die Bande entkam in ein nahegelegenes Versteck. Die Beute: unglaubliche 2.631.694 Pfund, was heute umgerechnet etwa 53.000.000 € entspricht.

Beim Überfall wurde keine Schusswaffe eingesetzt.

Schon wenige Tage später wurden viele Bandenmitglieder von der Polizei verhaftet und teilweise zu 30 Jahren Haft verurteilt. Von den oben genannten Köpfen konnten sich die ersten Vier durch Flucht rund um die Welt vorerst der Verhaftung entziehen. Sie wurden erst viele Jahre später verhaftet beziehungsweise ausgeliefert.

Der größte Teil der Beute wurde bis heute nicht gefunden.

Gang

Eine Gruppe Gleichgesinnter finden sich in einer Gang zusammen. Im Wort Gang ist der Gangster zu erkennen. Das Wort Straßengang ist ebenso bekannt.

In der Regel bedarf es eines Aufnahmerituals, um in eine Gang aufgenommen zu werden. Manchmal wird ähnliche Kleidung getragen, um anderen gegenüber die Gang-Zugehörigkeit sichtbar zu machen.

Je nach Quelle wird unterstellt, eine Gang bestünde aus Kleinkriminellen. Das kann zwar ein, muss aber nicht zwangsläufig die Gang ausmachen.

Stellvertretend kann hier das Musical ‚West Side Story' stehen, das in New York City der Fünfzigerjahre spielt.

Die Musik stammt von dem US-Komponisten Leonard Bernstein (1918 – 1990).

Die Gangs ‚Jets' und ‚Sharks' stehen sich gegenüber. Am Ende des Musicals ist der Tod Tonys (eine der Hauptrollen) zu beklagen. Erst jetzt entscheiden die beiden Gangs, dass gegenseitige Interessen kein Leben kosten darf. Sie tragen gemeinsam den Verstorbenen zu Grabe.

Mafia

Kommt der Begriff Mafia ins Gespräch, schauen die Gesprächspartner vorsichtig über ihre Schulter, ob sie beobachtet werden.

Viele denken sofort an Drogenhandel, Erpressung, Schutzgelder, Einflussnahme in wirtschaftliche und politische Abläufe und so weiter.

Mittlerweile wird der Begriff ‚Mafia' weltweit für verschiedene Organisationen verwendet. Immer dann, wenn über die oben aufgelisteten Delikte gesprochen wird und diese mit Gruppierungen verbunden werden.

Zum Beispiel die albanische und russische Mafia (= ‚Bruderschaft'), die chinesische Mafia (‚Tiraden' = ‚Gesellschaft der Drei Harmonien') und schließlich die japanische Mafia (‚Yakuza' = ‚gewalttätige Gruppe').

Eine der bekanntesten italienischen Mafias ist die im 16. Jahrhundert entstandene ‚Camorra' (Bella Società Riformata, Società dell'Umirtà, Onorata Società) aus Neapel.

Dann ist die sizilianische ‚Cosa Nostra' (= ‚unsere Sache') seit dem 19. Jahrhundert aktiv. Ihr Einflussbereich reichte bis in die USA (Beispiel Prohibition, das Verbot der Herstellung, des Handels oder des Verkaufs von Alkohol), nach Deutschland und in viele andere Länder.

Seit 1981 betreibt die Sacra Corona Unita (= ‚Heilige vereinigte Krone') aus Apulien ihre Geschäfte. Und seit Mitte der 1990er mischt die ‚'Ndrangheta' (mit Apostroph am Anfang des Namens) mit.

Innerhalb der Organisationen gibt es stark ausgeprägte Hierarchien. Was der ,Pate' (lat. ,pater spiritualis, patrinus' = ,Vater im Geist'), das Oberhaupt der Organisation sagt, gilt.

Wer loyal handelt, erhält Unterstützung, zum Beispiel bei drohenden Verhaftungen oder als Hinterbliebener. Verräter hingegen werden gnadenlos bestraft, unter anderem per Hinrichtung.

Teil 3 – Mörder

Tiere sind die besseren Menschen

Das Böse in der Welt rührt uns viel mehr als das Gute.
Christina von Schweden, schwed. Königin
(1626 - 1689)

„Zeige deine Krallen!"

„Och, sind die aber niedlich!" Die Augen des Kindes leuchten, als es die Gruppe neugeborener Katzenjungen zu sehen bekommt.

Sofort greift das Kind nach einem dieser Wollknäuel, um es an die eigene Wange zu drücken, zu streicheln und zu kuscheln.

Wie lieb die Tierchen sind. So hilflos, so zärtlich, liebevoll – frei aller Bosheiten.

Der Wolf im Schafspelz

Ja, das mag die Sicht des Kindes sein – und vieler Erwachsenen ebenso. Tatsächlich darf nicht unvergessen bleiben, dass die Katzen zur Ordnung der Raubtiere (Carnivora, lat. ‚carnis' = ‚Fleisch', ‚vorare' = ‚verschlingen'), der Katzenartigen (Feloidea) gehören. Sie gehören somit zur Familie der Pumas, Gepards, Ozelots, Leoparden, Tiger, Löwen und anderen.

Es mag den einen oder anderen in den Fingern zucken, das Fell eines lebenden Tigers zu streicheln. Keine gute Idee.

Das sind alle keinerlei Streicheltiere, sondern flinke, aufmerksame, Muskel bepackte Jäger.

Lautlos schleichen sie sich an ihre Opfer heran. Steht die Wahrscheinlichkeit auf ‚Erfolg', wird erbarmungslos und dem Anschein nach gnadenlos zugeschlagen.

Das erlegte Tier erwirkt keine Mitleidsgefühle beim Jäger. Nein, es ist lediglich als Nahrung für den Jäger und den eigenen Nachwuchs anzusehen.

Sie sehen so harmlos und lieb aus – trotzdem stecken in ihnen ‚mörderische' Gelüste.

Könnten manche Menschen im Vergleich auch als Raubtier bezeichnet werden?

Infantizid – Kindsmord

Es würde viel weniger Böses auf Erde getan,
wenn das Böse niemals im Namen des Guten getan werden könnte.
Marie Freifrau Ebner von Eschenbach, österr. Schriftstellerin
(1830 - 1916)

„Der Kräftigere muss überleben!"

Wer die Chance hat, ein Rudel Löwen über mehrere Monate zu begleiten (auch in einer Tier-Dokumentation), wird auf der einen Seite ein faszinierendes soziales und fast liebevolles Zusammenleben beobachten können. Auf der anderen Seite allerdings auch ein – aus menschlicher Sicht – grausames Verhalten.

Sobald ein männlicher Löwe ein neues Rudel übernommen und damit erobert hat, tötet er so schnell wie möglich alle Jungtiere seines Vorgängers. Die Gene des früheren Rudel-Chefs müssen sofort ausgelöscht werden. Er will eigenen Nachwuchs zeugen und das eigene Erbgut an möglichst viele Nachkommen weitergeben. Dem eigenen Erbgut soll und muss die Möglichkeit gegeben werden, relativ risikolos zu überleben.

Das Töten eigener Nachkommen

Das Fachwort für dieses Vorgehen heißt Infantizid (Kindesmord). Das Wort steht für das Töten eigener Nachkommen beziehungsweise von Nachkommen der eigenen Art, so wie der Löwe tötet, um das eigene Erbgut weiterzugeben. Weshalb aber dann auch den eigenen Nachwuchs?

Diese Variante kommt ins Spiel, wenn das Nahrungsangebot zu knapp ist, um alle Neugeborenen überleben zu lassen. So wird das schwächste Junge beziehungsweise die schwächsten Jungtiere getötet, um den stärkeren Chancen des Aufwachsens und Überlebens zu geben.

Fast alle Raubtiere gehen vergleichbar vor. Das Tötungs-Verhalten wurde auch bei Delphinen, Affen, Bären und sogar bei vielen Vogelarten, sowie einigen anderen Tierarten beobachtet.

Kainismus – Den tierischen Mitbewohner töten

Es geht sogar noch ein Stück weiter. Nicht immer müssen sich die erwachsenen Tiere in diesem Sinne um den Nachwuchs sorgen. Werden in einem Adlerhorst zwei Junge geboren, dauert es nicht lange, bis das Erstgeborene das jüngere Geschwister aus dem schützenden Nest wirft. Und zwar schon in der ersten Lebenswoche!

Dieser Vorgang wird als Kainismus (benannt nach Kain, der nach biblischen Quellen seinen Bruder getötet hat, siehe dort) bezeichnet. Der sogenannte obligatorische Kainismus erfolgt bedingungslos. Bedingungslos bedeutet in diesem Fall, dass die Tötung immer erfolgt, egal welche Bedingungen herrschen.

Erfolgt die Tötung der Geschwister aufgrund von Nahrungsmangel, wird das Wort ‚obligatorisch' weggelassen. Gut zu beobachten ist dieses Verhalten dann, wenn das stärkere Tier beim Fütterungsvorgang die anderen abdrängt.

Das absichtliche Töten von Artgenossen

Aus der Tierwelt wird immer wieder das Beispiel angeführt, dass sich Artgenossen nicht gegenseitig umbringen. Sie kämpfen gegeneinander, beispielsweise um als Alphatier in der Gruppe angesehen zu werden. Sie kämpfen miteinander, um sich die ‚Vormacht' über Weibchen zu sichern. Allerdings gehen sie niemals so weit, den um die Vormacht Ringenden umzubringen. Niemals? Nein, bedauerlicherweise gilt diese Verallgemeinerung nicht.

Forscher der Universität Iowa, die Schimpansen im Senegal über mehrere Jahre begleiteten, konnten bereits im Jahr 2013 die Tötung eines Artgenossen, tja einen regelrechten Mord beobachten. Schimpansen einer Gruppe hatten ein ehemaliges Alphatier grausam getötet. Nicht nur das, sie haben die Leiche sogar stundenlang geschändet[11].

Das Beispiel zeigt, dass innerhalb der eigenen Gruppe getötet wurde. So wie es aussieht, geplant und vorsätzlich.

Dass Tiere (vorzugsweise Männchen) gezielt getötet werden, ist schon häufiger beobachtet worden. So patrouilliert eine Abordnung einer Gruppe Schimpansen der eigenen Reviergrenze entlang.

Hin und wieder dringt sie in ein Nachbarrevier ein, um dort (ebenso wieder vorzugsweise männliche Tiere) umzubringen. Die Gruppe des Nachbarreviers soll geschwächt werden. Wohlwollend könnte das als Prophylaxe angesehen werden, um Angriffe anderer Gruppen gar nicht erst aufkommen zu lassen.

Kannibalismus unter Tieren

In diesen Themenbereich gehört noch ein letzter Hinweis über die Verhaltensweise bei Tieren: beispielsweise bei der Gottesanbeterin (Fangschrecke). Während der Paarung oder unmittelbar danach frisst das Weibchen das (körperlich kleinere) Männchen einfach auf – und das bei diesem schönen Namen ‚Gottesanbeterin'.

Ob hier der Spruch gilt „Ich habe dich zum Fressen gern"?

---

[11] Quelle: welt.de (02.02.2017)

Kannibalismus unter Menschen

Jedes Volk hat seinen eigenen Begriff von Gut und Böse.
Fjodor Michailowitsch Dostojewski, russ. Schriftsteller
(1821 - 1881)

„Ich hab' dich zum Fressen gern!"

Beim Kannibalismus (Anthropophagie) wird ein Mensch getötet, um Menschenfleisch zu verzehren. Der Getötete dient als Nahrungsquelle oder auch – im Sinne des Glaubens und Aberglaubens – zur Einverleibung der Kräfte des Getöteten. Manchmal wurde (und wird?) das Blut von Geopferten getrunken.

Angeblich sollen gewisse Arten des Kannibalismus auf allen Erdteilen praktiziert worden sein. In der heutigen Zeit gilt Kannibalismus als tabu.

Trotzdem finden sich auch im 21. und davor im 20. Jahrhundert Fälle von Massenmördern oder Einzeltätern, die andere Menschen mit oder ohne deren Willen verzehrten.

In Deutschland wurde im Jahr 2002 der Fall von Armin Meiwes unter dem Namen ‚der Kannibale von Rotenburg' bekannt. Ein ‚Mitspieler' ließ sich umbringen, zerstückeln und nach und nach verzehren.

Kannibalismus zum Überleben

In extremen Ausnahmesituationen kann Kannibalismus um des Überlebens willen allerdings notgedrungen ausgeführt werden.

1972 wurde folgender tragischer Fall bekannt: 45 Spieler und Angehörige der uruguayischen Rugby-Mannschaft namens Old Christian's Club reisten im Jahr 1972 von Montevideo nach Santiago de Chile. Alle saßen zusammen in einem Flugzeug mit der Flugbezeichnung 571.

Auf 4.000 Metern über den Anden nahm der Flug am 13. Oktober 1972 ein jähes Ende. Das Flugzeug stürzte in eisiger Höhe ab.

Eine Rettungsaktion war für die Überlebenden nicht erkennbar. Die Nahrungsvorräte nahmen unwiderruflich ab – irgendwann gab es nichts mehr zu essen. Rettung war nicht in Sicht, einige Gruppenmitglieder waren beim Absturz gestorben oder starben an Entkräftung.

Irgendwann reifte bei den Überlebenden der Entschluss, das Fleisch der Verstorbenen zu essen. Wohl kaum einer mag sich die heißen Diskussionen über das Für und Wider dieser Entscheidung vorstellen. Zu viele waren inzwischen verstorben.

Nun gut, um eine Chance auf das eigene Überleben zu erhalten, begannen die Verbliebenen, Menschenfleisch zu verzehren.

Insgesamt dauerte es unglaublich lange 72 Tage, bis die letzten Überlebenden gerettet werden konnten. 45 Reisende waren aufgebrochen – nur 16 hatten überlebt.

Die Kopfjäger von Borneo

Mehr als 90 Prozent der Bewohner Sarawaks auf Borneo (gehört zu Malaysia) sind sogenannte ‚natives'. Das sind die Nachfahren der Ureinwohner. Insgesamt gibt es fünf Gruppierungen dieser Urbevölkerung. Zu ihnen gehören die Iban, eine Untergruppe der Sea Dayak.

Diese leben in Langhäusern im Dschungel. In einem Langhaus wohnen immer mehrere Familien, zum Beispiel 15 Familien mit insgesamt etwa 60 Personen zusammen, wie in einem kleinen Dorf.

Das Langhaus thront auf dicken, meterhohen Holzstämmen, in mehreren Metern Höhe. Unter dem Haus lässt sich alles Mögliche lagern, ohne dass es nass wird. Auch Hühner und Schweine halten sich dort auf.

Der wichtigere Grund aber ist (beziehungsweise war), Ankommende schon aus einem sicheren Abstand sehen zu können. So konnte auf Distanz bereits zwischen Freund und Feind unterschieden werden.

Bedingungslos aufeinander angewiesen

Das Leben im Dschungel war anstrengend. Die Kopfjäger waren mit ihren Familien bedingungslos aufeinander angewiesen. Starb ein Familienmitglied durch einen feindlichen Übergriff, war das Überleben der anderen erschwert, bei mehreren Todesfällen gegebenenfalls nicht mehr gewährleistet.

So blieb den Iban nichts anderes übrig, als sich abzusichern und nahende Feinde gnadenlos abzuwehren.

Mit leichten, langen Blasrohren wurden kleine Pfeile verschossen, die an der Pfeilspitze mit pflanzlichen Giften getränkt wurden. Gezielt eingesetzt, sausen die Pfeile fast unhörbar und mit unglaublich hoher Geschwindigkeit viele Meter weit und treffsicher in Richtung Feind.

Den Getöteten wurde der Kopf abgetrennt, über offenem Feuer getrocknet und auf der Terrasse des Langhauses aufgehängt. So kam ein Kopf neben den nächsten. Die Köpfe blieben hängen, wo sie im Laufe der Zeit schrumpften.

Daher auch die Bezeichnung Schrumpfkopf. Feinden wurde damit von weitem gezeigt, wie tapfer und erfolgreich die Bewohner des Langhauses gegen Eindringlinge vorgehen.

Ein Iban, der einen Feind tötete und dessen Kopf mitbrachte, durfte sich den Handrücken tätowieren lassen.

Verschollen im Regenwald

Als Training zur Teamarbeit in Seminaren gibt es eine Übung, die hier als ‚Verschollen im Regenwald' beschrieben werden soll.

Das Szenario: Ein Team von 3 (4 oder 5) Forschern überlebt einen Absturz in einer mit Regenwald bedeckten, weitestgehend unentdeckten Region Südamerikas. Der Pilot ist tödlich verunglückt – die Maschine droht im sumpfigen Untergrund zu versinken.

Es bleiben nur wenige Minuten für die Forscher, um eine bestimmte Zahl von Gegenständen gerade noch aus dem Flugzeug zu bergen und auf trockenem Untergrund zu lagern.

Die Aufgabe ist es, die Forschungsstation zu finden, ohne zu wissen, in welche Richtung das Team den Regenwald durchlaufen muss – und wie lange das dauern wird.

Aufgrund der überschaubaren Personenzahl des Forscherteams, des Gewichts und Volumens der geborgenen Dinge sowie der Ungewissheit, wie lange die Abgestürzten zum Ziel brauchen, darf das Team (nur) 5 Dinge aus den geborgenen Gegenständen aussuchen und mitnehmen.

Unter den Gegenständen finden sich: Seil, Taschenlampe, Kompass, Teebeutel, Pflaster, Kanister mit Trinkwasser, ein Gewehr mit Munition, ein Fässchen Bier, 20 Kokosnüsse, ein Päckchen Kaugummi, Machete und andere.

Die Aufgabe im Seminar besteht darin, dass die Seminar-Kleingruppe (3 – 5 Personen), also das Team, sich einheitlich auf 5 Gegenstände einigt.

Obwohl meist gleich zu Beginn des Austauschs das Bier als großer Favorit gilt, wird es am Ende selten gewählt.

Im Gegensatz dazu sind Gewehr und Munition fast immer dabei.

Wird gefragt, weshalb dieser Artikel ausgewählt wurde, ist in der Regel Folgendes zu hören: „Um Raubtiere zu erlegen." „Um Eingeborene zu töten."

Interessanterweise wird davon ausgegangen, der (mögliche) Eingeborene träte in feindlicher Absicht auf. Eingeborener gleich Feind; ein Feind muss unschädlich gemacht werden; am besten getötet werden.

Was erklärt die Furcht vor einem eventuellen Aufeinandertreffen mit Einheimischen? Weshalb ist die Furcht so groß, dass der Fremde sofort erschossen werden muss?

Öffnet sich beim Aufeinandertreffen mit dem einheimischen Bewohner nicht eher die Option, dass dieser wissen könnte, wo das gesuchte Forschungslager zu finden ist? Könnte es nicht sein, dass das Team der Forscher Schutz, Nahrung, Unterkunft durch den Fremden erhält?

Recht und Unrecht

Das höchste Recht ist das höchste Unrecht.
Marcus Tullius Cicero, röm. Rhetoriker
(106 - 43 v. Chr.)

„Wir sorgen für Gerechtigkeit."

Im Wort Recht steckt ‚richtig'. Wer den gesellschaftlichen Regeln und Gesetzen entsprechend handelt, verhält sich richtig. Sein Handeln liegt im Recht.

Als Unrecht gilt Verwerfliches, alles, was die Rechtsordnung verletzt.

Der Mensch wird sich den Umgangsformen, der gesellschaftlichen Erwartungshaltung und den gesetzlichen Regeln entsprechend verhalten.

Hin und wieder wird er mal die ‚Wahrheit beugen' (lügen), hier und dort etwas schummeln, beim Finanzamt ‚vergessen' eine Kleinigkeit anzumelden oder auch mal ‚aus Versehen' etwas schneller fahren als erlaubt.

Es lässt sich sagen, die meisten Menschen verhalten sich so, dass ihnen im Fall des Falles Recht zugesprochen würde.

So dürfte es kaum zu zwischenmenschlichen Differenzen kommen. Alle Umgangsformen wären zur Zufriedenheit aller umgesetzt.

Friede – Freude – Eierkuchen

Wie allgemein bekannt, stimmt das Eierkuchen/Pfannkuchen-Bild nicht mit der Realität überein. Wieso nicht?

Nun, um beim Bild des Eierkuchens zu bleiben: Eierkuchen ist nicht Eierkuchen.

Tante Eva ist der Meinung, ihr Eierkuchen sei gelungen, flockig locker und überhaupt einer der schmackhaftesten.

Neffe Tim sieht (schmeckt) das allerdings ganz anders. Für ihn ist der Eierkuchen zu trocken, zu fade und nicht gerade sehr schmackhaft. Tim ist die Freude vergangen.

Wer hat Recht? Sollte Tim seine Geschmacksempfindungen der Tante offenbaren? Soll er eine Missstimmung erzeugen oder gar riskieren, einen Streit vom Zaun zu brechen? Schluss wäre es mit dem Frieden.

Tante Eva fühlt sich im Recht, Neffe Tim auch. Nun mag es sich bei einem Eierkuchen um eine relativ kleine unbedeutende Sache handeln. Es gibt genügend wichtigere Dinge, um die es sich zu streiten lohnt – zumindest aus Sicht der beiden Streitenden.

Jeder der beiden fühlt sich im Recht, dieses Recht zu verteidigen. Bleiben die Kontrahenten bei ihrem Standpunkt, ziehen sie Anwälte zurate.

Ihr Rechtsanspruch landet vor Gericht. Dort soll Recht gesprochen werden. Ein für alle Mal wäre geklärt, wer wirklich im Recht ist.

Die Gerichtsbarkeit

Deshalb muss es eine unbeeinflusste und unbeeinflussbare, für Gerechtigkeit sorgende Instanz geben – das Gericht. Die Gerichtsbarkeit wird symbolisiert durch die unbestechliche Justitia.

An vielen Gerichtsgebäuden ist Justitia, die Göttin der Gerechtigkeit als Skulptur oder Bild dargestellt. Sie stammt aus der römischen Zeit.

Erst seit dem Mittelalter trägt Justitia ein Schwert und eine Augenbinde. In ihrer linken Hand hält sie eine Waage. Statt des Richtschwerts hielt Justitia früher einen Ölzweig in der Hand, der für Frieden stand.

Die Waagschalen standen ursprünglich in waagrechter Ausrichtung zueinander, da Justitia niemanden bevorzugen oder benachteiligen wird. In späterer Zeit sind die Waagen unausgeglichen. Das zeigt das unausgewogene Recht, also das Unrecht, das es zu beseitigen gilt.

Die Augenbinde steht für Gerechtigkeit ohne Ansehen der Person. Vor Gericht sollen alle gleich sein.

Das Richtschwert symbolisiert die Durchsetzungskraft der getroffenen Entscheidung. Wurde Recht ohne Ansehen der Person und nach ausgewogener Lage gesprochen, wurde das Recht gegebenenfalls mit ausdrucksvoller Stärke, nämlich mithilfe des Richtschwertes, umgesetzt.

Jedem das Seine ‚suum cuique tribuere', meinte der griechische Philosoph Plato(n) (428/427 – 348/347 v. Chr.).

Veritas et Aequitas

Aequitas (lat. = ‚Gleichheit') bedeutete im römischen Recht die ausgleichende Gerechtigkeit. Auf römischen Münzen als Person dargestellt, ähnelt sie Justitia.

Auch sie hält eine Waagschale in der Hand und in der anderen ein Füllhorn und ein Zepter. Veritas et Aequitas steht für Wahrheit und Gleichheit.

Im Zweifel für den Angeklagten

Trotz aller guten Absichten und neutralen Betrachtungen, die Gerechtigkeit zu finden, gelingt es manchmal den gewieftesten Juristen nicht, die Wahrheit eindeutig zu finden. Sie können das Recht beziehungsweise das Unrecht nicht zweifellos beweisen (Recht und Unrecht lassen sich auf der Waage nicht eindeutig auswiegen).

Damit niemand zu Unrecht verurteilt wird, gilt der Spruch „Im Zweifel für den Angeklagten" (in dubio pro reo).

So kann es geschehen, dass ein Täter nicht verurteilt wird, weil die Beweise nicht ausreichen. Die Tat wird nicht gesühnt. Der Täter kommt ungestraft davon. Das wird dem Kläger nicht gefallen, gegebenenfalls wird er erbittert um sein Recht kämpfen. Er fühlt sich ungerecht behandelt.

Schon ist das Wort ‚Kampf' im Sprachgebrauch. Die Auseinandersetzung wird härter, die nächst höhere Gerichtsinstanz wird eingeschaltet.

Rechtsempfinden

Nicht jedem, der Recht hat, wird Recht zugesprochen. Unrecht kann zu Recht werden, wenn keine gegenteilige Beweiskraft vorliegt.

Speziell in der interkulturellen Zusammenarbeit können gegensätzliche Rechtsempfindungen aufeinander – gegeneinander – prallen. In Staat A gilt eine Vorgehensweise als rechtmäßig, in Staat B als unrechtmäßig.

Wer nicht aufpasst, gerät fast zwangsläufig unter die Räder, da sein Verhalten aus Sicht eines der beiden Staaten als Unrecht bewertet wird.

In einer Kultur sind Bestechungsgelder verboten, in einer anderer bilden sie die Grundlage der Zusammenarbeit. Gut oder schlecht?

Strafe und Todesstrafe

Wenn uns das Böse als Böses Reue macht und nicht als Wirkung der Strafe:
Warum bereuen wir einen bösen Willen, einen bösen Entschluss,
der nicht ausgeführt wurde, nicht ebenso sehr als eine böse Handlung?
Jean Paul (Johann Paul Friedrich Richter), dt. Dichter
(1763 - 1825)

„Das gehört sich nicht!"

Die meisten Menschen versuchen, sozial verträglich nebeneinander her zu leben. Das mag ihnen hoch angerechnet werden.

Wird den eingangs in diesem Buch gemachten Überlegungen gefolgt, zeigt sich, dass es ständig zu zwischenmenschlichen Reibereien kommen muss. Könnte jeder sein Leben so leben, wie er wollte, käme es sehr wahrscheinlich tatsächlich zu ‚Mord und Totschlag'.

Damit diese Konsequenz nicht folgen muss, braucht der Mensch festgelegte und sich aus der Situation ergebende Regeln, die den zwischenmenschlichen Umgang weitestgehend ‚im Griff halten'. Diese Regeln finden sich dann in Benennungen ‚Umgangsformen', ‚Benimm' oder ‚Etikette' wieder.

Höflichkeit bei Hofe

Die Adeligen hatten es irgendwann einmal leid, wie sich das gemeine Volk benahm. Sie wollten bestimmte Verhaltensmuster bei Hofe einführen. Regeln, die das Volk nicht beherrschte und aufgrund des fehlenden Zugangs zum Hofe auch nicht beherrschen konnte. Bei Hofe sollte ein ‚gepflegterer' Umgang gelten.

Herzog Philipp der Gute (Herzog von Burgund, 1396 – 1467) fühlte sich berufen. Er schuf ein Zeremoniell, das Hofzeremoniell oder die Hofetikette, die regelte, wie bei ‚Hofe umgegangen' wird. Nicht umsonst kommt das Wort ‚höflich' vom ‚Verhalten bei Hofe'.

Karl V. (1500 – 1550) regierte ein gigantisches Reich. Unter anderem war er auch der erste König von Spanien (Carlos I.). Er sorgte weiter für die Verbreitung der Hofetikette. Da damals Spanien politisch eine dominierende Rolle einnahm, wurde vom ‚Spanischen Hofzeremoniell' gesprochen.

Warnung und Schande

Manchmal genügt es, eine Warnung auszusprechen, damit ein Täter nicht (wieder) aktiv wird. Die ausgesprochene Warnung kann genügen, um den Täter Reue zeigen zu lassen und ihn vor allem bewusst werden zu lassen, dass er mit seinem Handeln zu weit ging. Im Falle der Wiederholung droht ihm eine härtere Strafe.

Jemand hat seiner Familie Schande (auch: Schmach) bereitet. Es droht der Verlust des Ansehens. Die Verlockung zu schummeln, fand sich schon immer. Für den Müller im Mittelalter war es ein relativ leichtes Vorgehen, das Brot vom Gewicht her etwas leichter zu backen als gesetzlich vorgeschrieben.

Um zu bestrafen, sollte der Täter öffentlich bloßgestellt werden. Sehr peinlich für den Betroffenen. Die Verantwortlichen haben sich dazu allerlei Ehrenstrafen (auch: Schandstrafen) einfallen lassen.

Die erste Strafe dürfte gewesen sein, für einige Stunden oder Tage am Pranger (Schandpfahl, Kaak) festgebunden zu sein. Vorbeikommende konnten den Täter verhöhnen. Manchmal bewarfen sie ihn auch mit Unrat und Fäkalien.

Gegebenenfalls musste ein Verurteilter für einige Tage eine Schandmaske tragen, die aus Metall angefertigt um den Kopf gebunden wurde.

Demütigung

Eine Schandgeige (Schandkragen, spanische Geige, Halsgeige, Zankbrett) ist ein der Länge nach aufklappbares Brett, in das ein größeres und zwei kleinere Löcher eingelassen sind.

Das Brett wird aufgeklappt, sodass der Hals des Verurteilten in das größere Loch passt. In die beiden kleineren Aussparungen kommen die nach oben gehaltenen Armgelenke. Dann wird das Brett zugeklappt und verschlossen.

Sollten zwei Delinquenten aufgrund einer Streiterei zur Strafe eine Schandgeige tragen müssen, kam die Doppelschandgeige ins Spiel. Das Brett war so angefertigt, dass nun beide Personen – einander gegenüberstehend – in dasselbe Gerät eingespannt waren.

Die beiden, die sich sowieso nicht mochten, mussten nun einige Stunden oder Tage, verbunden durch das Holzstück, miteinander aushalten.

Manch einer wurde in einem Schandkorb (Schandkäfig, Schubstuhl) öffentlich zur Schau gestellt. Die Körbe wurden aufgehängt oder auch mithilfe eines Hebels ins Wasser getaucht, um den Darinsitzenden noch mehr zu strafen.

Auch äußerst unangenehm und peinlich: Ein mehrere Kilogramm schwerer, um den Hals gebundener Schandstein oder Lästerstein, der durch die Straße getragen werden musste.

Wer noch größeres Pech hatte, wurde bei karger Nahrung in einen ebenso kargen Raum eines Schandturms an der Stadtmauer untergebracht.

An der Südseite der Lambertikirche in Münster hängen heute noch drei eiserne Körbe (Wiedertäufer-Körbe), in denen Delinquenten oder schon Gestorbene zur Abschreckung zur Schau gestellt wurden.

Du sollst nicht töten

Ich glaube allerdings, dass der Mord am meisten die Menschheit in Anspruch nimmt und beherrscht und alle unsere übrigen Taten davon abzuleiten sind.

Octave Mirabeau, frz. Journalist

(1850 - 1917)

„Und willst du nicht gehorchen ...!"

Unabhängig davon gibt und gab es seit Menschengedenken unzählige Regeln, die als Gebote (zum Beispiel die 10 Gebote), Verbote oder Gesetze bezeichnet werden. In ihnen wird festgehalten, was für die jeweilige Kultur als richtig oder falsch zu betrachten ist. Diese Regeln sollen, freundlich ausgedrückt, den Menschen eine Richtlinie zum erwarteten Umgang untereinander an die Hand geben.

Offensichtlich war (und ist) ist es notwendig, Regeln dieser Art zu erstellen. Weshalb sagt beispielsweise das 5. Gebot: „Du sollst nicht töten."? Sollte das nicht sowieso für jedermann selbstverständlich sein? Nun, wäre es selbstverständlich, bedürfte es keines Verbotes. Diesen Überlegungen folgend, muss es tatsächlich ‚Mord und Totschlag' gegeben haben, so wie es heute leider auch noch verbreitet ist.

Kontrolle ist besser ...

Damit auch wirklich jede und jeder die Regeln befolgt, bedarf es einer Kontrolle. Folgende Personen waren/sind für die Kontrolle zuständig: Wachpersonal, Bürgerwehr, Büttel, Nachtwächter, Marktaufsicht, Kopfgeldjäger, Ordnungshüter, Sheriff, Polizist, Strafverfolger, Ermittler, Zöllner, Kontrolleure, Kirchenvertreter, Ordnungsdienst und andere. Bedauerlicherweise auch Spitzel und Denunzianten.

Selbstkontrolle

Sogar der Mensch kontrolliert sich selbst. Er richtet sich beispielsweise nach seinen eigenen Wertgefühlen und Moralvorstellungen. Diese übernimmt er von seinem sozialen Umfeld, also seinen Eltern, Großeltern, Geschwistern, Freunden, Kindergärtnern und anderen.

Wohl jedem dürfte folgender Spruch bekannt sein: „Das macht man nicht!" Üblicherweise wird mit einer tadelnden Stimme geäußert.

Beurteilung – Verurteilung

Bringt die Kontrolle ‚ungebührliches' Verhalten an den Tag, erfolgt die Strafe.

Früher waren dafür die Ältesten zuständig, in Demokratie wurde diese Aufgabe von Richtern übernommen. Durch wohlüberlegte und gerechte Gesetzgebung scheint alles geregelt zu sein. Folgt jemand den Regeln nicht, zieht es erwartungsgemäß die Strafe nach sich.

Die Strafe soll wehtun oder demütigen, sühnen, erziehen, abschrecken, resozialisieren oder helfen, wieder auf ‚den richtigen Weg' zu finden.

Da in einzelnen Kulturen unterschiedliche Wertvorstellungen gelten (können), kann es folglich zu verschiedenen Sanktionen kommen.

Noch weiter: Das, was in einer Kultur als falsch und gegebenenfalls als strafbar gilt, kann in einer anderen als richtig bewertet werden. Kultur A meint: „Das ist falsch." Kultur B sagt: „Das ist richtig." Zwei gegensätzliche Meinungen prallen aufeinander. Bei gegensätzlichem Rechtsempfinden wird mit hoher Wahrscheinlichkeit zu Missstimmungen, Streitereien oder gar kriegerischen Auseinandersetzungen kommen.

Todesstrafe

Die höchste Form der Strafe dürfte die Todesstrafe sein. Hier eine kleine Auswahl, um zu zeigen, wie einfallsreich der Mensch ist, andere umzubringen: Enthaupten (Guillotine oder mit Schwert), Ertränken, Versenken im Moor, Verbrennen (Scheiterhaufen), Steinigung, Vierteilen (Auseinanderreißen der Gliedmaßen, oft mithilfe von Pferdekraft), Erhängen (Galgen), Rädern, Ausweiden (Innere Organe entnehmen), Entmannen, Schierlingsbecher und viele andere.

In ‚moderner' Variante stehen der elektrische Stuhl, Giftspritze (Todesspritze), Erschießen und andere.

Die Menschen scheinen wirklich sehr kreativ zu sein – Unabhängig der Richtigkeit von Todesurteilen – einen Verurteilten vom Leben in den Tod zu bringen.

Guillotine – Den Kopf stillhalten

Die Guillotine ist auch unter den Begriffen Fallbeil, Köpfmaschine und Fallschwertmaschine bekannt. Der Name rührt vom französischen Arzt Joseph-Ignace Guillotin (1738 – 1814) her. Guillotin entwarf mit der Guillotine eine perfekte Tötungsmaschine.

Der Straßenräuber Nicolas Jacques Pelletier (Geburtsdatum unbekannt) war der erste Mensch, der in den ‚Genuss' der einwandfrei arbeitenden Maschine kam. Er wurde am 25. April 1792 hingerichtet. Der damals zuständige Scharfrichter war Chevalier Charles-Henri Sanson de Longval (1739 – 1806).

In seiner Arbeit soll de Longval sehr erfolgreich gewesen sein. Immerhin werden ihm ca. 3.000 Hinrichtungen zugeschrieben. Danach übertrug er sein Amt des Henkers an seinen Sohn.

Glücklicherweise wird die Guillotine heute nicht mehr eingesetzt.

Das letzte Opfer einer Hinrichtung in Westeuropa mithilfe einer Guillotine soll in Marseille (Frankreich) am 10.09.1977 der als Mörder verurteilte Tunesier Hamida Djandoubi (1949 – 1977) gewesen sein.

Allerdings taucht die Darstellung einer Hinrichtung mithilfe einer Guillotine immer wieder in Zauber-Shows auf. Die Darstellung lässt viele Zuschauer gruseln. Obwohl jeder Anwesende davon ausgeht, dass dem vermeintlichen Opfer nichts geschieht, bleibt trotzdem ein Kribbeln, ob nicht doch etwas schiefgehen könnte ...

Ähnliches erfolgt beim ‚Zersägen der Jungfrau'. Obwohl sie auf der Bühne in zwei Stücke getrennt scheint, kann sie der Zauberer dank seiner magischen Kräfte ohne Schaden wieder zusammensetzen. Glück gehabt.

Der Henker und sein Schicksal

William war fix und fertig. Außer Atem und seine Kopfbedeckung tief nach vorn gezogen, eilte er nach Hause. Er wohnte in einem kleinen, ansehnlichen Häuschen außerhalb der Stadtmauer. Seine Frau, die ihn in der Stube empfing, blickte ihn sorgenvoll an. Sie wusste, dass William heute einen besonders schweren Auftrag zu erfüllen hatte. Schon seit Tagen hatte ihr Mann nicht mehr richtig geschlafen. Er versuchte, seine Sorgen mithilfe von Alkohol zu ertränken. Das machte die Sache nur noch schwieriger.

Es half alles nichts – William musste seiner bezahlten Arbeit als Scharfrichter professionell nachgehen. Manchmal wünschte er sich einen anderen Beruf. Das war aber nicht möglich. Ein Henker konnte sich seinen Beruf nicht aussuchen, sondern erbte ihn von seinem Vater. Und der war auch ein Henker. So war das nun mal. Seinem erstgeborenen Sohn würde er eines Tages seine berufliche Tätigkeit weitervererben müssen.

William hatte in seinem bisherigen Leben knapp 400 Menschen hingerichtet. Er strebte an, diese Arbeit möglichst ohne Emotionen zu erfüllen. Obwohl er versuchte, diesen emotionalen Abstand einzuhalten, belastete ihn die Aufgabe trotzdem und er fühlte sich oft schuldig. Deshalb bat er auch vor jedem Köpfen den Delinquenten um Entschuldigung.

Er stellte sich immer vor, lediglich eine Art ‚Hilfsmittel' zu sein, um das gefällte Urteil des Richters umzusetzen.

William sah es als wichtig an, die Achtung vor sich selbst nicht zu verlieren. Er versuchte immer, präzise und schnell zu arbeiten.

Andererseits konnte er von den Einnahmen einigermaßen gut leben. Je mehr Menschen auf der Guillotine hingerichtet werden mussten, desto besser sein Einkommen. Bei einer klassischen Hinrichtung bekam er nur ein ‚kleines Geld'. Allerdings durfte er das behalten, was der Verurteilte mit sich führte. Das, was nach der Hinrichtung im Abstand einer Schwertlänge liegenblieb und von dort aufgehoben werden konnte.

Obwohl jeder wusste, wer er war, trug er trotzdem eine Kapuze. Größtenteils diente die vor einem möglichen Fluch oder einem bösen Blick des Verurteilten.

Heute, am Sonntag, dem 8. Februar 1587, war aufgrund des besonderen Anlasses, ein zweiter Scharfrichter mit auf dem Schafott.

Williams Frau hatte ihrem Mann schon längst einen Humpen Bier auf den grobgezimmerten Tisch gestellt. Dankbar nahm William einen großen Schluck – das Gefäß war fast leer.

„Habt ihr das Blutgerüst so hergerichtet, wie es bestellt wurde?" „Ja, wir haben das Gerüst sauber schwarz ausgeschlagen. Das schwarzbezogene Kissen war hergerichtet, um den Kopf aufzufangen. Die letzten Tage habe ich mein Beil immer und wieder geschliffen und geschärft sowie blitzeblank gerieben. Es konnte eigentlich nichts schiefgehen." „Eigentlich?" „Naja", schluckte William und nahm noch ein Schluck Bier. „Leider lief ausgerechnet heute einiges schief." „Was denn, William?" fragte seine Frau besorgt.

„Als die Delinquentin herangebracht wurde, sah ich, dass sie ein schwarzes Kleid aus kostbarer Seide trug. Später, als sich Maria den Hals freimachte, konnte ich ihr dunkelrotes Unterkleid aus Satin sehen.

In der Hand trug sie ein Kruzifix. Das goldene Kruzifix um ihren Hals musste sie natürlich abnehmen. Am Gürtel hing ein Rosenkranz."

Williams Frau fragte: „Sie kam doch nicht allein aufs Schafott, oder?" „Nein, natürlich nicht. Ihr folgten fünf Hofdamen sowie einige Pagen. Außerdem die Gerichtsbarkeit und die Priester. Marias Gefolgsleute weinten. Das war unglaublich belastend, auch für mich. Ich musste mich fest unter Kontrolle halten. Gut, dass ich meine Kapuze überhatte."

„Hast du sie um Verzeihung gebeten?" „Ja sicherlich. Zuerst hat Maria gebetet. Danach kniete ich mich vor sie hin, um um Verzeihung zu bitten. Glücklicherweise wurde mir das gewährt. Dann betete sie noch einmal. Maria schien ziemlich gefasst und selbstbewusst. Offensichtlich hatte sie überhaupt keine Angst. Ich bin stolz darauf, ihr so nahe gewesen sein zu können. Nachdem sie ihren Schmuck abgelegt hatte, kniete sie sich ohne Hilfestellung nieder und legte den Kopf auf den Block."

„Oh Gott", stöhnte Williams Frau. „Maria rief mit lauter Stimme aus: ‚Herr, in deine Hände befehle ich meinen Geist!'"

„Und jetzt warst du dran?" „Ja, es war unwiderruflich so weit. Mein Kollege hielt Maria an einer Hand, um sie zu beruhigen. Mein Herz pochte bis zum Hals. Ich nahm mein Beil in beide Hände – schlug dann mit aller Wucht zu!"

„Hast du gut getroffen?" William stöhnte: „Nein, dummerweise nicht. Nur den Hinterkopf habe ich getroffen. Also musste ich noch einmal zuschlagen. Diesmal traf ich richtig. Aber, ich habe wohl nicht stark genug geschlagen. Der Kopf war vom Rumpf noch nicht getrennt. Kannst du dir vorstellen, welch Gefühl das war? Meine Hände zitterten wie Herbstlaub am Baum."

Williams Frau schob den erneut gefüllten Bierhumpen zu seiner Hand. Die andere Hand legte sie beruhigend auf Williams Schultern. Sie versuchte zu trösten: „William, sei nicht traurig. Glücklicherweise bist du ein liebevoller Mensch. Hat es mit dem dritten Hieb geklappt?" „Ja", flüsterte William.

„Aber das war noch nicht alles." Erschrocken fragte seine Frau nach: „Was ist denn noch geschehen?" William versuchte seine Stimme ruhig zu halten. „Der Kopf war nun vom Rumpf getrennt. Wie üblich nahm ich diesen an den Haaren hoch, um ihn, wie vorgeschrieben, dem Volk zu zeigen. Dabei rief ich: ‚Es lebe die Königin!' Aber, oh Schreck. Ich hatte nur eine Perücke in der Hand. Ich wusste nicht, dass sich Maria mit einer Perücke schmückte."

Williams Frau stöhnte: „Der Kopf fiel nach unten?" „Ja, der Kopf kullerte einfach so über das Schafott. Es war fürchterlich. Nur wenige kurze, graue Haare waren Maria geblieben." „Wie reagierten denn die Zuschauer?" „Einen Augenblick war es totenstill. Viele schienen richtig schockiert zu sein. Dann schrien einige wie irrsinnig. Andere schlugen ein Kreuz mit der Hand, einige spuckten aus, andere applaudierten wie von Sinnen.

Glücklicherweise umstellten Bewaffnete sofort das Blutgerüst, sodass es zu keinen Übergriffen kam. Der andere Henker und ich räumten schnell alles auf, sammelten unser Werkzeug ein und verschwanden vom Ort des Geschehens. Das war die grauenvollste Hinrichtung in meiner bisherigen Laufbahn."

William legte seine Arme und seinen Kopf auf die Tischplatte und weinte bitterlich.

Mord und Totschlag

Wer durch Totschlag zeigt, dass er das Leben eines Menschen nicht achtet,
gibt anderen die Lehre, das seine auch nicht zu achten.
Adalbert Stifter, österr. Schriftsteller
(1805 - 1868)

„Ich könnte dich umbringen."

Mord und Totschlag, zwei Substantive – bestimmt auch zwei Bedeutungen. So ist es.

Auch wenn es schwierig ist, in juristischen Texten den fein formulierten Unterschied zu finden, kann generell (und damit etwas oberflächlich) wie folgt differenziert werden.

Mord: Geschieht mit Vorsatz, also absichtlich und in der Regel geplant.

Totschlag: Es muss kein Vorsatz vorliegen.

Beispiel zu Mord: Der genervte und habsüchtige Schwiegersohn Konrad Fies will an das Geld der alleinlebenden Mutter seiner Ehefrau.

Er plant lange und genau, wie er die ältere Dame vom Leben zum Tode befördern will. Er führt die Aktion durch. Das Geld der Schwiegermutter wird vererbt. Konrad Fies lebt mit seiner Frau finanziell gestärkt weiter. Zumindest so lange, bis ihm der Mord nachgewiesen wird.

Beispiel zu Totschlag: Herr Frisch spielt außerordentlich gerne Golf. Heute ist er wieder zu einem Turnier auf einem liebevoll gepflegten Platz angetreten. Die Sonne quält unerbittlich.

Herr Frisch hat nur noch wenige Golfaktionen vor sich. Er holt zu einem entscheidenden Schlag aus. Der Golfball fliegt in einem wunderschönen und perfekt aussehenden Bogen aufs anvisierte Ziel.

Plötzlich und unerwartet steht jemand am Ende der berechneten Flugbahn. Peng – auch auf Distanz ist der enorme Aufprall zu hören – knallt der Golfball gegen die Schläfe des Betroffenen. Wie ein gefällter Baum fällt dieser zu Boden. Tot.

Herrn Frisch wird Totschlag vorgeworfen, obwohl er alle Vorsichtsmaßnahmen beachtete – und trotzdem jemanden ungewollt tödlich verletzte.

Natürlich werden in beiden Fällen aufmerksame Kriminalbeamte recherchieren, ob es sich tatsächlich um Mord oder Totschlag handelte.

Tötung aus Mitleid

Manchmal gerät die Zuordnung nicht ganz so einfach.

Zum Beispiel gibt es in Deutschland seit Jahren ‚heiße' Diskussionen, ob jemand einen Mord auf Verlangen beziehungsweise aus Mitleid durchführen darf.

Frau Jana Schulze ist seit Jahren so schwer erkrankt, dass ihr die Ärzte nur noch wenige Monate Lebenszeit einräumen. Trotz bester Pflege und schmerzstillender Medikamente will Frau Schulze nicht mehr weiterleben. Sie hat monatelang über ihren Wunsch nachgedacht, mit Ärzten und Freunden gesprochen. Ihr Entschluss steht fest. Findet sie nun eine Person, die helfen will, ist diese dann eine Mörderin (geplant, überlegt, gewollt, gezielt und ausgeführt)?

Oder hat die Person ‚nur' jemanden getötet? Politik, Gesetzgebung und Gesellschaft tun sich ausgesprochen schwer mit der ‚richtigen' Entscheidung.

Mord aus Mitleid – Todesengel

Der Krankenpfleger Emil arbeitete gewissenhaft. Er schien seine Arbeit auf der Pflegestation regelrecht zu lieben. Auch die Bewohner liebten Emil im Rahmen der platonischen Möglichkeiten.

Seine Kollegen und Kolleginnen bezeichneten Emil als gut gelaunt, unauffällig, jederzeit hilfsbereit und teamfähig. Jeder arbeitete sehr gerne mit ihm zusammen.

Zuerst fiel der Krankenpflegerin Britta auf, dass in den vergangenen Wochen relativ viele Bewohnerinnen und Bewohner verstorben waren. Die Statistik zeigte es deutlich – aber bekanntlich ist Statistik nur Statistik. Sicher war es lediglich ein Zufall. Dann fiel Britta allerdings auf, dass fast immer – tatsächlich immer – wenn Emil Dienst hatte, einer der Todesfälle eintrat. Auch nur Zufall?

Britta nahm sich vor, genauer aufzupassen.

Bedauerlicherweise stellte sich einige Wochen später heraus, dass Emil bei den Todesfällen ‚nachgeholfen' hatte. Bei seiner Vernehmung gab er an, dass ihm die alten Menschen leidtaten. Er hatte sie so gemocht und ihnen deswegen weiteres Leid ersparen wollen. 102 ‚Fälle' wurden ihm nachgewiesen. Emil war zum Mörder geworden.

Mord aus Habsucht – ‚Die Alte muss weg!'

Die beiden erwachsenen Brüder Jonas und Daniel saßen zusammen und diskutierten. Wie sollten Sie vorgehen? Jonas stützte verzweifelt seinen Kopf auf seine beiden Hände.

Mit jammernder Stimme sagte er: „Daniel, ich weiß nicht, wie es weitergehen soll. Die Schulden wachsen mir langsam über den Kopf."

„Ich weiß", versuchte Daniel zu trösten. Die wirtschaftliche Lage hat sich total verschlechtert. Das Leben wird zu teuer."

„Ja", stimmte Jonas zu. „Meine Gläubiger werden ungeduldig. Ich erziele einfach nicht mehr genügend Umsatz. Ich reiße mir fast die Beine aus und arbeite Tag und Nacht." Tränen standen in seinen Augen.

„Ich bin auch in einer blöden Situation", murmelte Daniel. „Du weißt, Ellen und ich haben ein Haus gekauft, in dem wir mit unseren beiden Kindern glücklich leben wollen. Wie ich schon mal erzählt habe, können wir den monatlichen Verpflichtungen nicht mehr nachkommen."

„Ja, das müsste alles nicht sein, würde Mutter endlich ihre große Villa verkaufen und ins Altersheim gehen. Wir könnten mit einem Schlag alle Schulden begleichen. Als Erben gehört das Geld sowieso uns."

„Ja, aber die Alte will ja nicht", rief Daniel aus und schlug mit der Faust auf den Tisch. „Mit Engelszungen habe ich auf Mutter eingeredet. Es wäre für uns alle das Beste."

„Was will Mutter in ihrer Riesenvilla mit den vielen Zimmern? Sie lebt doch nur in ihrer Küche und in ihrem Schlafzimmer. Wieso will sie das Haus nicht verkaufen? Wir erben es eines Tages doch sowieso."

„Eines Tages", wiederholte Daniel und lachte höhnisch. „Wer weiß, wie lange sie noch lebt. Sie kann ja über 100 Jahre alt werden, bei ihrer Gesundheit."

„Mal den Teufel nicht an die Wand", beschwor Jonas. „Das würde ich ihr zutrauen. Sie würde bestimmt uralt werden, nur um uns zu ärgern. Wäre sie nur tot."

„Das darfst du nicht sagen", versuchte Daniel zu beschwichtigen. „Aber, genau genommen, hast du natürlich recht."

„Stell dir mal vor", meinte Daniels Bruder, „sie würde heute sterben. Ruckzuck, wären wir reich. Alle Sorgen wären mit einem Schlag weg. Mensch, würde sie einfach morgen nicht mehr aufwachen."

Die beiden Brüder schwiegen eine Weile. Sie dachten nach. Jonas ergriff erneut das Wort.

„Hättest du was dagegen, wäre Mutter weg?"

Daniel überlegte einen Augenblick, bevor er vorsichtig antwortete. „Nun, wenn es so wäre, wäre es so." Und nach einem gewissen Zögern fügte er hinzu: „Und wenn etwas nachgeholfen würde?"

Jonas antwortete nicht. Er vermied den Blickkontakt zu seinem Bruder. Dann schaute er ihn plötzlich an – direkt in die Augen. „Ja, das wäre eine Lösung." Wieder folgte ein Moment der Stille. „Und wer soll das machen?"

„Ich auf keinen Fall!", rief Daniel aus.

„Ich kann das auch nicht!", meinte Jonas. Wieder ein Moment der Stille. „Also?", fragt Jonas.

„Dann muss es jemand für uns erledigen." „Wer?"

„Na ja, jemand, der sich damit auskennt." „Ein Profi, meinst du?"

„Ja, einer, der sich auf Killen versteht."

„Wie kommen wir an so jemanden ran?", wollte Jonas wissen.

„Ich könnte mich mal im Netz umschauen", schlug Daniel vor. „Wir werden bestimmt einen finden, der uns hilft."

„Ok", stimmte Jonas zu. „Es hilft nichts. Es soll wie ein natürlicher Tod aussehen. In ihrem Alter …"

Daniel nickte Jonas zu. Die Brüder reichten einander die Hand, um ihre Vereinbarung zu besiegeln.

Wie viele ältere Menschen eines unnatürlichen Todes sterben, ist nicht bekannt. Ab einem gewissen Alter bescheinigen Hausärzte als Todesursache oft einen Tod aus Altersschwäche.

Gibt es das geringste Anzeichen einer unnatürlichen Todesursache werden Pathologen eine genaue Obduktion durchführen, bevor sie die Leiche freigeben.

Mord durch Auftraggeber – Auftragskiller

Nicht nur eine ‚vorgezogene‘ Erbschaft ist für den einen oder anderen ein Grund, einen Auftragskiller zu beauftragen.

Störende Geschäftspartner, zu intensiv schnüffelnde Anwälte, zu stark gewordene Mitbewerber, politische Konkurrenten und so weiter, und so weiter.

Viele Menschen haben sich bestimmt schon einmal vorgestellt, wie angenehm es sein könnte, wäre ein ‚Störenfried‘ plötzlich nicht mehr da.

Vom Gedanken zur Umsetzung ist es ein weiter, weiter Weg. Gedanklich jemandem den Tod zu wünschen, ist eine Sache. Einen Killer dafür zu bezahlen, eine – kriminelle und verwerfliche – andere.

Ein Auftragsmörder hat das Ziel, einen Menschen zu ermorden. Der Auftragsmörder wird eine hohe Vergütung fordern, weshalb der Durchschnittsmensch sich diesen Weg sowieso nicht leisten kann.

In Organisationen wie der Mafia (vergleiche dort), bei Drogenkartellen, im Bereich der organisierten Kriminalität, ist für ein solches Verbrechen genügend Geld vorhanden. Ein gedungener Mörder wird sich finden, um die ‚schmutzige Arbeit‘ zu übernehmen.

Giftanschlag

Familien- und Bandenmitglieder fühlen sich genötigt, einen ‚Störfaktor‘ zu beseitigen. Gibt es solch ein Vorgehen von offizieller, staatlicher Seite aus auch? Es scheint so.

Es war der 4. März 2018. Auf einer Parkbank saßen zwei zusammengesunkene, bewusstlose Personen. Wie sich später herausstellte, waren es Sergej Wiktorowitsch Skripal (*1951) und seine 33-jährige Tochter Julija (Yulia) Skripal. Sie waren kurz davor, ihr Leben zu verlieren. Sie waren vergiftet worden.

Der ehemalige russische Doppelspion Skripal (er hatte auch für den britischen Geheimdienst MI6 gearbeitet) war ein ehemaliger Oberst des GRU (Glawnoje Raswedywatelnoje Uprawlenije, ehemaliger sowjetischer und aktueller russischer Militärgeheimdienst), der nach 4 Jahren enttarnt und verhaftet wurde. Nach einem Agentenaustausch 6 Jahre später (2010) lebte er in Salisbury, Großbritannien.

Angeblich waren sie Opfer des Nervengifts/Nervenkampfstoffs Nowitschok (russ. = ‚Neuling‘), ursprünglich in der Sowjetunion von 1970 – 1990 hergestellt.

Als vermeintliche Täter wurden zwei Tatverdächtige, Angehörige des GRU verantwortlich gemacht. Sie waren als angebliche Touristen unter falschem Namen nach Großbritannien eingereist.

Der Polizist Nick Bailey, der als erster im Hause der Opfer ankam, trug Schutzkleidung. Trotzdem musste er 3 Wochen im Krankenhaus behandelt werden. Offensichtlich haftete ein Teil des Giftes an der Klinke der Wohnungstür der Opfer.

Julija Skripal lag 20 Tage im Koma. Ihr Vater verbrachte noch einige Tage länger unter medizinischer Betreuung, bevor er entlassen werden konnte. Das war knapp – beide waren dem Gifttod ‚von der Schippe‘ gesprungen.

Großbritannien machte Russland für diesen Anschlag verantwortlich. Russland stritt ab, etwas damit zu tun zu haben.

Lebensangst und Bodyguards

Wer Drohungen, speziell Morddrohungen erhält, wird Angst – sehr wahrscheinlich Lebensangst verspüren.

Um sein Leben nicht zu riskieren, wird der Bedrohte Vorsorge treffen.

Möglicherweise wird er nicht mehr so oft das Haus verlassen, Fenster und Türen sichern und sich, soweit es geht ‚einigeln'.

Nicht jeder hat die Möglichkeit, zu Hause zu bleiben. Soll er sich krankmelden, soll er kulturelle Veranstaltungen vermeiden?

Reiche, Stars, Wirtschaftsbosse, besonders gefährdete Politiker, Kronzeugen im Zeugenschutz und andere nehmen (oder müssen nehmen) die Leistungen eines Personenschützers, eines Bodyguards, an.

Je nach Gefährdungsstufe steht ein Leibwächter oder mehrere rund um die Uhr bereit. Der Bedrohte wird zur Schutzperson.

Damit der Personenschützer seine Schutzperson vernünftig beschützen kann, muss er bestimmte Eigenschaften und Fertigkeiten mitbringen. In Begleitung der Schutzperson beobachtet er ständig aufmerksam die Umgebung. Er soll erkennen, ob Gefahr droht oder ein Anschlag auf die Schutzperson unmittelbar bevorsteht.

Einen Angriff oder Anschlag soll er natürlich verhindern. Deshalb ist er sportlich fit, trainiert in der Nahkampfausbildung und spezialisiert darauf, einen Angriff abzuwehren.

Manchmal trägt er eine Schusswaffe. Allerdings bewegt sich der professionelle Bodyguard ausschließlich im rechtlichen Rahmen. Er darf auch nicht vergessen, während eines Einsatzes sein eigenes Leben zu schützen.

Ob ein Bodyguard bereit ist, für seine Schutzperson zu sterben?

Manchmal wird ein professioneller Bodyguard auch nur für einen kurzfristigen Auftrag gebucht. Beispielsweise dann, wenn eine gefährdete Person einen öffentlichen Auftritt hat.

Viele frühere Herrscher fühlten sich ständig bedroht, sodass sie eine Leibgarde oder eine Leibwache 24 Stunden am Tag um sich herum sammelten.

Dienstbeflissener Einsatz

Im US-amerikanischen Kinofilm ‚Bodyguard' von 1992, wird das Klischee des Leibwächters sehr gut bedient. Das Drehbuch schrieb der US-Amerikaner Lawrence Kadan (*1949). Die beiden Hauptrollen wurden gespielt von Kevin Michael Costner (*1955), Bodyguard, und Whitney Elizabeth Houston (1963 – 1012), Popstarsängerin.

Der Bodyguard bietet seine Dienste für 3.000 US-Dollar pro Woche an, was wohl in der damaligen Zeit und für die Leistung sehr gut bezahlt war.

Die Popsängerin sträubt sich anfangs gegen den notwendigen Schutz. Deshalb unterstützt sie den Bodyguard auch nur widerwillig und handelt sogar gegen seine Interessen.

Wie es in Kinofilmen oftmals ist, verlieben sich die beiden nach den Anfangsschwierigkeiten. Auf einer Oscar-Verleihung erkennt der Bodyguard den Attentäter, einen früheren Kollegen.

Dienstbeflissen wirft er sich in die Schusslinie und rettet das Leben der Sängerin. Den Attentäter kann er erschießen. Sein Einsatz ging gerade noch einmal gut. Das Happyend war gesichert.

Attentat auf Ronald Reagan

Es ist der 30. März 1981. Der US-amerikanische Präsident Ronald Wilson Reagan (1911 – 2004) war gut gelaunt. Er verließ das Veranstaltungshotel um 14:27 Uhr. So wie trainiert, begleiteten ihn seine Leibwächter zur Präsidentenlimousine. Dort drehte sich Reagan um, um den Zuschauern zuzuwinken.

Plötzlich waren sechs Schüsse in weniger als zwei Sekunden auf ihn abgegeben. Wie später herausgefunden wurde, prallte die fünfte Kugel am Sicherheitsglas der Limousine ab und traf Reagan im linken Lungenflügel.

Schwer verletzt wurde durch den ersten Schuss James Scott Brady (Pressesprecher des Weißen Hauses, 1940 – 2014). Er musste sich aufgrund eines Frontalschusses in den Kopf mit Hirnschädigungen und Lähmungen anschließend im Rollstuhl fortbewegen.

Ebenso traf es den Beamten des Secret-Services Timothy McCarthy (*1949). McCarthy ging sofort in die Schusslinie, schützte dadurch Reagan, fing sich selbst aber einen Bauchschuss ein. Der vierte Verletzte was der Polizist Thomas K. Delahanty, der einen Schuss in den Hals (*1935) beklagen musste.

Der Secret-Service-Agent Jerry S. Parr (1930 – 2015) stieß Reagan sofort in die Limousine. Dort bemerkte er eine Verletzung Reagans, der dann ins Hospital gefahren wurde. Zehn Tage später konnte Reagan aus dem Hospital entlassen werden.

Der Attentäter John Warnock Hinckley, Jr. (*1955) wurde sofort gefasst. Er verbüßte 35 Jahren Sicherungsverwahrung in der Psychiatrie.

Zugeschweißte Kanaldeckel und abmontierte Briefkästen

Kommen ausländische Regierungschefs nach Deutschland, werden alle denkbaren Sicherheitsvorkehrungen getroffen. Wie ‚peinlich‘ wäre es, fiele ein Staatsgast einem Attentat zum Opfer. Das darf nicht geschehen, die politischen Konsequenzen wären nicht auszumalen.

Konnte der frühere Bundeskanzler Konrad Hermann Joseph Adenauer (1876 – 1967) noch auf der Fahrt mit der Fähre über den Rhein nach Bonn Bad Godesberg ‚einfach so‘ angesprochen werden, ist das bei heutigen Regierenden fast nicht mehr möglich.

Neugierige, Bewunderer, Zuschauer wie auch Demonstranten werden räumlich weit weg durch Zäune, Sperrgitter und anderer Absperrungen auf Distanz gehalten. Verschiedene denkbare Zufahrtswege zum Veranstaltungsort werden rechtzeitig für den öffentlichen Verkehr gesperrt. Kanaldeckel werden zugeschweißt, Briefkästen abgeschraubt, Geschäfte im Sicherheitsbereich bleiben geschlossen.

Ist das noch als Bürgernähe zu bezeichnen? Oder entrücken (weil es teilweise nicht anders möglich scheint) die Regierenden dem Volk?

G8 in Heiligendamm

Vom 6. bis 8. Juni 2007 fand in Heiligendamm (Mecklenburg-Vorpommern) der G8-Gipfel statt. Staats- und Regierungschefs, sowie ein großer Tross an Beratern, Beamten und Fachleuten waren vor Ort.

Neben der deutschen Kanzlerin Angela Dorothea Merkel (*1954) waren die Vertreter aus Italien (Romano Prodi, *1939), Japan (Shinzō Abe,*1954), Frankreich (Nicolas Sarkozy, *1955), Großbritannien (Anthony ‚Tony' Charles Lynton Blair, *1953), Kanada (Stephen Joseph Harper, *1959) , Russland (Wladimir Wladimirowitsch Putin, *1952) und den USA (George Walker Bush, *1946) anwesend.

Die Veranstaltung wurde begleitet von weiteren hochrangigen Regierungsvertretern anderer Staaten, sowie internationaler Organisationen wie die UNO, die WHO und so weiter. Also eine ausgesprochen hochkarätige Veranstaltung.

Große Gegen-Demonstrationen waren angekündigt, die höchste Sicherheitsstufe war vorgesehen. 17.000 Polizeibeamte und 1.100 Bundeswehrsoldaten mit militärischem Gerät sorgten für die Sicherheit. Tornado-Kampfflugzeuge standen bereit. Über tausend Journalisten waren im Nachbarort untergebracht.

Es wird geschätzt, dass die Veranstaltung mit etwa 122 Millionen Euro zu Buche schlug.

Glücklicherweise erfolgte kein Anschlag.

Selbstmord – Selbsttötung

Kann jemand einen Selbstmord (zwangsläufig an sich selbst) – im Sinne der Definition Mord – durchführen? Wird er zum Mörder, sollte die Selbsttötung gelingen? Liegt ein niederträchtiger Vorteil (für ihn als Mörder) und ein gewollter Nachteil (für ihn als Getöteter) vor?

Hier scheinen sich Widersprüche gegenüberzustehen. Um das Wort Mord in Selbstmord zu vermeiden wird von Suizid, Selbsttötung oder Freitod gesprochen.

Gelingt die Selbsttötung nicht, dann wird von einem Selbstmord-Versuch gesprochen.

Mord in der Kupfersteinzeit

45 Jahre war der Mann alt. Ein beachtliches Alter in dieser Zeit. Er musste unbedingt ins nächste Tal kommen. Dazu hatte er sich bestens ausgestattet. Er trug neben 14 Pfeilen und einem Bogen ein wertvolles Beil mit Kupferklinge, einen Dolch und einen Feuerstein bei sich.

Gegen die Kälte schützten ihn eine wärmende Jacke und Beinlinge aus Ziegen- und Schaffell, wie auch sein Lendenschurz. Seine Kleidung hielt er durch einen Kalbsgürtel zusammen. Die Rindslederschuhe mit Sohle aus Bärenfell ließen ihn gut im Gebirge voranschreiten. Eine Fellmütze schützte seinen Kopf vor den kalten Winden.

Die Tagestemperatur schwankte im Gebirge. Mal konnte es extrem heiß, mal bitter kalt werden. Der Mann kam gut voran und hoffte, seinen möglichen Verfolgern problemlos entkommen zu können. Erst gestern musste er sich einer wilden Schlägerei mit ihnen stellen. Einige schmerzhafte Blessuren hatte er davongetragen.

Seine Nahrungsvorräte waren überlegt ausgesucht und würden ihn notfalls mehrere Wochen in den unwirtschaftlichen Gebieten der Alpen überleben lassen.

Mehrere Tage war er bereits unterwegs. Hin und wieder konnte er Wild erlegen. Er war ein ausgezeichneter Schütze. Seine gestrige Mahlzeit bestand aus leckerem Fleisch vom Alpensteinbock.

Es war Zeit, sich ein Nachtlager auszusuchen. Seit Sonnenaufgang war der Mann schon unterwegs. Er musste vor Einbruch der Dunkelheit ein sicheres Lager errichtet haben. Die Nacht würde bestimmt wieder sehr kalt werden. Dort drüben schien ein geeigneter Ort zu sein.

Plötzlich spürte der Mann einen heftigen Schlag in der linken Schulter. Überrascht blickte er in die Richtung der schmerzauslösenden Stelle und griff gleichzeitig mit der rechten Hand dorthin. Verwundert entdeckte er einen Pfeil, der tief ins Fleisch eingedrungen war. Was war geschehen? Stöhnend vor Schmerz ließ sich der Mann auf den Boden nieder.

Ötzi – Der Mann aus den Alpen

Bis heute ist nicht geklärt, aus welchem Grund und von wem der Mann angegriffen wurde. Das Opfer wurde unter dem Namen Ötzi (der Mann vom Tisenjoch, der Mann vom Hauslabjoch) bekannt, ein körperlich trainierter Mann aus der Kupfersteinzeit.

Er wurde am 19.09.1991 in Südtirol in den Ötztaler Alpen gefunden. Es wird geschätzt, dass er in den Jahren 3359 bis 3100 v. Chr. getötet wurde. Ötzi wurde der Remedello-Kultur zugeordnet.

Der abgeschossene Pfeil drang durch sein linkes Schulterblatt, verletzte die Hauptschlagader, sodass Ötzi nicht mehr lange zu leben hatte.

Todesurteil

Das Böse, das der Mensch tut, fällt wieder auf ihn zurück.
Jean-Jacques Rousseau, schweiz. Schriftsteller
(1712 - 1778)

„Im Namen des Volkes ..."

In 56 Ländern wird die Todesstrafe nach wie vor angewendet. Im Jahr 2018 wurden in 23 Ländern weltweit 3,568 Todesurteile gefällt, von denen 1.711 in Hinrichtungen mündeten.

Bei Drucklegung zu diesem Buch gibt es in 93 Ländern von insgesamt 198 Staaten die Todesstrafe.

Sich selbst richten

Ist es schon schlimm genug, wird jemand von einem anderen gegen dessen Willen umgebracht, findet sich eine weitere (perverse) Variante: Der Ausgesuchte wird dazu benötigt, sich selbst das Leben zu nehmen.

Dieser ‚saubere' Weg wurde beispielsweise hin und wieder beim Militär ‚angeboten'. Allerdings – die Alternative war keine echte – bedeutete sie doch, einen anderen diese schmutzige Arbeit ausführen zu lassen.

Auch in manchen Sekten oder ähnlich lebenden Gemeinschaften sowie in mafiösen Gruppierungen ist bekannt, dass dem Delinquenten eine Handfeuerwaffe überreicht wird, mit der er sich selbst (hinzu-)richten hatte.

Aus der Antike ist bekannt, wie der großartige Rhetoriker Sokrates zur Selbsttötung gezwungen wurde.

Sokrates – Schierlingsbecher

Der in Athen lebende griechische Philosoph Sokrates (469 – 399 v. Chr.) war einer der größten Rhetoriker seiner Zeit. Er galt und gilt als großartiger Denker, der logisch argumentieren konnte. Er schaffte es in seinen Gesprächsrunden, seine Schüler rhetorisch zu schulen und auf Unstimmigkeiten in ihren Aussagen hinzuweisen.

Eines seiner Ziele war es, seine Schüler durch geschickte Fragestellung vom Scheinwissen zu befreien, um durch vernünftiges Denken zur Selbsterkenntnis zu gelangen.

Im Alter von 70 Jahren wurde er verurteilt, weil ihm Missachtung der Götter, rhetorische Verführung der Jugend sowie respektloses Verhalten Autoritäten gegenüber vorgeworfen wurde. 281 von 501 Geschworenen hielten ihn für schuldig.

361 Geschworene verurteilten ihn schließlich zum Tode – nach einer Stellungnahme Sokrates – der höchstens eine Geldstrafe für richtig empfunden hatte. Die Geschworenen fühlten sich beleidigt und angegriffen.

Sein Tod sollte durch den sogenannten Schierlingsbecher herbeigeführt werden. In dem Becher befand sich ein Getränk unter Beimischung eines Pflanzenextraktes des ‚Gefleckten Schierlings'.

Sokrates trank schließlich aus dem Giftbecher. Er schlenderte im Gefängnisraum hin und her, damit das Gift optimal wirken konnte. Nachdem seine Beine schwach wurden, legte er sich hin. Das Gift lähmte seinen Körper von den Beinen an nach oben.

Er hinterließ neben drei Söhnen seine ‚zänkische' Frau Xanthippe.

Sokrates wird zitiert: „O Kriton, wir sind dem Asklepios einen Hahn schuldig, entrichtet ihm den und versäumt es ja nicht."

Einen Hahn schuldig sein bedeutete in der griechischen Mythologie, nach der Genesung einer Krankheit Asklepios, dem Gott der Heilkunst, ein Opfer zu entrichten. Kriton (465 – 395 v. Chr.) war ein anwesender Freund und Schüler Sokrates.

Delinquent

Da lag er nun. John war mit den Hand- und Fußgelenken an die Liege gefesselt. Weitere Gürtel umspannten seine Beine und seinen Körper. Der Kopf war auf einer Ablage fixiert. John konnte sich kaum bewegen. Hatte er das vorhergesehen?

John sah sich nach wie vor als unschuldiges Opfer. Was hatte er Unrechtes getan? Er hatte lediglich sein Eigentum schützen wollen. Dafür hatte er jahrelang hart gearbeitet und auf Luxus verzichtet. Es war <u>sein</u> Eigentum. Wer hatte das Recht, ihm das streitig zu machen?

Immer wieder hatte er von Überfällen, Diebstahl und brutalem Raub gehört. Wer waren diese Müßiggänger, die sich am Eigentum anderer bereicherten? Bestimmt überwiegend faule Drogenabhängige, die der Gesellschaft mehr Schaden zufügten als zu helfen.

John wusste auch nicht mehr so genau, wie es zu dem Schuss kam – also zu den Schüssen. Er musste etwas gehört haben, was seine Aufmerksamkeit erregte. Plötzlich hielt er sein Gewehr in der Hand.

John wunderte sich heute noch, dass er zur Waffe gegriffen hatte. Ja, das Gewehr stand seit Ewigkeiten geladen an seinem Platz. Benutzt hatte er es nie.

Da, da waren die Einbrecher – hinter der Hecke. Sie verhielten sich leise und seltsam ungewöhnlich.

Hörte er dort ein Kichern? Wollten sich die Einbrecher gar über ihn lustig machen? Ihn, den anständigen Bürger in der anständigen Vorstadt einer anständigen Gemeinde in den Weiten der Vereinigten Staaten?

Da – da war es wieder. Es raschelte. Er musste handeln. Ohne weiter zu überlegen, legte er das Gewehr an. Und schoss. Und schoss mehrfach. Nichts mehr war zu hören. Hatte er getroffen?

Benommen bewegte sich John vorsichtig auf die Hecke zu. Aus der Nachbarschaft kamen die besorgten Anwohner auf die Straße. Überall gingen die Lampen an. Weit entfernt nahm John die Sirenen der Polizeifahrzeuge wahr.

Wie lange hatte John noch zu leben? Zwei Ärzte im weißen Kittel ‚fummelten' an ihm herum. Sie hatten den rechten Arm abgebunden, in den sie gleich das Gift injizieren würden.

Bewegte John den Kopf mühsam zur Seite, soweit es ging, konnte er hinter einer Glasscheibe einige Personen sitzen sehen. Sie hatten die Aufgabe, die ordentliche Vollführung des Todesaktes zu bestätigen. Egal, er kannte die Leute nicht.

Am selben Abend war er verhaftet worden. Ihm wurde zweifacher Mord an Jugendlichen vorgeworfen. Hinter der Hecke zum Nachbargrundstück hatte sich die 14-jährige Nachbarstochter heimlich mit ihrem 15-jährigen Freund aus einem anderen Stadtviertel getroffen.

Geknutscht hatten sie, ha! Und er dachte, es wären Einbrecher. Es war nicht seine Schuld. Er war das Opfer! John fühlte sich unschuldig.

Eine bleierne Müdigkeit breitete sich plötzlich über ihn aus. Was war los? Er schlummerte ein …

Todesurteile in Deutschland

In Deutschland wurde die Todesstrafe im letzten Jahrhundert, am 23. Februar 1949 abgeschafft. Die letzte Hinrichtung fand am 18.02.1949 in Tübingen statt – eine Enthauptung. Der Delinquent war der Raubmörder Richard Schuh (1920 – 1949). In Westberlin, ließen die Westalliierten am 11. Mai 1949 den Raubmörder Berthold Wehmeyer (1925 – 1949) mithilfe des Fallbeils hinrichten.

Erst viele Jahre später (am 17. Juli 1987) wurde die Todesstrafe in der DDR abgeschafft. Der letzte Betroffene, ein Stasihauptmann und Spion namens Dr. Werner Teske, wurde am 26. Juni 1981 durch Genickschuss hingerichtet. Ein Gnadengesuch lehnte der damalige Staatsratsvorsitzende Erich Ernst Paul Honecker (1912 – 1994) kategorisch ab.

Noch heute übliche Formen der Hinrichtung weltweit sind: Elektrischer Stuhl, Enthauptung, Erhängen, Erschießung, Steinigung, Vergiftung (Todesspritze).

Der Kampf zum Vergnügen

Erfolg des Bösen lockt mehr Böse an.
Gaius Julius Phaedrus, gr. Dichter
(ca. 20/15 v. Chr. - ca. 50/60 nach Chr.)

„Ich kämpfe um mein Leben!"

Gladiator Commodore streckte sich. Er hatte gut geschlafen. Heute stand wieder ein großer Kampf in der Arena auf dem Plan, ein ‚Munus'. Es war schon der dritte Tag des 6-tägigen Spektakels zur Belustigung der Zuschauer.

Die Arena war, soweit er erkennen konnte, bisher gut besucht. Die Römer waren regelrecht verrückt nach diesen Veranstaltungen, die zu Ehren der Göttin Ceres, der römischen Göttin für Ackerbau, Fruchtbarkeit und der Ehe durchgeführt wurden.

Kaiser Augustus (63 v. Chr. – 14 n. Chr.) hatte 22 v. Chr. verfügt, nicht mehr als 120 Gladiatoren pro Veranstaltung einzusetzen. Die hohe Zahl galt natürlich nur für exklusive Kämpfer. Solch eine Veranstaltung wie heute.

Im Gegensatz zu vielen Sklaven, die als Gladiator ausgebildet wurden, war Commodore ein Berufskämpfer. Mit seinen 25 Jahren hatte er es weit gebracht; sein Name war den Zuschauern bekannt.

Viele seiner Mitkämpfer hingegen weilten nicht mehr unter den Lebenden.

Commodore horchte auf. Er hörte das Brüllen der Tiere – die Tierkämpfe (venationes) hatten offensichtlich schon begonnen. Erst nach der während der Mittagszeit stattfindenden Hinrichtungen diverser Mörder, die gegeneinander oder gegen Tiere antreten mussten, würden die stolzen Gladiatoren einmarschieren.

Er hatte seine Gladiatur gut eintrainiert und beherrschte sie sozusagen im Schlaf. Sein Gladius, das Kurzschwert, lag wie angewachsen in seiner Hand.

Commodore war sehr siegesgewiss. Erst gestern bat ein ihm unterlegener Gladiator um Gnade. Dazu musste er sofort sein Schwert niederlegen und mit ausgestrecktem Zeigefinger um sein Leben bitten. Der Caesar durfte entscheiden. Manchmal überließ er das Urteil den Zuschauern.

Gestern brüllten sie ‚igula' (‚abstechen'); der Kämpfer verlor sein Leben. Manchmal, nach seinem sehr guten Kampf, schreien sie ‚missum' oder ‚mitte' (‚lass ihn gehen'), woraufhin der Verlierer mit gesenktem Kopf in seine Unterkunft zurückkehren konnte. Caesar hielt entweder den Daumen hoch oder runter. Die zweite Geste bedeutete das Todesurteil.

Commodore legte sich nochmal auf sein Schlaflager. Er hatte noch etwas Zeit. Innerlich fieberte er aber schon dem Kampf entgegen – er freute sich auf das Kräftemessen.[12]

---

[12] Quelle: ‚Körpersprache, Lüge, Verrat, Macht' vom selben Autor

Panem et circenses – Brot und (Zirkus-)Spiele

Diese geflügelte Aussage brachte der römische Satiren-Dichter Juvenal (Decimus Iunius Iuvenalis, 60/58 – 127/138) ein.

Er schrieb mehrere Satiren und war dadurch gleichzeitig eine Art Kritiker des römischen Lebens. Von ihm wird auch immer wieder folgender Satz zitiert: „mens sana in corpore sano", „ein gesunder Geist in einem gesunden Körper".

Juvenal meinte, dass sich das römische Volk lediglich für das (teilweise kostenlos verteile) Brot und für Spiele, hier die Arenen füllenden Gladiatorenkämpfe, interessierte. Für Gedanken zur Politik blieb somit keine Zeit – gut für die Politiker.

Ein Gladiator (lateinisch ‚gladiator' von ‚gladius' = ‚[Kurz-]Schwert') konnte ein Berufskämpfer oder ein Freiwilliger sein oder er war einer der vielen Kriegsgefangenen und Sklaven, die zum ‚kreischenden' Vergnügen der Zuschauer ihr Leben lassen mussten.

Der Kampf gegeneinander wurde Gladiatur genannt. Ca. 700 Jahre lang (ab 264 v. Chr.) wurden diese ‚Spiele' dargeboten.

Tausende Gladiatoren verloren ihr Leben. Einige wurden allerdings auch berühmt und mit Ehre überschüttet. Sein Leben verlieren zum Genuss und zur Belustigung der Öffentlichkeit …

Religiöser Glaube und Krieg wegen des Glaubens

Die christliche Kirche treibt nicht nur die Gläubigen in die Gräben und segnet die Maschinen, die zum Mord bestimmt sind – sie heilt auch die Wunden, die der Mord geschlagen hat, und ist allemal dabei.

Kurt Tucholsky, dt. Schriftsteller
(1890 - 1935)

„Ich kämpfe für den richtigen Glauben!"

An anderer Stelle dieses Buches wurde auf eigene Wertvorstellungen, die Kontrolle der Kirche und daraus folgend der Glaube an ,richtig' und ,falsch' erwähnt.

Die verschiedenen Religionen dieser Welt weisen auf den Glauben an unterschiedliche Gottheiten oder übergeordnete ,Wesen' hin.

Besonders dann, wenn es für die Menschen keine nachvollziehbaren Erklärungen gab oder gibt, wird der Glaube an Übersinnliches und/oder an Wunder gestärkt.

Unterschiedliche religiöse Ansichten erzeugten seit Urzeiten und bis zur Gegenwart hinein kriegerische Auseinandersetzungen aller Art.

Stellvertretend seien hier die Kreuzzüge erwähnt. Die Päpste riefen Adelige, Ritter und Gemeine auf, ihre religiöse Überzeugung überwiegend gegen muslimisch geprägte Völker auszutragen.

Kreuzzüge – Kriege unter dem christlichen Kreuz

Kreuzzüge wurden sogar gegen Balten und Finnen, wie gegen die Wenden (Slaven) in Nord- und Ostdeutschland geführt.

Je nach Quellenangaben kam es insgesamt zu 60 bis 100 Kreuzzügen, wobei in der Nummerierung 7 Hauptkreuzzüge stellvertretend stehen. Diese wurden überwiegend rund um Jerusalem ausgetragen. Der 1. Kreuzzug fand von 1096 bis 1099 statt, der 7. im Jahr 1270.

Weitere Kreuzzüge fanden bis ins Jahr 1444 (gegen Osmanen) statt.

Einfall der Mauren 1212

Die Schlacht bei Las Navas de Tolosa (Spanien) – ein Bericht.

Es ist Montag, der 16.07.1212.

Kalif Muhammad an-Nasir beobachtet von einer erhobenen Stelle aus die Kampfhandlungen. Er schützt sich durch seine Leibgarde, die bis an die Zähne bewaffnet um sein Zelt steht. Das ist noch nicht alles. Davor hat er eine Reihe bewaffneter Sklaven angekettet (an anderer Stelle heißt es, bis zu den Knien eingegraben, um eine Flucht zu verhindern).

Bald stellt sich heraus, dass die Kreuzritter und deren Soldaten die Oberhand gewinnen würden. Daraufhin flüchtet der Kalif panisch Hals über Kopf, was unter seinen Kriegern Panik auslöst.

Die Kreuzritter, die das Lager erobern können, erfreuen sich sehr reicher Kriegsbeute. Die Schlacht hat sich gelohnt.

Der Boden ist glitschig, Blut getränkt und übersät mit Menschenleibern. Überall schreien und wimmern Schwerverletzte, die sich teilweise im Schlamm winden.

Tote und sich im Todeskampf quälende Pferde haben hier und dort ihren Reiter einge-quetscht. Diesem Soldaten fehlt ein Arm – aus dem Armstumpf spritzt das Blut. Dort steckt eine Waffe im Bauch eines Toten, der mit starrem Blick in den Himmel zu schauen scheint.

Da hinten liegt ein abgehackter Kopf, dort zerfetzte Leiber. An einigen Stellen liegen so viele Tote neben- und übereinander, dass kaum durch sie hinweggegangen werden kann.

Es stinkt nach Erbrochenem, nach menschlichen und tierischen Ausscheidungen, nach Schweiß, nach Blut und Tod.

Schutzkleidung, Waffenröcke und Waffen sind überwiegend mit Schmutz und Blut ver-klebt. An verschiedenen Stellen blinken in der Sonne über dem Schlachtfeld Metallteile wie ein letzter Gruß an die Lebenden.

Stunden später wird immer noch ein Wimmern zu hören sein, das nach und nach ver-stummt.

Die Sieger der Schlacht streunen über das Leichenfeld auf der Suche nach für sie Wert-vollem. Stoßen sie dabei auf einen Überlebenden, wird dieser kurzerhand erstochen. „Lieber der als ich" lautet die Devise.

Solch eine Schlacht, solch ein Schlachtfeld, wird keinem der überlebenden Beteiligten jemals aus dem Kopf gehen.

Es standen sich gegenüber:

Auf der einen Seite die maurischen Almohaden unter dem 30-jährigen Kalifen Muham-mad an-Nasir (1181/1182 – 1213).

Auf der anderen Seite Alfons VIII. (König von Kastilien, 1155 – 1214), Peter II. (König von Aragonien, 1178 – 1213), Alfons IX. (König von Léon, 1171 – 1230) wie später Sancho VII. (König von Navarra, 1154 – 1234)

Quellen geben verschiedene Zahlen zur Stärke des Heeres an. Auf der Kreuzfahrerseite werden ca. 12.000 Kämpfer geschätzt, auf der maurischen Seite 25 – 30.000. Damalige Quellen schätzen die Zahl der beteiligten höher, teilweise um das Zehnfache, ein.

Seit dem Jahr 711 beherrschten die Mauren große Teile der iberischen Halbinsel. Kalif Muhammad an-Nasir kam im Jahr 1211 mit seinem Heer über die Straße von Gibraltar.

Papst Innozenz III. (1160/1161 – 1216) sah sich genötigt, einen Kreuzzug auszurufen.

Die Kreuzritter konnten sich über gebirgige Wege dem maurischen Heerlager nähern, ohne bemerkt zu werden. Unmittelbar vor der Schlacht legten die Christen die Beichte ab. Sie griffen am Morgen des 16. Juli 1212 den Eindringling an.

Der Kalif überlebte seine Niederlage nur ein Jahr. Alfons VIII. starb 2 Jahre nach seinem Sieg.

Wie viele Menschen bei diesem Schlachtgemetzel tatsächlich ihr Leben ließen, ist schwer zu ermitteln. Den damaligen Quellen zufolge müssen es Tausende gewesen sein.

So viele Tote beim Kampf zwischen Mauren und Christen. Wofür? Um Land zu erobern beziehungsweise zurückzugewinnen.

Irland – Protestanten gegen Katholiken

Es muss gar nicht so weit in der Geschichte zurückgegangen werden, um religiöse Glaubensrichtungen zu finden, die Kriegshandlungen auslösten. Hierzu können die Auseinandersetzungen zwischen Protestanten und Katholiken in Irland beispielhaft stehen.

In den Jahren 1921 erzielte die Republik Irland (im Süden der irischen Insel gelegen), heute Republik Irland mit überwiegend römisch-katholischer Bevölkerung, ihre Unabhängigkeit vom britischen Festland. Die Provinz Nordirland, überwiegend von Protestanten bewohnt, löste sich nicht vom Mutterland. Sie gehört zum Vereinigten Königreich Großbritannien.

In der Zeitspanne zwischen 1969 und 1998 kam es zu kriegerischen Konflikten zwischen Nordirland und der Republik Irland. Die Kämpfe sollen etwa 3.500 Tote gekostet haben, wobei jeder zweite Getötete ein Zivilist war.

Erst am 10. April 1998 schlossen die Kontrahenten einen Waffenstillstand im sogenannten Karfreitagsabkommen (Good Friday Agreement, Belfast Agreement).

Seither hat sich eine friedliche Koexistenz eingependelt.

Fanatismus oder Vision? – Die heilige Jungfrau

Ein treuer Wegbegleiter Jeanne d'Arcs berichtet:

Ich hatte die Möglichkeit, Jeanne auf ihrem verzweifelten Kampf gegen die Engländer begleiten zu dürfen. Oft kam ich ihr sehr nahe, häufiger tauschten wir uns aus, sodass ich die meisten ihrer Beweggründe kenne und nachvollziehen kann.

Jeanne d'Arc gilt heute als französische Nationalheldin. Sie wurde nur 19 Jahre alt und ist über die Landesgrenzen hinaus bekannt.

Jeanne fühlte sich berufen, in die kriegerischen Handlungen aktiv einzugreifen. Schon im Alter von 13 Jahren hatte sie ihre ersten Visionen. Das war im ersten Moment bestimmt erschreckend, aber eindeutig für sie – sie war schließlich noch ein einfaches Bauernkind.

Immer wieder traten diese Visionen auf, in der ihr Stimmen sagten, dass sie ihr Land Frankreich retten soll. Schnell wurde Jeanne klar, dass sie den Dauphin, den französischen Thronfolger, unterstützen musste und wollte. Sie war auserwählt, Frankreich zu retten!

Natürlich hat ihr der Thronfolger nicht einfach so geglaubt. Wer glaubte damals einer jungen Frau, noch dazu einem Bauernkind? Der Dauphin war außerdem ausgesprochen misstrauisch.

Ich kann die Berichte der Zeitgenossen bestätigen, dass der Dauphin nun wirklich kein ästhetisch schönes Bild abgab. Er war klein, hatte einen Buckel, ständig lief Speichel aus seinem Mund. Er war – ich bitte um Entschuldigung, wenn ich das so ausdrücken darf – potthässlich. Selbst teure Kleidung und dickes Gesichtspuder konnten die Hässlichkeit nicht verbergen.

Das war mir egal. Ich bin auch nicht der Hübscheste und Jeanne war es ja auch nicht. Aber sie hatte einen unglaublich starken Willen.

Sie trat beispielsweise von Anfang an in Männerkleidung auf. Das hätte sie an den Galgen bringen können. Von einer Frau getragene Männerkleidung kam einem bösen Affront gleich. Das stand ihr nicht zu. Aber – Jeanne hatte ihren eigenen Kopf und machte wie immer das, was sie für richtig hielt.

Es scherte sie wenig, was andere über sie dachten. Sie wollte lediglich die Franzosen gegen die Engländer anführen und den Sieg erringen.

Zurück zum Dauphin. Jeanne hatte einige Mühe, ihn zu überzeugen. Was denken Sie, wozu die Leute ihn überreden wollten? Er musste ständig genau abwägen. Es waren also sehr schwierige Gespräche, die Jeanne führen musste. Sie musste viel reden und ihre ganze Überzeugungskraft einsetzen.

Dann geschah etwas Sonderbares. Sie ging mit dem Thronfolger in ein Séparée und ließ ihn an einer ihrer Visionen teilhaben. Können Sie sich das vorstellen? Der Dauphin allein mit einer jungen Frau in einem geschlossenen Räumchen! Aber, die Vision führte zum Erfolg.

Als der Dauphin aus dem Séparée kam, war er kreidebleich. Offensichtlich war er richtig schockiert – dann aber zeigte er sich überzeugt. Er versprach, Jeanne zu unterstützen.

Nun mussten viele skeptische Würden- und Amtsträger überzeugt werden, einer jungen Frau die Macht über Soldaten einzuräumen. War Jeanne eine Hexe oder eine Heilige? Das musste von den Verantwortlichen geklärt werden. Ihr Körper und ihre Persönlichkeit mussten sich einer genauen und peniblen Überprüfung unterziehen.

Das war zeitraubend und ausgesprochen demütigend. Es dauerte drei Wochen, bis alle hohen Herren, die Hofdamen, die Geistlichkeit und andere Jeanne ausreichend geprüft und untersucht hatten.

Dazu gehörten auch körperliche Untersuchungen, bei denen sie ihre Jungfräulichkeit nachweisen musste. Als hätte Jungfräulichkeit etwas mit genauen Zielen zu tun! Was waren das für Menschen?

Es war für Jeanne bestimmt nicht angenehm, aber sie wusste genau, was sie erreichen sollte. Da war ihr jede Demütigung recht. Sie hatte schließlich einen Auftrag Gottes erhalten! Welcher Mensch hätte das Recht, Gottes präzise Anweisungen zu verweigern oder sich gar gegen die Umsetzung zu stellen?

Sie hielt sich immer vor Augen, was sie erreichen sollte. Und sie wollte es erreichen. Egal, wer oder was sich ihr in den Weg stellen würde.

Schließlich wurde ihr eine eigene und passende, prächtige Ritterrüstung angefertigt. Das Metall der Rüstung schimmerte weiß in der Sonne. In dieser ausgefallenen Rüstung hob sie sich von den anderen Kämpfern ab. Es brachte ihr aber auch den Vorteil, dass ihre Beschützer keine Mühe hatten, im Kampf immer schützend in ihrer Nähe sein zu können.

Die unerfahrenen Kämpfer wie auch die stolzen kampferprobten Männer waren anfangs nachvollziehbarerweise äußerst kritisch, dass – ein junges, im Kampf unerfahrenes Mädchen vom Lande – ein ganzes Heer anführen sollte.

Jeanne war es aber vollkommen egal, ob die in die Schlacht Ziehenden von ihr überzeugt waren.

Sie machte das, wozu sie ihre himmlischen Stimmen aufgefordert hatten. Außerdem konnte sie wie ein Mann kämpfen. Sie zeigte nicht die geringste Angst vor dem Feind. Das half ihr bestimmt auch, sich als Frau zu behaupten.

Einmal wurde sie heftig von einem Pfeil getroffen. So gewaltig, dass sie von ihrem Pferd stürzte. Wissen Sie, was sie machte? Sie stand einfach sofort wieder auf. Sie war der Meinung, dass ihr himmlische Kräfte halfen, den Schmerz zu ignorieren. Sie ließ sich wieder auf ihr Pferd helfen und kämpfte unverdrossen weiter.

Es dauerte tatsächlich nur zwei Monate, dann hatten wir die Feinde vertrieben.

Auf dem kriegerischen Weg zur Erreichung ihrer Vision haben viele Menschen ihr Leben verloren – Freunde wie Feinde. Aber, so meinte Jeanne, was ist ein Leben wert im Vergleich zu einer göttlichen Eingebung?

Die Vision war deutlich und verfolgte nur ein Ziel – und zwar sofort. Soldaten gab es scheinbar endlos viele. Starb einer für die wichtige Sache, diente er der Sache.

Natürlich starben nicht nur Soldaten, sondern auch viele unschuldige Bauern und ihre Familien. Verwüstungen blieben nicht aus. Das ist nun mal so in großen Schlachtzügen.

Jeanne war sich selbst gegenüber schonungslos. Sie forderte sich und ihrem Körper Übermenschliches ab. Auch dort, wo die Kampferprobten vor Schwäche nicht mehr konnten, stand sie mit ihrer strahlenden Rüstung auf.

Sie schrie die Heerführer an und forderte sie auf, in die Schlacht zu ziehen – so aussichtslos die Ausgangssituation auch sein konnte.

Sie zeigte weder Mitleid, Erbarmen, noch Erschöpfung. Sie kämpfte bis zum Umfallen. Ich würde sie im Nachhinein als Fanatikerin bezeichnen, die blind ihrer Vision, ihrem Ziel folgte.

Wie oft schrie und tobte sie! Sie konnte wirklich zu einer gefürchteten Furie werden. Aber es gab auch schöne Momente.

Stellen Sie sich vor: Am 17. Juli 1429 nahm Jeanne an der Krönung Karls VII. teil, genauso, wie es ihre Vision vorhergesehen hatte. Das war ein großes Dankeschön von Karl an sie für ihre Vision und ihre Hilfe.

Die Krönung fand in der Kathedrale von Reims statt. Es war beeindruckend, aber die Krönung hatte Jeanne auch vorhergesehen.

Leider dauerte es nicht mehr lange, bis Jeanne den Glanz um ihre Person verlor. Bekanntlich endete ihr kurzes Leben trotz ihrer riesigen Erfolge tragisch …

Jeanne d'Arc (1412 – 1431) gilt als französische Nationalheldin. In der deutschen Sprache wird sie auch Jungfrau von Orleans genannt.

Angeblich hatte Jeanne d'Arc eine Vision, wie sie dem französischen Dauphin (der spätere Karl VII. 1403 – 1461) im Hundertjährigen Krieg gegen die Engländer und die Burgunder helfen könnte. Es wurde ihr geglaubt, sodass sie tatsächlich in die Schlacht ziehen konnte.

Mit vollem fanatischen Eifer und Einsatz fuhr sie den gewünschten Sieg ein.

Nachdem sie in Ungnade gefallen und verraten worden war, wurde sie der Häresie, der Anbetung von Dämonen und des Mordes angeklagt.

Am 30. Mai 1431 wurde sie bei lebendigem Leib auf dem Marktplatz von Rouen verbrannt. Obwohl sie ihr Leben auf dem Scheiterhaufen einbüßte, wurde sie später von der katholischen Kirche als Heilige verehrt.

Strategische Vernichtung

Wer sich mit einem halben Sieg begnügt, handelt allzeit klug;
denn immer verliert, wer einen Sieg bis zur Vernichtung des Gegners anstrebt.

Niccolo di Bernardo del Machiavelli, it. Staatsmann
(1469 - 1527)

„Der König will es!"

Es war die Nacht vom 23. auf den 24. August 1572.

Luc und seine drei Kumpels Philipp, Rousel und Renoir hatten lange auf diesen Augenblick gewartet. Sie waren voller bösartiger Vorfreude auf das, was heute Nacht geschehen würde.

Obwohl die Vier üblicherweise dem ausgiebigen Alkoholkonsum nicht abgeneigt waren, hatten sie sich heute zurückgehalten, um den langersehnten Zeitpunkt nicht zu verpassen.

Endlich, endlich war es soweit. Die Glocken vieler Kirchen fingen aufgeregt an zu läuten, nachdem die Glocke der Kirche St. Germain l'Auxerrois, die Hofkirche des Königspalasts, das vereinbarte Signal gab. Die stürmisch läutenden Glocken schreckten viele Bewohner Paris' aus dem Schlaf.

Es war 3:00 Uhr nachts. Luc und seine Freunde, markiert mit einer weißen Erkennungs-Schleife, sprangen auf, schnappten sich die bereitgelegten Knüppel und Dolche. Sie stürmten aus Lucs Behausung.

Schon oft vorher hatten sie sich detailliert und voller Vorfreude ausgemalt, zu wem sie zuerst eilen würden – nämlich zur protestantischen Familie Bonnet. Nach Meinung der vier jungen Männer handelte es sich bei den Bonnets um eine arrogante Familie, die es nicht nötig hatte, einfache Burschen wie Luc und seine Freunde zu beachten.

Madame und Monsieur Bonnet traten immer so auf, als würden sie niemanden auf der Straße sehen. Die jugendliche Tochter blickte nur herablassend auf die Jungs. Denen würden sie es zeigen!

Schon waren sie vor dem Haus der Familie Bonnet angekommen. Luc hämmerte wie wild auf die hölzerne Eingangstür.

Es dauerte eine Weile, bis Schritte vernehmbar wurden. Vorsichtig wurde die Tür einen Spalt weit geöffnet, durch den Monsieur Bonnet, bekleidet mit Nachthemd und in der Hand eine Kerze haltend, erschrocken fragte: „Was wollt ihr?"

Weiter kam er nicht. Luc hatte bereits die Tür aufgestoßen, trat ein und stieß sofort zu. Die Klinge seines Dolches drang zwischen den Rippen direkt in Monsieur Bonnets Herz. Der stöhnte laut auf, ließ die Kerze fallen und sackte sterbend zusammen.

Im Hintergrund schrie seine Frau auf. Philipp, Rousel und Renoir waren mittlerweile in die Stube eingedrungen. Philipp hatte die Frau des Hauses als Erster erreicht. Mit einem gezielten Schnitt durchtrennte er die Kehle der schreienden Frau. Blut spritzte aus dem Körper, während Frau Bonnet vor Schmerzen und tödlich getroffen auf die Knie sank.

Wo befand sich die arrogante Tochter? Luc fühlte sich in einem regelrechten Blutrausch. Die arrogante Ziege würde ihm nicht entkommen! Die Vier sprangen die wenigen Stufen nach oben, wo sich zwei Schlafkammern befanden.

Bei einer stand die Tür weit offen – das Schlafzimmer der Eltern. Rousel und Renoir stürmten ins Zimmer, durchwühlten und zerschlugen die Einrichtung. Sie rafften Wertvolles und suchten nach versteckten Wertsachen.

Luc und Philipp bemerkten, dass die andere Tür von innen verschlossen war. Sie traten heftig gegen die Tür, die sofort nachgab. Eine von innen gegen die Tür geschobene Truhe drückten sie mit vereinten Kräften zur Seite.

Die Tochter des Hauses hatte sich wimmernd in die hintere Ecke des Zimmers verkrochen. Sie konnte sich noch nicht vorstellen, welche Grausamkeiten sie nun erleiden müsste.

Zusammengekauert, leichenblass und die Arme schützend vor den Körper gelegt, zitterte sie wie Espenlaub. Philipp war sofort bei ihr und zerrte sie nach oben. Er klammerte sie brutal von hinten fest. Luc war gierig – seine Männlichkeit platzte fast vor Begierde.

Er trat auf die sich wehrende und jetzt vor Panik schreiende Tochter zu und riss ihr mit einer Hand das Nachtgewand vom Leib. Nur einen Moment lang glotzte Luc auf den entblößten, jungfräulichen Körper, ehe er sich auf sie stürzte, um sie brutal zu vergewaltigen.

Rousel und Renoir waren dazugekommen und grölten vor Vergnügen, als sie die verzweifelte junge Frau betrachteten. Sie feuerten Luc an und freuten sich bereits darauf, nach Luc an die Reihe zu kommen. ...

Nach den Vergewaltigungen stach Rousel wie wild auf das junge Opfer ein. Die Tochter überlebte den Überfall nicht. Immer noch kein Ende: Rousel schändete den Körper, indem er wahllos einzelne Körperteile der Leiche abschnitt.

Der komplette Überfall dauerte keine 15 Minuten. Alles Wertvolle war eingesammelt, alles andere zertrümmert. Die vier Burschen verließen das Haus, drei Leichen zurücklassend.

Trunken vor Freude machten sich Luc, Philipp, Rousel und Renoir zur nächsten Familie auf. Die Nacht war noch lange nicht vorüber.

Bartholomäusnacht

In der sogenannten Bartholomäusnacht, auch Pariser Bluthochzeit genannt, verloren geschätzte 3.000 Protestanten – bezeichnet als Hugenotten – auf grausame Weise ihr Leben.

Der immer wieder ausgerufene Slogan der marodierenden Meute lautete: „Der König will es!" Der 21-jährige französische König Karl IX. (1550 – 1574) hatte offensichtlich seine Zustimmung gegeben.

Er soll aus seinem Palast heraus das mörderische Tun beobachtet haben. Einige Quellen behaupten, er habe im Beisein seiner Mutter vom Fenster aus auf Flüchtende geschossen.

Zum besagten Datum waren viele Protestanten nach Paris zu kommen, um am 18. August 1572 der Hochzeit zwischen dem protestantischen Heinrich IV. von Navarra (1553 – 1610) und der französischen Margarete von Valois (1553 – 1615) beizuwohnen.

Es wurde angenommen, dass durch diese Hochzeit der Hass der beiden Religionen aufeinander ein Ende hätte.

Karls Mutter Caterina Maria Romula de' Medici (1519 – 1589) sah die Hochzeit als ideale Möglichkeit, den Hugenottenführer und Admiral Gaspard II. De Coligny (1519 – 1572) sowie eine Menge weiterer Führer der Hugenotten und Tausende Glaubensgenossen ermorden zu lassen.

Obwohl die obige Geschichte von Luc nur eine fiktive Erzählung ist, haben sich in der beschriebenen Nacht noch viel schlimmere Überfälle, Massaker, Schändungen und andere Gräueltaten ereignet. Erklärtes Ziel war, die Hugenotten auszurotten.

Die Ereignisse dieser Nacht zeigen deutlich auf: Wer zum Mord bereit ist, schreckt auch vor anderen Brutalitäten nicht zurück. Diebstahl, Zerstörung, Misshandlung, Vergewaltigung und Verstümmelung ...

Welche Kräfte müssen wirken, um einen gläubigen Christen solche Taten durchführen zu lassen?

Der 24. August ist ein evangelischer Gedenktag namens Bartholomäustag. Daher der Name der Bartholomäusnacht.

Reformatorischer Bildersturm

Korrekterweise muss vermerkt werden, dass auch manche Hugenotten extrem fanatisch in überzeugter Ausübung ihrer religiösen Anschauung waren. Auch durch ihre Handlungen mussten (unschuldige) Menschen (in diesem Fall Katholiken) auf dem Scheiterhaufen verbrennen.

Gewalt erzeugt Gegengewalt. Beide schaukeln sich gegenseitig auf.

In den Jahren 1522 bis 1566 wurden in vielen Städten Europas Kircheneinrichtungen verwüstet. Viele protestantische Gruppierungen drangen in Kirchen ein.

Sie zerschlitzten Gemälde, hauten mit Beilen die Köpfe von Skulpturen, auch auf den Altären, schnitten Gesichter aus Reliefs und Heiligenbildern, warfen Sakralgegenstände auf den Boden und zertrümmerten sie, soweit möglich.

Ihrer Meinung nach sollten keine Bilder angebetet werden. Sie zerstörten nicht zählbare und wertvolle Zeit-Dokumente für alle Ewigkeit.

Die Zerstörer wurden von den Katholiken als Ketzer bezeichnet, verfolgt und in der Regel sogar zum Tode verurteilt.

Doppelschlosstür

Welche gewaltigen Anstrengungen waren zu überwinden, um Katholiken und Protestanten an einen Verhandlungstisch zu bringen?

Die Meinungen über Richtig und Falsch waren bei den Vertretern der beiden Glaubensrichtungen so extrem gegenläufig, dass es allerlei Tricks benötigte, um die Kontrahenten zu minimalen Kompromissen zu bringen.

Um ins Verhandlungszimmer zu kommen, war die Delegation der einen Gruppe ja noch nicht einmal bereit, dieselbe Türklinke anzufassen, die die andere Delegation berührt hatte.

So hatte ein heute Unbekannter eine ganz pfiffige Idee: Die Tür zum Gesprächsraum wurde durch eine Doppelschlosstür ersetzt. Die Umsetzung der genialen Idee ermöglichte es, die Tür in 2 Richtungen zu öffnen – mit Türgriff rechts und links auf jeder Seite.

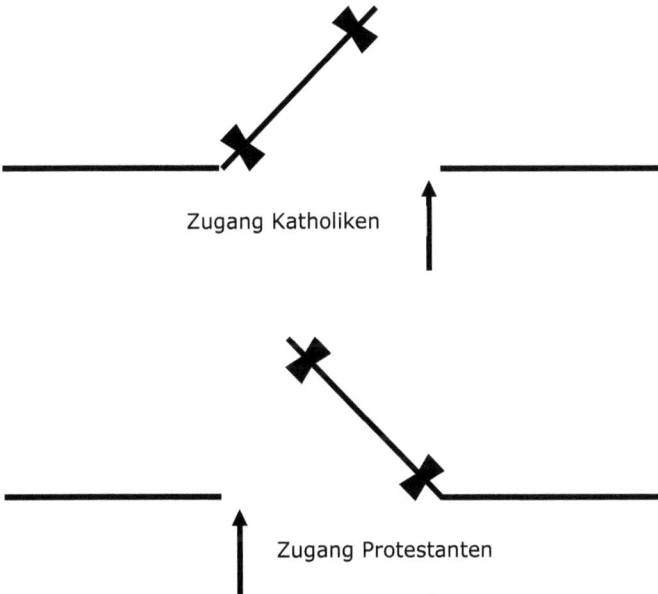

Zugang Katholiken

Zugang Protestanten

Die Katholiken wählten den rechten Türgriff – betrachtet von außerhalb des Raums. Das Türblatt ließ sich nach links in den Raum drehen.

Die Protestanten machten es genau umgekehrt. Sie betraten den Raum von links.

Die Katholiken bevorzugten die rechte Seite, da sie sich mit ihren Glaubensauslegungen im ‚Recht' wähnten.

Im Schloss Schenna/Meran in Südtirol (Italien) ist eine der ganz seltenen und funktionstüchtigen Doppelschlosstür erhalten.

Conquista

Die Religion hat so viele Menschen böse gemacht,
tut es noch und wird es immer tun.
Denis Diderot, frz. Philosoph
(1713 - 1784)

„Ich bringe dir den richtigen Glauben bei!"

Strenggläubige spanische Herrscher wollten nicht nur die Welt erobern, sondern vom sagenhaften Reichtum fremder Länder profitieren. Also: Her mit dem Reichtum!

Die eigentlichen Besitzer dieser Schätze spielten keine Rolle, waren sie doch bemitleidenswerte Kreaturen, die das Leben nicht verdienten.

So machten sich die Beauftragten auf in die Neue Welt, um diese auszuplündern und die eigene Macht aufgrund der dazugewonnenen Landfläche zu vergrößern.

So ‚ganz nebenbei' erhielten die Kirchenvertreter die Möglichkeit, unzählige der ‚bedauernswerten Kreaturen' zu missionieren und dem wahren Glauben zuzuführen.

Die Betroffenen waren zum Beispiel die Inkas in Peru, die Azteken in Mexiko, die Mayas in Yukatan (auch Mexiko).

Bei allen handelte es sich um sozial ausgeprägte (Hoch-)Kulturen, die erfolgreich lebten. Die Konquistadoren (spanisch/portugiesisch ‚conquistador' = ‚Eroberer') waren anderer Meinung.

Vom Namen der Conquistadoren leitet sich der Name der Eroberung ‚Conquista' ab.

Vernichtung von Hochkulturen

Neben vielen Konquistadoren dürften sich besonders zwei bei der Vernichtung der Kulturen ‚ausgezeichnet' haben:

- Hernán Cortés de Monroy i Pizarre Altamirano (1485 – 1547) – Azteken und Mayas

- Francisco Pizarro Gonzáles (1476/78 – 1541) – Inkas.

Den Vertretern der spanischen Krone schlossen sich Soldaten, Söldner, neugierige Entdecker und zweifelhafte Abenteurer an.

Die Eroberungen begannen nach Christoph Kolumbus (1451 – 1506), der 1492 den neuen Kontinent entdeckte. So gilt das Ende des 15. Jahrhunderts bis hinein ins 16. Jahrhundert als ‚Hoch-'Zeit der Konquistadoren.

Gnadenloses Abschlachten

Welche Chancen hatten die Inkas, Azteken und Mayas, gegen ein waffenstrotzendes (Armbrust, Lanze, Schwert, Arkebuse [Hakenbüchse], Hellebarde [Hieb- und Stichwaffe]) und zahlenmäßig weit überlegenes Heer spanischer Kämpfer?

Die Eroberer brachten das Pferd mit, das in Mittel- und Südamerika bis dato unbekannt war.

Sie konnten die Urbevölkerung gnadenlos abschlachten oder gefangen nehmen. Schätzungsweise sollen etwa 15.000.000 Einheimische ihr Leben verloren haben. 15 Millionen Menschen, fast so viele, wie aktuell zusammen in Schweden und in Norwegen leben!

Übrigens: Was die Waffen nicht schafften, übernahmen eingeschleppte Krankheiten wie Pocken, Masern und Grippe.

Von der Urbevölkerung konnten nur wenige überleben. Und: Die Nachfolger der Mayas leben heute überwiegend am unteren Ende der Erfolgsskala.

Sie haben sozusagen ihr eigenes Land verloren.

Völkermord

Die Urgeschichte der Menschheit ist denn auch vom Morde erfüllt.
Noch heute ist das, was unsere Kinder in der Schule als Weltgeschichte lernen,
im Wesentlichen eine Reihenfolge von Völkermorden.
Sigmund Freud (Sigismund Schlomo Freud), österr. Psychiater
(1856 - 1939)

„Weg mit dir!"

Es ist erwiesen, dass das Individuum die soziale Gruppe braucht, um überleben zu können. Der Einzelne wird sein Verhalten danach ausrichten, in der Gruppe Halt und Unterstützung zu finden. Er darf nicht riskieren, aus der Gruppe ausgestoßen zu werden. Diese Isolation könnte ihn in Lebensgefahr bringen.

Die Gruppe sorgt für Schutz und verteidigt eigene Interessen. Sollte nun eine fremde – feindliche Gruppe versuchen, die Sicherheit zu stören, wird sie sich verteidigen (müssen).

Verschiedene Gruppen können zeitgleich miteinander friedlich leben, solange sie nicht in Bereiche anderer eindringen oder das Eindringen anderer befürchten.

Die Gruppe ‚wächst und gedeiht'. Zwangsläufig stößt sie an virtuelle oder auch geographische Grenzen zur Nachbargruppe. Das Verteidigungssystem startet.

Sinnvollerweise sollten nun Gespräche zur Konfliktvermeidung beginnen. Manche gefühlte Ungerechtigkeit oder tatsächlich begangene Überschreitung könnte beigelegt werden.

Bekannterweise ist nicht jeder zum Gespräch bereit. Viel einfacher erscheint es einigen, gegen das Verhalten der feindlichen Gruppe zu hetzen. Behauptungen werden aufgestellt, Gerüchte ins Leben gesetzt, unhaltbare Verknüpfungen von Ereignissen hergestellt. „Seit die X in der Nachbarschaft angesiedelt sind, gibt es hier mehr Infektionskrankheiten." Folge: Die anderen sind schuldig.

„Wollen wir unsere Familien diesen Krankheiten aussetzen?" Nein, natürlich nicht. Also: Die vermeintlichen Auslöser der Krankheiten – hier die neu angesiedelten Nachbarn X – müssen vertrieben, vernichtet, ausgelöscht werden.

Hetzjagd auf den vermeintlichen Bösen

Aus der verbalen Hetze entwickelt sich nun eine tatsächliche Jagd, eine Hetzjagd auf die Bösen.

Besonders dann, wenn die Obrigkeit in die verbale Hetze einsteigt und das Vorgehen der Bösen verurteilt, fühlt sich der ‚brave' Bürger aufgerufen und (rechtlich) geschützt, bei der Hatz mitzumachen.

Aufgewiegelte Menschenmassen sind leicht zu lenken. Aufgebrachte Massen können allerdings schwer gestoppt werden. Es entwickelt sich eine gefährliche Eigendynamik.

Der ‚Mob' (aufgewiegelte Volksmenge) ist mit seiner aggressiven Gewalt losgetreten und wütet bis zur eigenen Erschöpfung.

Je mehr Personen sich an den Gewaltübergriffen beteiligen, desto sicherer und bestätigter fühlt sich der Einzelne. „Wenn alle Gewalt ausüben, darf ich das auch."

Die ausgeübte Gewalt steigert sich immer weiter, sodass es am Ende zum blindwütigen Morden kommen kann.

Die angegriffene Gruppe versucht sich so gut wie möglich zu verteidigen. Sie verliert all das, was über Generationen aufgebaut werden konnte. Wer nicht rechtzeitig flüchten kann, verliert sein Leben.

Alle Völkermorde der Vergangenheit sollten deutliche Beispiele für jeden sein, wie schnell sinnlose, verheerende und verwüstende Kräfte geweckt werden. Lernt die Menschheit nicht?

Juden-Pogrome – der gezielt eingesetzte Völkermord

Unter dem Begriff Pogrom wird die gewaltsame Ausschreitung gegen eine gesellschaftliche Gruppe mit dem Ziel der Auslöschung dieser Gruppe verstanden.

Hier ein sehr kleiner Auszug der unzähligen Übergriffe gegen Juden.

- 1095, 1. Kreuzzug

- 1348 – 1351, Bayern, Vorwand: Ausbruch und Wüten der Pest

- 1421, Wien

- 1450, Vorwand: Wucher

- 1821, Odessa

- 1881, Vorwand: Ermordung Zar Alexander der II. (1818 – 1881)

- 1903/06 Russland

- ab 1933, Deutschland. Holocaust ca. 6.000.000 Getötete.

Werden die Übergriffe jemals aufhören? Mehr als 1.000 Jahre herrscht keine Ruhe. Immer wieder werden Gründe gefunden, egal wie verrückt sie sind.

In der Vergangenheit wurde beispielsweise Hostienschändung oder Brunnenvergiftung zum Auslöser dieser Pogrome. Der Grund spielt ‚eigentlich' keine Rolle für den Hass. Er war sowieso nur vorgeschoben.

Völkermord in Ruanda

Zwei soziale Kasten, die Hutu und die Tutsi, lebten argwöhnisch im afrikanischen Ruanda nebeneinander her. Sie wollten nichts miteinander zu tun haben. Seit Jahren galt es als Verrat, mit jemandem aus der anderen Kaste zusammenzuarbeiten.

Im Jahr 1994 tötete die Hutu-Mehrheit ca. 75 % der Tutsi-Minderheit. Das Gemetzel startete am 6. April 1994 und hielt bis Mitte Juli desselben Jahres an. Es wird geschätzt, dass dieses Morden zwischen 800.000 und 1.000.000 Leben kostete. Komplette Familien wurden ausgelöscht, Dörfer und Felder verwüstet, Infrastruktur zerstört.

Damit ein Geschundener nicht weglaufen konnte, wurden ihm die Achillessehnen durchgeschnitten, an anderer Stelle wurden dem noch Lebenden Glieder abgetrennt. Brutale Vergewaltigungen waren Standard. Schädel wurden gespalten oder zertrümmert, Menschen wurden geköpft.

Die Täter kamen überwiegend aus der Armee, der Präsidentengarde, der Gendarmerie, der Verwaltung, der Miliz, aber auch aus der aufgeheizten Zivilbevölkerung. Jedes denkbare Tatwerkzeug kam zum Einsatz: Knüppel, Messer, Sicheln, Speere und anderes, womit jemand verletzt oder getötet werden konnte.

Allein ein Schulgelände in Murambi, auf das sich Flüchtende gerettet hatten, wurde am 21.04.1994 gestürmt. Etwa 43.000 Tutsi, darunter viele Kinder und Kleinkinder wurden ermordet. 43.000 Menschen, die Zuflucht gesucht hatten! Fast alle dort anwesenden Personen wurden umgebracht. Heute gibt es in der Nähe die Gedenkstätte Murambi Genocide Memorial.

Der Auslöser für den Beginn des Völkermordes im April wird der Ermordung des ruandischen Präsidenten Juvénal Habyarimana (1937 – 1994) zugeschrieben. Seine Präsidentenmaschine wurde im Landeanflug auf Kigali (in der Nacht vom 6. auf den 7. April 1994) von zwei Raketen abgeschossen. Alle Insassen des Flugzeugs waren tot. Er selbst gehörte zur sozialen Gruppe der Hutu.

Bis heute konnte offiziell nicht geklärt werden, wer die Attentäter waren.

Massengrab

Können Opfer nicht mehr identifiziert werden, werden sie in einem Massengrab beigesetzt. So war das im oben geschilderten Beispiel in Murambi, aber auch nach vielen anderen Massenmorden.

Ähnlich wird nach einem Flugzeugabsturz oder nach Naturkatastrophen vorgegangen. Sind die Opfer namentlich bekannt, können aber nicht den menschlichen Überresten zugeordnet werden, wird statt eines individuell gestalteten Grabsteins eine Gedenktafel mit den Namen der Verstorbenen aufgestellt.

Grabmal zu Ehren des unbekannten Soldaten

Die sterblichen Überreste von im Krieg namentlich nicht bekannten gefallenen Soldaten werden auch in einem Massengrab beigesetzt. Das Grabmal zu Ehren des unbekannten Soldaten ist ein Kriegerdenkmal und soll stellvertretend an die gefallenen Soldaten erinnern. Zu gegebenen Anlässen werden Blumen oder Kränze niedergelegt.

Angeblich soll der 2. Weltkrieg 16.000 Tote am Tag(!) gefordert haben. So finden sich in vielen betroffenen Ländern und in Deutschland fast in allen Gemeinden Gedenktafeln mit den Namen der Gefallenen.

Königlich tödliche Familienverhältnisse

Dass es bei Königs zu Hause nicht immer königlich zuging, ist teilweise der Nachwelt überliefert. Mal wurde der regierende Vater König vom Sohn umgebracht, mal war es umgekehrt. Ehebruch, Intrigen, Lügen und Spionage gehörten zum täglichen Geschäft. Hin und wieder musste ein gefährlich gewordener Gegner mit diskreter Hilfe vom Leben zum Tode befördert werden.

Eben mal jemanden heiraten, ok. Aber sich wieder trennen? Nein, das ließ die katholische Kirche schon gar nicht zu.

In dieses Dilemma war König Heinrich VIII. Tudor (1491 – 1547) geraten.

Heinrich VIII. ernannte sich im Jahre 1542 selbst zum König von Irland. Um einen männlichen Thronfolger zeugen zu können, heiratete Heinrich VIII. seine erste Frau Katharina von Aragon (1485 – 1536), die ihm aber ‚lediglich' eine Tochter (Maria I., Mary Tudor, 1516 – 1558, später auch Bloody Mary genannt) schenkte. Das genügte Heinrich nicht, weshalb er eine weitere Frau heiraten wollte. Allerdings musste er sich erst von Katharina scheiden lassen.

Papst Clemens VII. (1478 – 1534) war strikt gegen eine Scheidung. Er soll gesagt haben: „Sine dominico non possumus." („Wir können nicht.")

So kam es zum Bruch mit der katholischen Kirche. Heinrich ernannte sich selbst zum Oberhaupt der Anglikanischen Kirche.

So konnte sich Heinrich einer seiner Hofdamen und Mätressen zuwenden, Elizabeth Blount (1498 – 1540). ‚Ergebnis' war der gemeinsame Sohn (Henry Fitzroy, 1519 – 1536, der mit nur 17 Jahren verstarb). Henry hatte keinen Anspruch auf den Thron, da Elizabeth und Heinrich nicht verheiratet waren.

Also suchte sich Heinrich eine andere Frau. Er verliebte sich in Mary Boleyn (1499/1500 – 1543). Das ging auch nicht gut. Nur fünf Jahre später heiratete Heinrich – unter Geheimhaltung – Marys Schwester Anne Boleyn (1501 oder 1507 – 1536). Wohlgemerkt: Er war noch mit Katharina verheiratet.

Endlich, einige Monate später erfolgte die lang ersehnte – vom Papst nicht anerkannte – Annullierung der ersten Ehe. Heinrich atmete auf. Anne gebar eine Tochter, Elisabeth (1533 – 1603), die später als Elisabeth I. bis zu ihrem Lebensende Königin von England wurde.

Das war nur möglich, da die zuvor geborene Tochter Maria I. als illegitimes Kind erklärt wurde.

Soweit alles gut – aber es fehlte nach wie vor der männliche Thronfolger. Heinrich zögerte nicht lange und widmete sich Jane Seymour (um 1509 – 1537). Jane gebar einen Sohn (Eduard, Eduard VI., 1537 – 1553, der mit 9 Jahren auf den Thron kam, aber mit 15 Jahren verstarb). Jane selbst verstarb während Eduards Geburt.

Heinrich ließ Anne Boleyn unter dem Vorwand des fünffachen Ehebruchs anklagen. Sie wurde – zusammen mit ihren angeblichen Liebhabern – hingerichtet.

Jetzt heiratete Heinrich VIII. die Deutsche Anna von Kleve (1515 – 1557) als vierte Frau. Kurz darauf hatte er ein Verhältnis mit Annas Hofdame Catherine Howard (1521/1525 – 1542). Kurzerhand (nach etwa einem halben Jahr) ließ er die Ehe mit Anna von Kleve annullieren. Dumm nur, dass ihr ein Liebesverhältnis mit einem Kammerdiener nachgesagt wurde. Wegen Hochverrats und Ehebruchs wurde sie zwei Jahre nach der Hochzeit enthauptet.

Catherine Parr (1512 – 1548) wurde die sechste und letzte Ehefrau Heinrichs. Heinrich war ihr dritter Ehemann.

Nach Henrichs Tod heiratete sie erneut. Sie starb an den Folgen der Geburt ihrer Tochter.

Geschieden, Geköpft, Gestorben ...

Im Nachhinein lässt sich festhalten, dass es einerseits sehr schön sein kann, sich im Glanz eines Monarchen zu spiegeln. Auf der anderen Seite wird ein hohes Risiko eingegangen, wegen irgendeiner Anklage getötet zu werden.

Für Heinrichs sechs aufeinanderfolgende Ehen gibt es in England den Abzählreim: „Divorced, Beheaded, Died, Divorced, Beheaded, Survived." – „Geschieden, Geköpft, Gestorben, Geschieden, Geköpft, Überlebt."

Heinrich schien bezüglich seiner Frauen ein äußerst abwechslungsreiches Leben zu führen. Ist er deswegen zu bewundern?

Diejenigen, die Heinrich als bösen Menschen betrachten oder betrachteten: Heinrich VIII. starb total verfettet und einsam. Vielleicht gibt es doch eine – kleine – Gerechtigkeit?

Jahrelange Haft und schließlich eine Hinrichtung

Vielleicht lag es im Blut: Elisabeth I., Tochter Heinrichs, die ‚jungfräuliche Königin', schien beruflich sehr erfolgreich (vgl. Drake). Aber menschlich betrachtet, ließ sie sich nie in einer Ehe verpflichten. Sie ‚spielte' mit den Avancen erfolgreicher und reicher Männer – aber alle erhielten einen Korb.

Ihre Nebenbuhlerin Maria Stuart (1542 – 1587) musste jahrelang in Gefangenschaft leben. 1587 gab sie nach langem Zögern ihre Zustimmung, Maria köpfen zu lassen (vgl. Bericht Henker William). Ihr wurde vorgeworfen, ein Attentat auf Elisabeth geplant zu haben.

Ehefrau und Sohn beseitigen

Auch in der jüngeren Geschichte gibt es genügend Beispiele, dass Regierende Familienmitglieder beseitigen.

Benito Amilcare Andrea Mussolinis (1883 – 1945) erste Ehefrau Ida Irene Dalser (1880 – 1937) fiel in Ungnade und wurde 1926 in eine Nervenheilanstalt eingewiesen. Sie starb 1937 angeblich an Hirnblutungen.

Dem gemeinsamen Sohn Benito Albino (1915 – 1942) erging es nicht besser. Er wurde durch Spritzen in einer Heilanstalt getötet. Auftraggeber: unbekannt.

Skandalöse Vorkommnisse im Vatikan

Gut, dass Regenten ihre Herrschaft behalten wollen, lässt sich nachvollziehen. In der Kirche sieht es hoffentlich besser aus? Na ja. Einige Beispiele sollen zeigen, dass es auch bei den Päpsten einige Ungereimtheiten gab.

Der erste Papst war der Apostel Petrus (Simon Petrus, *? – 65/67). Einer der 12 Apostel Jesus'.

Petrus starb den Märtyrertod. Verantwortlich war Kaiser Nero (Nero Claudius Caesar Augustus Germanicus, 37 – 68).

Er fand nach dem verheerenden Brand Roms und den daraufhin folgenden Christenverfolgungen in ihm einen Schuldigen.

Übrigens soll auf Petrus' Grab (Petrusgrab) der Petersdom errichtet worden sein. Zuerst ließ Kaiser Konstantin der Große (Flavius Valerius Constantinus, 270/288 – 337) von 315 bis 349 über dem Grab die Petersbasilika bauen.

Die Basilika wurde 1507 abgerissen und schuf Platz für den darauf errichteten Petersdom. Der Altar wurde über dem Petrusgrab errichtet.

Fast ist es als peinlich zu berichten – aber Päpste sind auch nur Menschen. Während eines lang anhaltenden Konzils musste Papst Leo I. (Leo der Große, um 400 – 461) dringend seine Notdurft verrichten.

In einer Pause schlich er sich davon, kehrte aber nie wieder zurück. Er soll während seiner ‚Verrichtung' verstorben sein.

Papst als Ehebrecher

Wie viele andere Päpste auch, war Papst Leo III. (um 750 – 816) als Ehebrecher berüchtigt. Das gefiel seinem Vorgänger Hadrian I. (*? – 795) und dessen Anhängern gar nicht.

Kurzerhand stießen sie im Jahr 799 während einer Prozession Leo vom Pferd.

Leo entkam dem möglichen drohenden Anschlag und floh zu König Karl dem Großen (747/748 - 814). Ob aus Dankbarkeit oder nur deshalb, weil es erwartet war, krönte Papst Leo III. Karl den Großen an Weihnachten 800 zum Kaiser.

Eine päpstliche Leiche auf die Anklagebank

Eigenartiges wird von Papst Formosus (816 – 896) berichtet. Er musste sich wegen Amtsanmaßung als Angeklagter einem vatikanischen Gericht stellen. Die Leitung des Prozesses hatte Formosus' Nachfolger, Papst Stephan VI. (*? – 897) übernommen.

Der Prozess wurde als Leichensynode bekannt. Weshalb? Nun, Formosus konnte nicht erscheinen, denn er war längst tot.

Also wurde die Leiche ausgegraben und ins Gericht auf die Anklagebank gesetzt. Formosus wurde für schuldig befunden. Anschließend wurde die Leiche in den Fluss Tiber geworfen. Anhänger retteten später den Leichnam aus dem Fluss, um ihn erneut zu bestatten.

Die Geschichte ist noch nicht zu Ende, ließ doch Papst Sergius III. (*? – 911) den Leichnam zu einer weiteren Anklage erneut ausgraben. Und: Er wurde wieder in den Fluss geworfen. Dieses Mal retteten Fischer den Leichnam – und setzen ihn erneut (nun zum dritten Mal) bei.

Johannes VIII. (vor 852 – 882) lebte noch, als sich an ihm vergriffen wurde. Er wurde vergiftet und/oder mit einem Hammer zu Tode geprügelt.

Papst mit ausschweifendem Lebensstil

Papst Johannes XII. (937/939 – 964) soll für seinen ausschweifenden Lebenswandel bekannt gewesen sein.

Obwohl er Papst war, wurde ihm Gotteslästerung nachgesagt. Er spielte gerne, vielleicht gegen Geld, Macht oder materiellen Dingen.

Er war vom weiblichen Geschlecht begeistert, egal ob die Frauen verheiratet waren oder nicht. Und wenn er schon dabei war ... er zögerte auch nicht vor Inzest.

Es blieb nicht aus, dass er im Jahr 963 wegen ‚Unwürdigkeit' von seinem päpstlichen Posten abgesetzt wurde.

Neben Ehebruch und Blutschande, wurden ihm Meineid und Mord vorgeworfen. Angeblich wurde auch behauptet, dass er dem Teufel zugetrunken habe.

Schließlich hielt sich ein betrogener Ehemann nicht mehr zurück. Bei passender Gelegenheit soll Johannes 964 angeblich von einem gehörnten Ehemann so heftig geschlagen worden sein, dass er nur wenige Tage lebte, bis er den schweren Verletzungen erlag.

Nebenbei: Er krönte 962 Otto I. den Großen (912 – 973) zum Kaiser. Erstmals wurde damit ein römisch-deutscher König zum Kaiser ernannt.

Mord in Märchen

An bösen Taten lernt sich fort die böse Tat.
Sophokles, gr. Staatsmann und Schauspieler
(497/496 - 406/405 v. Chr.)

„Wer ist die Schönste im ganzen Land?"

Soll Oma doch den Kleinen ein Märchen erzählen. Dann können sie gut einschlafen.

Wer Märchen genau analysiert wird feststellen, dass in vielen Erzählungen Grausamkeiten, Mord und Totschlag an der Tagesordnung sind.

Manchmal beginnt alles ganz harmlos:

Aufgeregt kam die Ehefrau ins großzügig ausgestattete Arbeitszimmer ihres Ehemanns gerannt, ein Bündel Papier in der Hand schwenkend. „Mein lieber Gemahl, so geht das nicht!" rief sie aus.

Der Ehemann, der eben noch über die Gerechtigkeit seines Landes grübelte, hob sein Haupt und fragte erstaunt seine Frau: „Was ist denn geschehen, mein Täubchen?" „Wir bekommen nicht alle unter einen Hut, mein Lieber. Ich habe 13 wichtige Gäste auf der Gästeliste."

„Ja und?" wollte der Ehemann wissen. „Wir haben nur zwölf Sets aller Geschirrteile, die wir für das Festmahl brauchen. Wir können also nur zwölf Gäste einladen." „Ach so", seufzte der Hausherr verständnisvoll.

Er schlug vor: „Dann laden wir einfach nur zwölf Personen ein." „Du lieber Himmel! Wen soll ich denn streichen?" Augenzwinkernd meinte der Ehemann: „Vielleicht die alte Vogelscheuche?" „Vati!" rief die Ehefrau entrüstet. „Aber gut, es geht nicht anders. Dann laden wir eben nur zwölf der weisen Damen zur Geburt unserer Tochter ein."[13]

Die böse 13

Und damit begann das Unglück.

Zwölf weise Frauen wurden zum Festmahl eingeladen. Für die 13. langte dummerweise das Geschirr nicht.

Der Tag des Festes begann, die zwölf Eingeladenen trafen nach und nach ein. Es herrschte eine friedvolle Stimmung. Dann geschah es: Die 13., die nicht Eingeladene, ließ es sich nicht nehmen und trat mit einem wahrhaft donnernden Auftritt in das Festgeschehen ein.

Die Gäste und die Gastgeber erschraken. Schlagartig wurde die Stimmung frostig – starr vor Schreck. Die 13. trat an die Wiege, in der Dornröschen unschuldig lag und rief einen bösen Fluch aus: „Die Königstochter soll sich in ihrem fünfzehnten Jahr an einer Spindel stechen und tot hinfallen!"

Totenstille breitete sich aus. Das Fallen eines Blütenblatts wäre überall zu hören gewesen.

---

[13] Quelle: ‚Tod, Trauer, Totenkult [2100]' vom selben Autor

Befriedigt drehte sich die 13. um und verließ mit hocherhobenem Haupt triumphierend den Festraum.

Was tun? Glücklicherweise war die letzte der zwölf weisen Frauen noch nicht dazu gekommen, Dornröschen ihren Wunsch für die Zukunft auszusprechen. Sie ging zum Ehrengast, zu Dornröschen.

Dort äußerte sie ihren Wunsch, womit es ihr gelang, den Todesfluch der 13. in einen 100-jährigen Schlaf umzuwandeln. „Es soll aber kein Tod sein, sondern ein hundertjähriger tiefer Schlaf, in welchen die Königstochter fällt."

Da hatte Dornröschen gerade noch mal Glück gehabt, war sie dem Todesfluch eben noch einmal entkommen. So würde für Dornröschen aus dem Tod ein sehr langer Schlaf werden.

Eifersucht ist Gift

Die Gebrüder Jakob Ludwig Karl Grimm (1785 – 1863) und Wilhelm Carl Grimm (1786 – 1859) schrieben das Märchen von Dornröschen. Dornröschen war nicht die Einzige, die ein schlimmes Urteil ereilte. Schneewittchen erging es kaum besser.

Nach Schneewittchens Geburt starb ihre Mutter. Die – natürlich böse – Stiefmutter nahm deren Platz ein. Wie sich das für junge Frauen im Märchen so gehört, war Schneewittchen selbstredend wunderschön und trug den besten Charakter in sich.

Schon im zarten Alter von nur sieben Jahren wurde Schneewittchen als die schönste Person im kompletten Königreich bezeichnet, was die eitle Stiefmutter überhaupt nicht ausstehen konnte. Wie auch, hatte sie doch so viel Geld für Tinkturen, Cremes und andere Hautpflegemittel ausgegeben. Die Konkurrenz musste verschwinden. Deshalb veranlasste sie, dass Schneewittchen im Wald getötet werden sollte.

Einfach mal so – ein 7-jähriges Mädchen sollte aufgrund der Eitelkeit der Schwiegermutter im dunklen Wald umgebracht werden.

Natürlich entkam Schneewittchen glücklicherweise und gelangte zu den sieben lustigen Zwergen.

Wie nicht anders zu erwarten, erfuhr das die Stiefmutter. So versuchte sie selbst, Schneewittchen umzubringen. Drei Anläufe waren nötig. Der dritte Versuch mithilfe eines vergifteten Apfels schien endlich erfolgreich zu werden. Schneewittchen schien dahingeschieden.

Die verzweifelten und trauernden Zwerge betteten Schneewittchen in einen kostbaren Glassarg. Ein – natürlich edler und selbstverständlich hübscher – junger Prinz hatte von dem Todesfall der Schönheit gehört.

Er erbat den Sarg auf sein Schloss, wo Schneewittchen die ewige Ruhe finden sollte. Die Zwerge übergaben den Sarg im Schloss einigen Dienern. Beim Transport des Sarges stolperte einer der Diener, sodass Schneewittchen das vergiftete Apfelstückchen aushustete und wieder zum Leben erwachte. Glückliches Ende.

Sie schlug unwissend ihre himmlischen blauen Augen auf und staunte nicht schlecht, als der hübsche Prinz sie erstaunt anschaute. Natürlich verliebten sich die beiden sofort ineinander. Nicht vergessen – Schneewittchen war 7 Jahre alt. Naja, eben ein Märchen.

Aussetzung und Mästung

Ein kurzer Hinweis soll noch zum Märchen von Hänsel und Gretel gegeben werden. In diesem setzten Eltern ihre Tochter und ihren Sohn, beide noch sehr jung, im Wald aus, da sie sie nicht mehr ernähren konnten.

Eltern setzen ihre eigenen, wehrlosen Kinder im Wald aus! Na, da wäre heute der Aufschrei groß, käme so etwas der Öffentlichkeit zu Ohren.

Das Aussetzen war für die Kleinen schon schlimm genug. Aber es kam noch dicker. Eine Hexe nahm die Kinder auf, aber nur, um Hänsel zu mästen und später verzehren zu wollen. Kein Wunder, dass Hexen solch einen schlechten Ruf haben.

Spiegeln Märchen die Ängste der Realität?

Die Gebrüder Grimm aus Hanau haben rund 200 Märchen in der Bevölkerung gesammelt und aufgeschrieben. Sie arbeiteten im Auftrag von Achim von Arnim (Carl Joachim Friedrich Ludwig von Arnim, 1781 – 1831) und Clemens Wenzeslaus Brentano La Roche (1778 – 1842), beide deutsche Schriftsteller.

Welche schrecklichen Geschichten mussten sich Tausende eingeschüchterter Kinder anhören? Spiegelten die Märchen vielleicht doch – in erzählendem Rahmen und leicht übertrieben – die Ängste und Realität, mit denen sich die Menschen damals auseinandersetzen mussten?

Damals gab es weder Fernsehen noch Internet, die Geschichten zeigten. Überwiegend wurde alles Mögliche mündlich von Generation zu Generation übertragen.

Mord im Kriminalroman

Der menschlichen Kunst der Täuschung sind Grenzen gezogen.
Sir Arthur Ignatius Conan Doyle, brit. Schriftsteller
(1859 - 1930)

„Ich will den Mörder küssen!"

Neben den Märchen gab es allerdings auch unzählige Kriminalromane, Detektivgeschichten und Gruselromane, die in Buchform den Markt überschwemmten.

Hier aufgelistet einige Buchtitel, die teilweise später auch verfilmt wurden. Sie erfreuten und erfreuen sich nach wie vor größter Beliebtheit.

- ‚Mord im Orientexpress' von Dame Agatha Mary Clarissa Christie, britische Schriftstellerin, 1890 bis 1976. Allein ihre 66 Kriminalromane sollen angeblich zu 2 Milliarden verkauften Büchern weltweit geführt haben.

- ‚Sherlock Holmes – der Hund von Baskerville' von Sir Arthur Ignatius Conan Doyle, britischer Schriftsteller, 1859 bis 1930.

- ‚Der Hexer' von Richard Horatio Edgar Wallace, britischer Schriftsteller, 1875 bis 1932.

- ‚Wenn dich dein Mörder küsst' von Patricia Highsmith (Mary Patricia Plangman), US-amerikanische Schriftstellerin, 1921 bis 1995.

- ‚Die dunkle Seite' von Frank Schätzing, deutscher Schriftsteller, *1957.

- ‚Die Lebenden und die Toten' von Cornelia (Nele) Neuhaus, deutsche Schriftstellerin, *1967.

- ‚Der Gesang der Toten' von Stephen Edwin King, US-amerikanischer Schriftsteller, *1947.

Die Liste könnte beliebig verlängert werden. Was reizt die Menschen daran, Gruseliges zu lesen oder zu sehen und sich mit dem Thema Mord zu ‚vergnügen'?

Tatort – Krimis

Gibt es einen Mord, gibt es auch einen Tatort. Tatort ist der Titel einer Reihe von Krimis, die seit 1970 erfolgreich im deutschen Fernsehen ausgestrahlt werden.

Bisher durften sich die Zuschauer über 1.000 verschiedene ‚Tatorts' anschauen. Millionen Menschen schauen sich diese Krimis mit Begeisterung an.

An manchen Tagen zeigen die Fernsehanstalten im deutschen Programm aufgrund der unzähligen Wiederholungen mehrere verschiedene Tatort-Sendungen. Den Tatort-Krimis kann ja fast keiner entkommen.

Selbstmordattentäter

Alles ist verloren, nur die Ehre nicht!
Franz I. Stephan von Lothringen, österr. Kaiser
(1708 - 1765)

„Und wenn es mein Leben kostet ..."

In diesem Abschnitt ist Selbstmord nicht gemeint als tragisches Ende einer Person, die nicht mehr weiterweiß.

Nein, es wird der Gedanke der Selbsttötung angesprochen, der politisch oder religiös bedingt ist.

Harakiri – Seppuku

Seit dem 12. Jahrhundert ist in Japan Harakiri, auch Hara-Kiri und Seppuku, als rituelle Selbsttötung bekannt. Seit 1868 ist Seppuku offiziell verboten. Das Wort Harakiri stammt aus der japanischen Sprache: ‚hara' heißt ‚Bauch' und ‚kira' ‚schneiden'. Übersetzt bedeutet Harakiri das Aufschlitzen des Bauchs.

In vielen Ländern Asiens ist es außerordentlich wichtig, ‚sein Gesicht nicht zu verlieren'. Wird beispielsweise jemand in Anwesenheit Dritter bloßgestellt, verliert er sein Gesicht. In Asien gehört es zu den großen don'ts, andere in diese Verlegenheit zu bringen.

Hatte damals jemand sein Gesicht verloren, gab es nur eine Möglichkeit in der Gesellschaft wieder entsprechende Achtung zu erhalten. Dazu musste er die rituelle Selbsttötung begehen.

Mit dem Selbstmord hatte der Selbsttöter die Chance, seine gesellschaftliche Ächtung wieder in Achtung umwandeln. Allerdings bezahlte er diese Wieder-Herstellung mit dem eigenen Leben.

Beim Harakiri setzt ein Mensch seinem eigenen Leben ein Ende. Bei Kamikaze sollen so viele wie andere – feindliche Gegner, Schuldige – umgebracht werden. Deshalb darf Harakiri nicht mit Kamikaze verwechselt werden.

Kamikaze

Kamikaze bedeutet übersetzt ‚göttlicher Wind'.

Das Wort wurde im 2. Weltkrieg vom Vizeadmiral Takajirō Ōnishi (1891 – 1945) kreiert. Ihm, als Vertreter des japanischen Militärs wurde klar, dass Japan im Zweiten Weltkrieg auf der Verliererseite stand. Deshalb gründete Ōnishi die japanischen Kamikaze-Einheiten, um verzweifelt der Niederlage entgegenwirken.

So wurden in den letzten Monaten des Krieges Piloten überzeugt und verpflichtet, mit ihren Kampf-Flugzeugen auf ausgesuchte gegnerische Schiffe und andere Ziele im Pazifik niederzustürzen.

Selbstverständlich wussten die Piloten, dass sie bei dieser Vorgehensweise unwiderruflich ihr Leben verlieren würden.

Trotzdem – oder gerade deswegen – war es ihnen eine Ehre, ihrem Vaterland in dieser Form dienen zu dürfen. Da den Piloten der eigene Tod bewusst war, gab es beim Angriff keinen Grund, das eigene Leben zu schützen.

Würde aus heutiger Sicht solch ein Vorgehen als krankhafte Idee bezeichnet werden? Sein eigenes Leben für eine Überzeugung opfern?

Die Angegriffenen hatten große Angst vor den Kamikaze-Fliegern. Denn, egal wie und ob sie die Angreifer beschießen konnten, das Flugzeug würde gnadenlos und Unheil bringend ins Ziel einschlagen.

Ehrenvoller Abgang

Am 15. August 1945 mussten die Japaner kapitulieren. So blieb Ōnishi nur der Weg des ‚ehrenvollen' Abgangs. Er entschuldigte sich brieflich bei den ca. 3.000 Kamikaze-Piloten, die bei den Einsätzen ihr Leben verloren hatten. Dann beging er Selbstmord, indem er sich durch Seppuku das Leben nahm.

Verlor ein Deutscher im kriegerischen Einsatz sein Leben im ersten oder im zweiten Weltkrieg, wird von einem Heldentod gesprochen.

Der religiös islamisch fanatische Selbstmordattentäter

Schließlich gibt es den Selbstmordattentäter, der aufgrund seines fanatischen Glaubens möglichst viele Unschuldige tötet. Der Täter will vorsätzlich viele Menschen ermorden und geht davon aus, bei seinem letzten Anschlag das eigene Leben zu verlieren.

Der religiös islamisch fanatische Selbstmordattentäter unterliegt weiterhin der festen Überzeugung, dass er nach seiner Tat direkt ins Paradies kommen würde. Nach seiner Vorstellung warten dort 72 Jungfrauen (Huri, die Blendendweißen) auf ihn. Mit ihnen zusammen würde er dann ein tolles weiteres Dasein genießen. Fragt sich, was er mit den Jungfrauen machen wird …

Übrigens: Verliert jemand sein Leben, weil er sich kämpferisch für seinen Glauben einsetzt, stirbt er einen Märtyrertod.

Mord ohne Sinn

Merke: Es gibt Untaten, über welche kein Gras wächst.
Johann Peter Hebel, dt. Dichter
(1760 - 1826)

„Weshalb mordest du?"

Hinweis: Zum Schutz der Hinterbliebenen sind die Namen der Beteiligten ausgetauscht.

Es ist die Nacht vom 6. auf den 7. Mai 2016.

Der 17-jährige Niko (1998 – 2016), eine 17-jährige Freundin und ein 18-jähriger Freund waren bester Laune.

Sie waren nach einer lustigen Nacht in einem Club auf dem Heimweg. Es war schon tief in der Nacht, als sie am Busbahnhof die Straße überquerten. Neben einem kleinen Blumenrondell saßen drei junge Männer. Offensichtlich gehörten sie einer Clique an, die die Zeit totschlug.

Einer der drei Männer, der 20-jährige Vasilie, offensichtlich der Anführer der kleinen Gruppe, sprach Niko an. Genauer gesagt, er pöbelte die drei Freunde an.

Unerwartet sprang Vasilie auf. Es kam zu einer Rangelei, bei der Niko mit einem heftigen Schlag gegen den Schädel niedergeschlagen wurde. Die drei Männer prügelten brutal auf Niko ein, traten ihn, obwohl er schon am Boden lag. Einige Tritte wurden gezielt und mit voller Wucht gegen den Kopf ausgeführt.

Nikos Freundin und Freund wurden ebenso angegriffen, glücklicherweise aber nur leicht verletzt. Niko überlebte diesen sinnlosen Überfall nicht. Er starb wenige Tage später.

Mit Drucklegung dieses Buches konnte der vermeintliche Täter, trotz aller Indizien und Zeugenaussagen, nicht überführt werden. Keiner seiner Begleiter bestätigte die Tat, die ihm damit nicht eindeutig zugeordnet werden konnte.

Niko ist tot. Seine Freunde und seine Mutter sind schockiert. Der Täter und dessen Freunde leben unbehelligt weiter.

Übrigens: Vasilie wurde auch nach diesem Unfall bei anderen Übergriffen (gefährliche Körperverletzung, versuchter Totschlag, Beleidigungen und so weiter) von der Polizei registriert und im Juli 2019 zu mehrjähriger Todeshaft verurteilt.

Nikos Tod ist ungesühnt.

Das geschmückte Rondell erinnert noch heute an den sinnlosen Tathergang.

Amokläufer – Er läuft Amok

Der Amokläufer hat es absichtlich auf ausgesuchte oder wahllos und zufällig anwesende Menschen abgesehen.

Er plant einen tödlichen Angriff auf mehrere Menschen. In einem kurzen Zeitraum soll dieser an einem überschaubaren räumlichen Ort erfolgen.

Das Wort Amok stammt aus der malaiischen Sprache. Hier bedeutet ‚amuk‘ etwa ‚wütend, rasend‘.

In Indien früherer Zeit stießen die Amucas einen Schrei „Amuk!" aus, sobald sie auf ihre Feinde zurannten. Krieger in Malaysia und Java haben später, im 14. Jahrhundert, diesen Ausruf und das vergleichbare Angriffsverhalten übernommen.

Dem Amokläufer ist es egal, ob er während seines Anschlags das eigene Leben verliert.

Bedauerlicherweise werden auch heutzutage immer wieder Amoktäter aktiv. Benutzt der Täter ein Fahrzeug, mit dem er zum Tatort fährt oder aus dem heraus er die Tat begeht, wird von einer Amokfahrt gesprochen.

Erfolgt der Amoklauf in einer Schule wird auch der englische Begriff ‚School Shooting‘ verwendet.

Ehrenmord

Beispielhaft soll hierfür der Ehrenmord stehen.

Eine Tat, hier ein Mord, der angeblich die Ehre der Familie des Getöteten verletzt hat, wird als Ehrenmord bezeichnet. Fast ausnahmslos richten sich Ehrenmorde gegen Frauen und Mädchen, die angeblich die Ehre der Familie beschmutzen.

Zum Beispiel werden sie als schuldig angesehen, wenn sie den von der Familie beziehungsweise von den Eltern ausgesuchten künftigen Ehemann nicht heiraten wollen. Oder, fast noch schlimmer, eine außereheliche Beziehung zu einem Mann führen.

Die Familie ist zum Handeln aufgerufen. Um die Familienehre wiederherzustellen, werden betroffene Frauen meisten von einem männlichen Familienangehörigen (Ehemann, Vater, Bruder, Vetter usw.) erstochen, enthauptet, verbrannt oder erschossen.

Ehrenmorde kommen vorwiegend in islamischen Ländern vor. Auch noch im heutigen Jahrhundert.

Attentäter

Der Amokläufer tötet wahllos und möglichst viele Personen. Ein Attentäter plant die absichtlich die Tötung (gegebenenfalls die Verletzung) einer Person.

Manchmal schließen sich auch mehrere Menschen zu einer Gruppe von Attentätern zusammen. Einem Attentat fielen beispielsweise zu Opfer:

- Mahatma Gandhi (Mohandas Karamchand Gandhi, 1869 – 30.01.1948). Attentat durch Nathuram Vinayak Godse (1910 – 1949). Er wurde 1949 durch Erhängen hingerichtet.
- John Fitzgerald Kennedy (1917 – 22.11.1963). Attentat durch Lee Harvey Oswald (1939 – 1963), der zwei Tage später selbst ermordet wurde.
- Martin Luther King (1929 – 04.04.1968). Attentat durch James Earl Ray (1928 – 1998). Ray starb krankheitsbedingt im Gefängnis.

Erschießt ein Täter aus dem Hinterhalt einen anderen, wird er als Heckenschütze oder Todesschütze bezeichnet.

Terroristische Anschläge

Der Norweger Anders Behring B. (*1979) tötete am 22. Juli 2011 in Norwegens Regierungsviertel der Hauptstadt Oslo (Autobombenanschlag) 8 Menschen. Auf der Insel Utøya, wo er wahllos auf die dort anwesenden Menschen schoss, verloren 69 Personen ihr Leben.

Am 22.07.2016 erschoss der 18-jährige Amokläufer David S. an und in einem Münchner Einkaufszentrum 9 Menschen. Der Täter erschoss sich selbst am selben Tag.

Anis A. (1992 – 2016) fuhr am 19.12.2016 mit einem gestohlenen Sattelschlepper in eine Menschenmenge auf dem Berliner Weihnachtsmarkt. 11 Besucher des Weihnachtsmarktes verloren ihr Leben. Den Fahrer des LKW hatte der Täter zuvor ermordet.

Bei einem Terroranschlag in zwei Moscheen in Christchurch, Neuseeland am 15.03.2019 schoss Brenton T. (*1990/91) wahllos auf die Anwesenden

Er tötete 51 Menschen, die in zwei Moscheen beteten. Der Täter schoss wahllos.

Neben den zu Beklagenden verletzte er unzählige weitere, einige sehr schwer. Sie werden wahrscheinlich ihr Leben lang körperlich und seelisch unter diesen Anschlägen leiden.

Je suis Charlie

Zwei maskierte islamistische Terroristen, die Brüder Chérif und Saïd K., führten am 7. Januar 2015 einen Anschlag auf die Redaktion der französischen Satirezeitung Charlie Hebdo in Paris aus. Zwei Polizisten und zehn Beschäftigte (darunter fünf bekannte Karikaturisten sowie der Herausgeber Stéphane Charbonnier, 1967 – 2015) wurden mit Sturmgewehren erschossen. Auf der Flucht der Terroristen erschossen sie einen weiteren Polizisten. Viele weitere Mitarbeiter der Satirezeitschrift wurden bei dem Anschlag schwer verletzt.

Durch die Bevölkerung ging ein Aufschrei des Entsetzens. Die Überlebenden der Satirezeitung erhielten unglaublich viele Sympathiebekundung.

Weltweit zeigten Menschen ihre moralische Unterstützung, indem sie auf Kleidung oder hochgehaltenen Postern, in den Netzwerken und auf Gebäuden den Spruch ‚Je suis Charlie‘ (‚Ich bin Charlie‘) schrieben. Am Abend des 7. Januar sollen ca. 35.000 Menschen spontan mit solchen Schildern in Paris auf die Straße gegangen sein.

Zwei Tage später gelang es der Polizei, die beiden Terroristen, die sich in einer Druckerei versteckt hatten, zu erschießen.

Am 11. Januar begleiteten in Paris zwischen 1,2 und 1,6 Millionen Menschen einen Trauermarsch zum Andenken getöteten Satire-Mitarbeiter. Etwa 50 Staats- und Regierungschefs führten den Trauerzug an.

Die überlebenden Verantwortlichen der Zeitung entschieden sich trotz des großen menschlichen Verlustes ihres Unternehmens zum Weitermachen.

Der Name Charlie lehnt sich der Comic-Figur ‚Charlie Brown‘ der ‚Peanuts‘ (Comicserie des US-amerikanischen Autors Charles Monroe Schulz, 1922 – 2000) an. ‚Hebdo‘ steht für die französische Abkürzung ‚hebdomadaire‘ = ‚Wochenzeitschrift‘.

9/11

Robert Kugler arbeitete an seinem Rechner zu Hause. Er kam gut voran. Nebenbei ließ er wie immer das Radio laufen.

Die Nachricht „... flog in ein Hochhaus ..." kam ihm gar nicht so richtig ins Bewusstsein. Robert erkannte die Bedeutung dieser Information überhaupt nicht. Erst als sich hektische Berichte von Reportern und Kommentatoren im Radio jagten, wurde er hellhörig. Was war geschehen?

Flugzeuge sollen voll besetzt, mit Besatzung und Passagieren, absichtlich in die Türme des World Trade Centers geflogen sein? Was war da los?

Endlich aufgescheucht begab sich Robert Kugler zum Fernsehgerät, wo er erschreckende Berichte hörte und verstörende Bilder sah.

Kaum zu glauben, was er wahrnahm. Immer und immer wieder wurden die Aufnahmen wiederholt.

Es war schockierend, was Robert sah. Er ließ sich aufs Sofa sinken und verfolgte fassungslos den kompletten Tag lang die Berichte.

Terroristischer Massenmord

Die Anschläge am 11. September 2001 wurden als terroristischer Massenmord definiert. Das Datum der Anschläge gibt die Namensbezeichnung, 9/11 Nine-Eleven, unter der diese heutzutage bekannt sind.

Die Terrororganisation al-Qaida plante die Durchführung der Selbstmordattentate. Verantwortlich gemacht wurde Osama bin Laden (1957/58 in Saudi-Arabien – erschossen in Abbottabad [Pakistan] am 2. Mai 2011 von einer Eliteeinheit der US-Spezialeinheit Navy Seals).

Am Dienstag, dem 11. September, kaperten 19 Mitglieder der Terrororganisation vier Verkehrsflugzeuge in den USA. Sie leiteten die vollbesetzten Maschinen auf ihre Ziele um.

- Zwei Maschinen wurden in New York in die beiden Türme des World Trade Centers gelenkt, wo sie einschlugen.

- Ein Flugzeug ließen die Kidnapper in Arlington auf das Pentagon (US-amerikanisches Verteidigungsministerium) abstürzen.

- Ein Flugzeug sollte wohl das Kapitol in Washington treffen. Passagiere griffen ein, als sie ahnten, was ihnen drohte. Daraufhin ließen die terroristischen Flugzeugentführer das Flugzeug bei Shanksville abstürzen.

Die ersten drei Maschinen erreichten ihr Ziel.

- Um 8:46 Uhr flog Flug AA 11 in den Nordturm des WTC (WTC 1).

- Eine Viertelstunde später, um 9:03 Uhr, flog Flug UA 175 in den Südturm des WTC (WTC 2).

- Etwa eine halbe Stunde später, um 9:37 Uhr, stürzte Flug AA 77 ins Pentagon.

- Etwas mehr als 1 Stunden nach dem ersten Anschlag stürzte Flug UA 93 um 10:03 Uhr ab.

Mehrere Tonnen Kerosin liefen beim Aufprall der ersten beiden Maschinen in die Türme im Gebäude, woraufhin diese sofort Feuer fingen. In nur wenigen Minuten stürzten die Hochhäuser in sich zusammen (9:59 Uhr: WTC 2 stürzt ein; 10:28 Uhr: WTC 1 fällt in sich zusammen).

In den Minuten bis zum Einsturz versuchten sich Menschen aus den in Flammen stehenden Etagen der Hochhäuser zu retten. Verzweifelte sprangen aus dem brennenden Gebäude in den sicheren Tod.

Am Nachmittag, um 17:20 Uhr, stürzte das Nachbargebäude (WTC 7) ein.

Insgesamt wurden ca. 3.000 Todesfälle registriert. Geschätzte 6.000 Menschen waren verletzt.

Der Terrororganisation war ein unglaublich fürchterlicher Schlag gelungen. Er würde über Jahrzehnte das Verhältnis der ‚westlich orientierten' Welt gegenüber der ‚muslimisch orientierten' beeinflussen.

Wohl kaum ein Mensch konnte sich bis zu diesem Tag vorstellen, dass die Sicherheitsmaßnahmen am Boden, die Anschläge vermeiden sollten, lächerlich im Vergleich zu dieser Aktion schienen. Wer sollte schon auf die Idee kommen, ein vollbesetztes Flugzeug als Bombe zu benutzen?

Die Anschläge in den USA waren für den damaligen US-Präsident George Walker Bush (*1946) eine Zäsur in seiner Regierungszeit.

Noch heute pilgern zahlreiche Touristen an die frühere Einsturzstelle in New York. Zum Gedenken wurde dieser Platz ‚Ground Zero' (Bodennullpunkt) getauft. Ground Zero' ist der Einschlagsort, zum Beispiel einer Atombombe.

Serienmörder

Wer durch Totschlag zeigt, dass er das Leben eines Menschen nicht achtet,
gibt anderen die Lehre, das seine auch nicht zu achten.
Adalbert Stifter, österr. Schriftsteller
(1805 - 1868)

„Einer ist mir nicht genug!"

Begeht ein Mensch einen Mord an einem anderen, wird er zum Mörder. Begeht er mehrere Morde, gegebenenfalls über Jahre hinweg, wird er zu einem Serienmörder.

Unrühmlich bekannt geworden ist in dieser Gruppe Jack the Ripper. Im Jahr 1888 brachte er mindestens fünf der im Londoner East End (Londons ehemaliges Hafengebiet) arbeitenden Prostituierten um.

Angeblich verdienten sich damals geschätzte 1.200 Prostituierte ihren Lebensunterhalt. Es ist nicht bekannt, von wann bis wann ‚Jack der Aufschlitzer' lebte. Seine Identität ist bis heute ungeklärt.

Jack the Ripper – Die Kanonischen Fünf

Die fünf Umgebrachten werden als ‚Kanonische Fünf' bezeichnet, da sie eine vergleichbare Art des Verstümmelns beziehungsweise des Mordens aufzeigten.

- Mary Ann Nichols (geb. Mary Ann Walker, genannt ‚Polly', 1845 – 31.08.1888). Kehle durchgeschnitten. Schnitte in der Leistengegend. Unterleib geöffnet. Eingeweide freigelegt.

- Annie Chapman (geb. Eliza Ann Smith, genannt ‚Dark Annie', 1841 – 08.09.1888). Kehle mit zwei Schnitten durchgeschnitten. Unterleib geöffnet. Eingeweide lagen über der rechten Schulter. Bauchdecke um Nabel herum geöffnet. Gebärmutter entfernt.

- Elizabeth Stride (geb. Elisabeth Gustafsdotter, genannt ‚Long Liz', 1843 – 30.09.1888). Kehle durchgeschnitten. Am selben Tag ermordet wie Catherine Eddowes.

- Catherine Eddowes (auch Catharine, genannt auch Kate Conway und Mary Ann Kelly, 1842 – 30.09.1888). Kehle durchgeschnitten. Gesicht verstümmelt. Unterleib geöffnet. Halbe Gebärmutter und linke Niere entfernt.

- Mary Jane Kellys (genannt auch Marie Jeanette Kelly und ‚Ginger', 1863 – 09.11.1888). Kehle durchgeschnitten. Gesicht stark verstümmelt. Brustkorb und Unterleib aufgeschnitten. Viele innere Organe fehlten oder lagen im Raum. Teilweise Muskelfleisch im Körper entfernt. Das Herz fehlte.

Wie krank muss ein Mensch sein, um so grausam vorzugehen? Aufgrund der nicht aufgedeckten Identität des Mörders ranken sich viele Gerüchte um diese Person.

Haarmann mit dem Hackebeilchen

Im Gegensatz zu der fehlenden Identität von Jack the Ripper ist die von Friedrich Heinrich Karl Haarmann (genannt ‚Fritz') bekannt. Er lebte von 1879 bis 1925 in Hannover, wo er am 15.04.1925 enthauptet wurde.

Er hatte 27 junge Männer (überwiegend Schüler, Lehrlinge oder Arbeiter) im Alter von 10 bis 22 Jahren in den Jahren 1918 bis 1924 umgebracht, davon 13 Opfer im Jahr 1923 und 13 Opfer im Jahr 1924.

Während des Geschlechtsaktes mit den Opfern versuchte Haarmann deren Adamsapfel zu durchbeißen. Er würgte und drosselte die jungen Männer bis zu deren Tod.

Danach entnahm Haarmann die Eingeweide aus der Bauchhöhle und zerstückelte nach und nach den kompletten Körper. Einen Teil der Organe entsorgte er über die Gemeinschaftstoilette, den Rest warf er in einen Stadtwald und in den Fluss Leine, wo bei der Ermittlung etwa 300 Knochen der Opfer gefunden wurden.

Warte, warte nur ein Weilchen ...

Wäre das alles nicht schon schlimm genug?

Irgendjemand stellte einen kleinen Liedtext zusammen, das dreistrophige Haarmann-Lied.

Es wird zur Melodie des deutschen Komponisten Walter Elimar Kollo (1878 – 1940) gesungen. „Warte, warte nur ein Weilchen, bald kommt auch das Glück zu dir." Das Lied beginnt so:

> „Warte, warte nur ein Weilchen,
> bald kommt Haarmann auch zu dir,
> mit dem kleinen Hackebeilchen,
> macht er Schabefleisch aus dir."

Opfer

Eine ewige Erfahrung lehrt, dass jeder Mensch, der Macht hat,
dazu getrieben wird, sie zu missbrauchen.
Es geht immer weiter, bis er an Grenzen stößt.
Montesquieu (Charles-Louis de Secondat, Baron de la Brède et de Montesquieu), frz. Schriftsteller
(1689 - 1755)

„Du bist auserwählt!"

Juanitas Mutter klatschte voller Freude in ihre Hände. Mit Freudentränen in den Augen rannte sie auf ihre Tochter zu, umarmte diese überschwänglich und küsste sie endlos. „Wir haben es geschafft", rief sie aus.

Juanitas Vater stand stolz vor Juanita und blickte bewundernd auf sie.

Juanita war überwältigt, ohne genau zu wissen, worum es überhaupt ging. Ihr Vater brach schließlich das Schweigen. „Juanita, du bist ausgewählt worden, uns und unserer Familie die höchste Ehre zu erweisen, die für uns möglich ist."

Wenige Wochen vorher war das Mädchen mit seinen Eltern nach Cuzco gereist, um dort mit anderen Mädchen aus dem ganzen Land ausgesucht zu werden. Danach sagte ihr Vater zu ihr, dass sie nun eine Capacocha, eine königliche Auserwählte, wäre.

Und jetzt war es soweit. In wenigen Tagen würde sie sich als Auserwählte auf den Weg hoch in die Berge aufmachen. Sie würde von einer Delegation von Priestern und Betreuern begleitet werden. Juanita wusste nicht genau, was passieren würde.

Die Freude und der Stolz ihrer Eltern und des ganzen Dorfes übertrugen sich allerdings auch auf sie, sodass sie mit guter Stimmung dem Tag der Abreise entgegenfieberte.[14]

Juanita – das Mädchen aus dem Eis

Während einer Expedition wurde im Jahre 1995 die Mumie eines Inkamädchens in einer Höhe von über 5.000 Metern gefunden. Dem US-amerikanischen Archäologen Johan Reinhard (*1943) ist die Entdeckung zu verdanken.

Dem Fund wurde der Name Juanita gegeben und ein ergänzender Name, ‚la Niña del Hielo‘, die ‚Jungfrau aus dem Eis‘. Das Mädchen Juanita war etwa 14 Jahre alt und hatte eine Größe von 1,40 Metern. Das Datum ihrer Opferung liegt zwischen den Jahren 1440 und 1450.

Für die Bewohner war es eine große Ehre, als ausgesuchtes ‚Opfer‘ auftreten zu dürfen. Sehr wahrscheinlich wurden die Kinder erst durch Drogen beruhigt, bevor sie mit einem festen Schlag gegen die Schläfe getötet wurden.

Juanita wird in einer würfelförmigen Glasvitrine in Eis konserviert und in einem kleinen Museum der peruanischen Stadt Arequipa (Peru) den Besuchern zum Anschauen aufbewahrt.

---

[14] Quelle: ‚Tod, Trauer, Totenkult-Knigge 2100‘ vom selben Autor

In Peru und in Chile finden sich mehrere (durch die klimatischen Bedingungen in dieser Höhe) automatisch mumifizierte Kinderleichen als Opfergabe.

Schon vor 7.000 Jahren (5.000 vor Christus) wurden von Menschen Mumien (Chinchorromumien) für die Ewigkeit hergerichtet. Beispielsweise haben die Inka ihre Herrscher und ausgesuchte Personen als Opfer mumifiziert.

Berge und Vulkane sind Götter

Die Inka sahen ihre Berge und Vulkane als Götter an. Die Naturgewalten, beispielsweise brodelnde Vulkane, konnten die Inka sich nur als Zorn der Götter erklären.

Deshalb waren für die erzürnten Götter Opfergaben nötig. Die Opfer mussten besonders reine, perfekte und damit glaubwürdige Menschen sein.

Was lag näher, als ‚unschuldige' Kinder auszuwählen. Diese Wahl galt als besondere Ehre, weshalb auch kein Trauergefühl entstand – im Gegenteil. Die Auserwählten und deren Familie waren überglücklich.

Pharao – für die Ewigkeit

Im Mittelmeerraum sind eher die Mumifizierungen zu Zeiten der ägyptischen Pharaonen bekannt. Im bekannten, weltweit größten Museum für altägyptische Kunst, dem Ägyptischen Museum in Kairo, ruhen im Königsmumien-Raum über zwanzig uralte Mumien; davon wurden mindestens 15 als Pharaonen identifiziert.

Die alten Ägypter glaubten an ein (besseres) Leben nach dem Tod. Deshalb trafen die, die sich leisten konnten, Vorsorge für ihr späteres Leben.

Damit der Körper für die Ewigkeit erhalten bleiben konnte, musste er möglichst unversehrt ins Jenseits übergehen können.

So begannen schon 2.700 Jahre vor Christus die Ägypter damit, die sterblichen Überreste des Menschen zu mumifizieren. Sorgfältig und über mehrere Tage hinweg wurde der Körper so vorbereitet und hergerichtet, um den Weg ins andere Leben finden zu können.

Bis auf das Herz und die Nieren wurden die inneren Organe entnommen. In sogenannten Kanopen (vier verschlossene Krüge) wurden die Organe dem Grab beigegeben. Die Krüge wurden von der Optik her vier Schutzgöttern nachgestaltet:

- Leber, Amset, als Mensch

- Magen, Duamutef, als Falke

- Lunge, Hapi, als Affe

- Gedärm, Kebechsenuef, Schakal

Das Gehirn spielte keine weitere Rolle, musste aber aus dem Kopf entfernt werden, damit dieser sauber, gereinigt und unversehrt seine Reise antreten konnte. Durch die Nasenlöcher wurde mit Haken in die Gehirnmasse vorgestoßen, die Masse breiartig verdünnt, sodass sie durch die Nase abfließen konnte.

Es ist verständlich, dass der betriebene Aufwand Zeit und Geldmittel benötigte. So konnten anfangs nur die wirklich Reichen, die Mächtigen und natürlich die Pharaonen diese Art der Bestattung in Anspruch nehmen.

Auch heute noch werden immer wieder Grabanlagen entdeckt, in denen – teilweise weniger aufwendig – mumifizierte menschliche Überreste gefunden werden. Es finden sich auch mumifizierte Katzen, Hunde, Paviane, Krokodile und andere.

Damit der Verstorbene im Jenseits gut leben kann, wurden ihm alle mögliche Gegenstände des Haushalts mit in die Grabkammer gegeben.

Tutanchamun

Für die meisten dürften die (kleinen) aber ursprünglich ungeplünderten Grabkammern von Tutanchamun sehr bekannt sein. Tutanchamun (Regierungszeit ca. 1332 – 1323 v. Chr.) war ein altägyptischer Pharao der 18. Dynastie.

Seine Eltern waren der nicht minder bekannte Pharao Echnaton (ca. 1351 – 1334 v. Chr.) und die weltbekannte schöne Nofretete.

Mit nur 8 Jahren wurde Tutanchamun Pharao und wurde deshalb gottgleich verehrt. Allerdings verstarb er schon im Alter von etwa 19 Jahren durch eine bis heute nicht geklärte Ursache.

Dem britischen Archäologen Howard Carter (1874 – 1939) gelang 1922 nach intensiver Suche die grandiose Entdeckung des Grabs im Tal der Könige.

Dort strahlten den Entdeckern unglaublichen Schätze entgegen, gestapelt bis unter die Decken der wenigen Räume. Insgesamt wurden etwa 2.000 Objekte geborgen. Besonders begeisterte die Öffentlichkeit die prunkvolle Totenmaske Tutanchamuns.

Übergriffe auf Obdachlose, Wohnungslose und andere Wehrlose

Welchen Charakter offenbart ein Täter, wenn er sich am Wehrlosesten der Gesellschaft vergreift? Welche Befriedigung wird erreicht, wird der Obdachlose gequält, getreten, bei lebendigem Leib angezündet und getötet? Einfach so? Aus Jux und Tollerei?

Laut ‚der Tagesspiegel.de' vom 27.08.2018 erfasste im Jahr 2017 die Polizei etwa 1.400 Straftaten in Deutschland gegen Menschen ohne festen Wohnsitz.

Während diese Zeilen geschrieben werden, lässt eine Meldung der Nachrichtensendung aufhorchen: Schon wieder hat jemand einen – diesmal 8-jährigen Jungen – vor dem einfahrenden Zug auf die Gleise gestoßen.

Der Junge hat diesen Anschlag nicht überlebt. Acht Jahre!

Motiv der Tat

Unzählige Psychologen suchten in der Vergangenheit und suchen in der Gegenwart nach Motiven (Beweggründen) für gewalttätige Handlungen.

Auch in Zukunft werden zahlreiche Psychologen nach erklärbaren Motiven suchen.

Ist für eine Tat ein Motiv gefunden, lässt sich eine Rechtfertigung (und/oder Entschuldigung) für das Handeln geben. So kann eine Ver-Urteilung folgen, je nachdem, welche Motive in welcher Wertigkeit rechtlich/gesetzlich berücksichtigt werden.

Solange sich kein Motiv finden lässt, steht die Bevölkerung sprachlos vor der entsetzlichen Tat. „Wie kann jemand so etwas tun?" Es findet sich keine Antwort.

Früher neigte der Mensch dazu, nicht zu Klärendes als Wunder abzutun. Aufgeklärtere Menschen suchen für alles eine Erklärung. Also auch für eine (vorerst) nicht erklärbare Tat. Sie werden ein Motiv suchen und auch irgendeines finden, um die Tat erklärbar (und ver-urteilbar) zu machen. Die ‚Seele' ist beruhigt.

Ob Motiv und Tat tatsächlich miteinander übereinstimmen, kann fraglich sein.

Lebende und Tote

Zurzeit leben etwa 7,7 Milliarden Menschen auf der Welt. Angeblich sollen bisher 108 Milliarden Menschen ihr Leben auf diesem Globus verbracht haben.

Wer könnte ausrechnen, wie viele Menschen eines natürlichen Todes gestorben sind? Wie viele Menschen mussten aufgrund einer bösartigen Krankheit oder infolge eines Unfalls vorzeitig aus dem Leben scheiden?

Wer kann sagen, wie viele Menschen durch Kriege, Schlachten, Attentate, Völkermorde, Hinrichtungen und ähnlichen Vorgehen bewusst getötet wurden? Es waren jedenfalls viele, viele Millionen. Jeder einzelne Tote ist einer zu viel.

Das Leben ist etwas Einmaliges. Es kommt nicht wieder. Jeder sollte sein Leben so angenehm gestalten, wie es für ihn möglich ist. Es gibt sowieso schon genügend Her-ausforderungen und Probleme, die das Leben beeinträchtigen.

Nicht korrekt ist es, wenn sich jemand anmaßt, das Leben einer anderen Person aus-zulöschen.

Könnte das Böse mit Gutem überwunden und zurückgedrängt werden, könnte bestimmt das eine oder andere Leben geschützt/gerettet werden.

Epilog

Gräueltaten pflastern den Weg der Menschheit

Reichtum und Macht sind nur Gaben des blinden Glücks.
Das Gutsein entspricht dem eigenen Verdienst.
***Petrus Abaelardus, frz.** Philosoph*
(1079 - 1142)

Die Welt ist kein Ponyhof

Liebe Leserin, lieber Leser, Sie haben es geschafft, den Buchtext bis hierher zu lesen. Vielen Dank.

Trotz der komplexen Materie wurde hoffentlich deutlich, weshalb es den roten Faden von Mensch über Macht zum Mörder gibt beziehungsweise geben kann.

Wer in seinen eigenen Erinnerungen nachforscht, könnte höchstwahrscheinlich genügend weitere Beispiele ergänzen. Vielleicht finden sich im eigenen, familiären Umfeld Vorfälle, die – im Nachhinein betrachtet – anders (im Sinne von besser) hätten verlaufen können.

Das Buch nimmt mit seinen Beispielen immer wieder Bezug auf das aktuelle gesellschaftliche und das berufliche Leben. Hier sind viele der genannten Muster ebenso zu finden, vielleicht in weniger stark ausgeprägtem Rahmen.

Wer sensibilisiert und mit offenen Augen durchs Leben geht, kann bestimmt weitere Vergleiche finden. Und er kann die dahinter lauernde Gefahr erahnen. Diese Gefahr wird schnell zur aktiven Bedrohung, wird die anfangs erwähnte unsichtbare Linie zwischen Macht und Mörder überschritten.

Während der Recherche zu diesem Buch taten sich immer wieder ‚Abgründe' auf. Auf welche Ideen kommen Menschen, um anderen indirekt (zum Beispiel durch Zerstören fremden Eigentums) oder direkt (tätlicher Angriff) Böses anzutun?

Wie egoistisch gehen einige Personen vor, um (nur) ihre eigenen Ideen umzusetzen und ihre Bedürfnisse zu befriedigen?

Es stimmt traurig, diese Vorgehensweisen zu erkennen oder gar am eigen Leib erleben zu müssen.

Es ist erschreckend zu wissen, was Menschen anderen Menschen antun können. In wie weit ist das noch ‚menschliches' Vorgehen? Gehört die (Un-)Tat und der Mord unwillkürlich zum Leben?

Glücklicherweise gibt es genügend Menschen, deren Priorität nicht darin liegt, anderen zu schaden. Personen, die sich um andere kümmern, ihnen Unterstützung und Hilfe anbieten und sich in allen anderen Angelegenheiten sauber und fair verhalten.

Das ist gut so.

Bedauerlicherweise fällt das Böse eher auf und schafft es gelegentlich, die gesellschaftliche, wirtschaftliche oder politische Situation in eine gefährliche Schieflage zu bringen.

Wegschauen oder aktiv werden?

Es hilft uns nicht, das Böse zu verneinen; gegen das Böse hilft nur,
die Welt so mit Gutem anzufüllen, dass schließlich das Böse keinen Platz mehr hat.

Hermann Bahr, österr. Autor
(1863 - 1934)

„Mich trifft keine Schuld!"

Die Medien bestimmen täglich Bilder von entsetzlichen Kriegen, fürchterlichen Terrorakten und schrecklichen Mordfällen. Wieder und immer wieder. Immer dann, wenn angenommen werden muss „nun kann es nichts Schlimmeres geben", wird die Bevölkerung mit noch schlimmeren Ereignissen konfrontiert. „Wohin soll das führen?", fragt sich mancher.

Vielleicht ist die eine Leserin oder der andere Leser schockiert, was Menschen anderen Menschen antun. Es ließe sich sagen: „Ja, ja, aber das ist ja alles vergangen. Dafür trage ich keine Schuld." Beides stimmt.

Trotzdem ist sehr wahrscheinlich jedem bewusst, dass auch in der Gegenwart Kriegsverbrechen und skrupellose Machenschaften stattfinden. Der Mensch ist fähig zu Machtmissbrauch, Gewaltausübung, Mordhandlungen und vielen anderen Straftaten mehr.

Es wäre (zu) einfach, alles mit der Überlegung abzutun, die Evolution begünstige dieses teilweise rücksichtslose Vorgehen. Sonst wäre die Menschheit nicht dort angekommen, wo sie jetzt ist.

Der Buchtitel „Mensch, Macht, Mörder" lässt sich auch so lesen: „Der Mensch macht den Mörder". Das soll heißen, dass der Einzelne und/oder die Gesellschaft den Nährboden bietet, das unschuldige Neugeborene auf böse Wege zu bringen.

Unter der Vorgabe, dass keine unsichtbare höhere Macht existiert, die das Verhalten und das Vorgehen der Menschheit lenkt, trägt der Mensch selbst ganz allein die Verantwortung für den Ist-Zustand.

Die Vergangenheit lässt sich nicht mehr ändern. Die Zukunft schon. Jeder trägt Verantwortung für die Zukunft. Jeder Einzelne.

Keiner weiß, was die Zukunft bringt. Jeder kann aber mithelfen, die Zukunft ein wenig ‚liebevoller' werden zu lassen.

Vielleicht schafft es die Menschheit, das Böse wieder in die Büchse der Pandora zurückzubringen. Wenn Sie wollen, helfen Sie dabei.

Wie meinte schon der deutsche Zeichner und Schriftsteller Wilhelm Busch (1832 – 1908): „Das Gute – dieser Satz steht fest – ist stets das Böse, was man lässt."

Gutes Gelingen

Horst Hanisch

Anhang

Index

12 Ratgeber in der kleinen Knigge-Reihe

Der kleine ... -Knigge [2100] (Je € 9,70; 88 Seiten, 12x19 cm, kartoniert)

Anstands- und Banausen-Knigge [2100]
Business- und Kunden-Knigge [2100]
Büro- und Kollegen-Knigge [2100]
Gäste- und Gastgeber-Knigge [2100]
Gesellschafts- und Freunde-Knigge [2100]
Outfit- und Stil-Knigge [2100]

Interkulturelle- und Auslands-Knigge [2100]
Bewerbungs- und Vorstellungs-Knigge [2100]
Event- und Feste-Knigge [2100]
Gastro- und Tischsitten-Knigge [2100]
Speisen- und Exoten-Knigge [2100]
Trinkkultur- und Getränke-Knigge [2100]

12 x kleines Handbuch der Rhetorik 2100

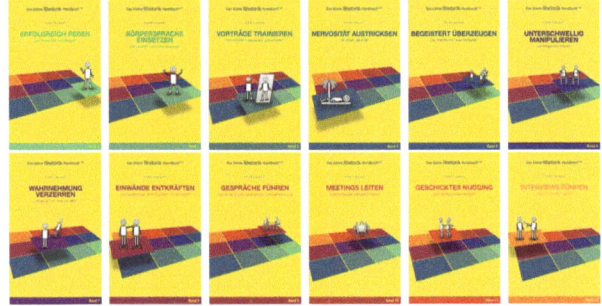

Der kleine Handbuch der Rhetorik [2100] (Je € 9,70; 100 Seiten, 12x19 cm)

Erfolgreich reden „Die Kunst, flott vorzutragen"

Körpersprache einsetzen „Mit Händen und Füßen sprechen"

Gezielt trainieren „Ich will endlich erfolgreich präsentieren!"

Nervosität austricksen „Mir zittern die Knie"

Begeistert überzeugen „Das rhetorische Feuer entfachen"

Unterschwellig manipulieren „Ich kriege dich schon!"

Wahrnehmung verzerren „Ich glaub' nur, was ich sehe."

Einwände entkräften „Das ist doch gar nicht machbar! – Oder doch?"

Gespräche führen „Zielorientierte und zeitsparende Gesprächslenkung"

Meetings leiten „Besprechungen erfolgreich führen"

Geschicktes Nudging „Das versteckte Anschubsen"

Interviews führen „Darf ich Sie mal fragen?"

4 Ratgeber in der Ego-Management-Reihe

Persönlichkeits-Management – Ego-Knigge [2100] Soft Skills, Selbst-Reflexion und Selbst-Bewusstsein

Stress-Management – Ego-Knigge [2100] Lampenfieber, Stressoren, Gerüchte, Mobbing, Burnout, Stressvermeidung

Zeit-Management– Ego-Knigge [2100] Umgang mit der Zeit, Organisation von Arbeitsabläufen, Perfektionismus, Zielsetzung

Gedächtnis-Management – Ego-Knigge [2100] Gehirn, Intelligenz, Schwachsinn – Hochbegabung, Gedächtnis, Lerntechniken. Jeder Ratgeber € 14,90, 104 Seiten, A5, kartoniert

4 Ratgeber in der Reihe Lebenseinstellung

Aberglauben-Knigge [2100] Von schwarzen Katzen, der linken Hand des Teufels und den Glücksbringern

Lügen- und Egoismus-Knigge [2100] Überleben durch Flunkern, Schummeln und Täuschen! Macht, Respekt, Wertschätzung? Lebenslüge und Lebensschutz

Glücks-Knigge [2100] Vom Glücklichsein, positiven Denken und von Freundschaften

Angst- und Optimismus-Knigge [2100] Die Furcht beherrschen, Ängste nutzen und positiv durchs Leben gehen. Jeder Ratgeber € 12,95, 160 Seiten, A5, kartoniert

3 Ratgeber Bräutigam, Braut und Brautpaar

Bräutigam-Knigge [2100] Verlobung und Polterabend, Schwiegereltern und das Ja-Wort, Hochzeits-Outfit und Hochzeits-Kutsche

Braut-Knigge [2100] Brautkleid und Accessoires, Das große Hochzeitsfest, Höhepunkte und Hochzeitstanz

Brautpaar-Knigge [2100] Historisches und Sonderbares, Planung und Organisation, Aberglaube und Hochzeitsbräuche. Jeder Ratgeber € 15,90, 104 Seiten, A5, kartoniert

2 Ratgeber Selbst-Coaching

Selbstbewusstsein Knigge [2100] Ich bin, ich kann, ich will. Das eigene Leben bestimmen, Soft Skills, The Winner 1, € 12,95; 120 Seiten A5

Selbstwertgefühl Knigge [2100] Steh auf! – Werde aktiv! – Zeige Profil! Das eigene Leben beeinflussen, Motivation, The Winner 2, € 12,95; 120 Seiten A5

Leben und Lifestyle

Das kleine Knigge-Quiz [2100] € 9,70; 96 Seiten, 12x19 cm, kartoniert

Jugend-Knigge [2100] Knigge für junge Leute und Berufseinsteiger, € 15,90; 152 Seiten

Zukunfts-Knigge [2100] Verfall der Sitten und Verlust der Wertschätzung? Umgangsformen in 100 Jahren. Zusammenleben mit Menschen, Maschinen und menschenähnlichen Robotern, € 14,95; 172 Seiten A5 kartoniert

Wertschätzung-Knigge [2100] Gleichberechtigung, Gender und Respekt, Sexuelle Orientierung, Umgang bei Diskriminierung und Mobbing, € 14,95; 152 Seiten A5

Hochzeits-Knigge [2100] Hochzeitsbräuche, Geschenke, Brautjungfer, Trauung, Festgäste und Festmahl, € 29,95; 310 Seiten A5

Ü65- und Senioren-Knigge [2100] Die junge Alten und die alten Jungen, Kommunikation und Verständnis zwischen den Generationen, Einsamkeit und technischer Fortschritt, € 19,95; 180 Seiten A5

Blumen-Knigge [2100] Historisches, Mystisches, Festliches, Blumen-Sprache, Umgang mit Blumen-Präsenten, € 19,95; 144 Seiten A5

Bekleidung! Ausdruck der Persönlichkeit – Lukas' Outfit-Knigge [2100], € 19,95; 196 Seiten A5

Nudel-Knigge [2100] Himmlische Teigwaren, € 17,95; 140 Seiten A5

Der Interkulturelle Kompetenz-Knigge [2100] Kultur, Kompetenz, Eindrücke – Gesten, Rituale, Zeitempfinden – Berichte, Tipps, Erlebnisse, € 29,95; 240 Seiten A5

China-Deutschland-Knigge [2100] Chinesen in Deutschland, € 12,90; 104 Seiten A5

Dschungel-Knigge [2100] Umgang in ungewohnter Umgebung, € 23,95; 192 Seiten A5

Der Dicke-Knigge [2100] Aus dem prallen Leben des Dicken, € 15,90; 104 Seiten A5

Typisch Frau – Typisch Mann Knigge [2100] Unterschiede und Gemeinsamkeiten im Umgang mit dem anderen Geschlecht, € 12,95; 128 Seiten A5

Kulinarischer und Gastronomischer Knigge [2100] Von Events, Feiern, Aperitif über Esskultur, Speisen und Getränken zu zeitgemäßen Tischsitten, € 26,50; 284 Seiten A5

Klo- und Pinkel-Knigge [2100] Vom privaten und öffentlichen Bedürfnis - Umgangsformen im Tabu-Bereich, € 13,50; 104 Seiten A5

Omi hüpf' mal Märchen meiner Großmutter, Erlebnisse ihre Jugend und wahre Geschichten meines Vaters von und über Omi Rickchen, Hardcover, € 29,95; 312 Seiten

Der Hunde-Knigge [2100] Umgang mit dem Hund – Hundesprache – Der Hund in der Gesellschaft, € 17,95; 180 Seiten A5

Welcome to Germany-Knigge [2100] Umgangsformen, Verhaltensmuster und gesellschaftliches Miteinander im deutschsprachigen Europa, € 11,99; 108 Seiten A5

Besuch willkommen Knigge [2100] Einladung, Gast, Geschenk, Empfang, Feier, Gastfreundschaft, € 14,95; 200 Seiten A5

Mensch, Macht, Mörder [2100] Verfall der Umgangsformen?, € 14,90; 260 Seiten A5

Leben, Tod und Ansichten Austausch mit Berühmtheiten über Wichtiges und Unwichtiges im Leben, € 12,95; 116 Seiten A5

Leben, Tod und Überlegungen Austausch mit Berühmtheiten über Größe, Ewigkeit und Spaß im Leben, € 12,95; 116 Seiten A5

Tod, Trauer, Totenkult-Knigge [2100] Sterben, Trost, Takt, Bestatten, Tradition, Vorsorge, Tabus, Vergänglichkeit und Sonderbares, € 17,95; 212 Seiten A5

Leben und Lifestyle

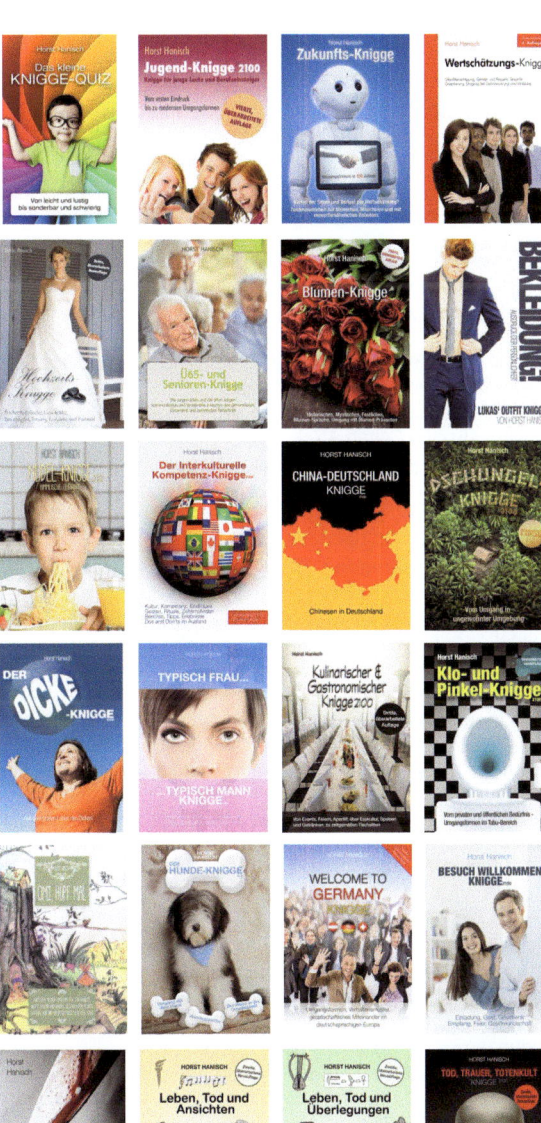

Rhetorik, Soft Skills, Hochschule, Beruf

Rhetorik ist Silber Von den ersten Schritten zu einer perfekten Präsentation, € 17,90; 144 Seiten A5, kartoniert, Zeichnungen

Moderation ist Gold Gesprächsführung, Umfragen, Talkrunden und Manipulation, € 17,90; 144 Seiten A5, kartoniert, Zeichnungen

Lebhafte Körpersprache in Vorträgen, Präsentationen, Gesprächen, € 17,90; 144 Seiten A5, kartoniert, ca. 290 Zeichnungen

Rhetoric – Mastering the Art of Persuasion, € 22,90; 144 Seiten A5, kartoniert

Discussion – Mastering the Skills of Moderation, € 22,90; 144 Seiten A5, kartoniert, Zeichnungen

Body Language in Europe, € 22,90; 144 Seiten A5, kartoniert, ca. 290 Zeichnungen

Körpersprache – Lüge, Verrat, Macht, Im Beruf, vor Gericht, beim Flirt – Gewinnerpose und Demutshaltung – Drohung und Zuneigung; € 29,95; 364 Seiten A5, kartoniert, über 400 Zeichnungen

Das große Buch der Rhetorik [2100] Tacheles reden; Präsentieren; manipulieren und überzeugen, € 37,45; 332 Seiten A5, kartoniert, viele Darstellungen

Trickreiche Rhetorik [2100] Psychologische Gesprächsführung, manipulierende Darstellung, unaufdringliches Nudging, € 37,45: 300 Seiten A5, kartoniert, Zeichnungen

Soft Skills-Knigge [2100] Soziale, Persönlichkeit, Selbstmanagement, € 37,45; 324 Seiten A5, kartoniert, viele Darstellungen

Schlagfertigkeit-, Spontaneität-, Stegreif-Knigge [2100] Impulsiv handeln, verbale Angriffe kontern, Störungen entwaffnen, € 13,50; 104 Seiten A5

Pitch Skills und Überzeugungs-Knigge [2100] Elevator Pitch, Geldgeber beeindrucken, Feuer versprühen, € 13,50; 128 Seiten A5, kartoniert

Smalltalk-Knigge [2100] Vom kleinen Gespräch bis zum charmanten Flirt - Kontakt ausbauen, Sympathie zeigen, Begehrlichkeit wecken, € 13,50; 100 Seiten A5

Quassel-Knigge [2100] Quasseln, Quatschen, Quengeln oder Lebenswichtige Kommunikation – Gezielt eingesetzte Rhetorik – Aussagekräftiges Profil zeigen, € 13,50; 112 Seiten A5

Hochschul-Knigge [2100] Studentischer Umgang in und außerhalb der Hochschule am Beispiel der Cologne Business School, 132 Seiten A5, kartoniert, Fotos

Jugend-Karriere-Knigge [2100] Schule und Studium, Netzwerk und Klüngel, Erfolg und Risiken, € 19,95; 224 Seiten A5, kartoniert, Zeichnungen, Checklisten

Bewerbungs-Knigge [2100] **für Frauen – Tina bewirbt sich / Bewerbungs-Knigge** [2100] **für Männer – Tom bewirbt sich**, Vorbereitung, Wahl der Kleidung, Verhalten beim Bewerbungsgespräch, je € 19,70; 128 Seiten A5, kartoniert, Fotos, Checklisten

Kreativitäts-Knigge [2100], Visionärhaft denken, Scheuklappen sprengen, Mentales Risiko eingehen, € 14,95; 164 Seiten A5, kartoniert

Team und Typ-Knigge [2100], Ich und Wir, Typen und Charaktere, Team-Entwicklung, € 14,95; 128 Seiten A5, kartoniert, viele Darstellungen

Die flotte Generation Y im 21. Jahrhundert, selbstbewusst – lebensbetonend – flexibel. Wie mit der Generation Y zielorientiert und erfolgreich gearbeitet werden kann, € 12,95; 116 Seiten A5, kartoniert, Zeichnungen

Die flotte Generation Z im 21. Jahrhundert, entscheidungsfreudig – effizient – eigenverantwortlich. Wie mit der Generation Z zielorientiert und erfolgreich gearbeitet werden kann, € 12,95; 140 Seiten A5, kartoniert, Zeichnungen

Rhetorik, Soft Skills, Hochschule, Beruf

Englisch:

  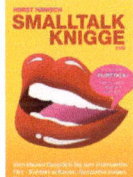 

  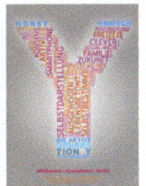 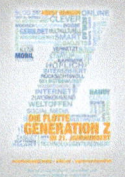

Beratung, Coaching, Seminar

seit 1987

Horst Hanisch Seminare

Wer hat nicht gerne mit Menschen zu tun, die selbstbewusst und selbstsicher mit anderen Menschen umgehen?

Geschäftspartnern, die die elementaren Regeln des ‚Benimms' beherrschen, stehen die Türen zum Erfolg offen.

Unternehmen, die neben ihrer fachlichen Leistung auch ‚menschlich' überzeugen wollen, bieten wir für ihre Mitarbeiterinnen und Mitarbeiter aktives Training im Umgang mit Kunden, Gästen, Kollegen und Gesprächspartnern an.

Auf unserer Website informieren wir Sie über unsere Angebote:

- Firmen-Internes-Training
- → Business-Etikette und das Lehrmenü
- → Präsentieren, Moderieren, Kommunizieren
- → Körpersprache und ihre Geheimnisse
- Offen ausgeschriebene Seminare
- → Teuflische Rhetorik
- → Flottes Reden vor und zu anderen
- → Der erste Eindruck

- → Ladies Power
- Individuelles Einzel-coaching
- → Authentisches Auftreten
- → Dress for Success
- → Verhandlungstechniken
- → Persönlichkeit
- Interkulturelles Training
- Freundlichkeits-Checks in Unternehmen
- Workshops
- → Soft Skills

- → Team-Training
- Intensiv-Training für
- → TV-Auftritte
- → Vorträge
- → Präsentationen
- → Reden
- Fachliteratur und Arbeitsunterlagen
- Vorträge/Speaker
- → Vor kleinem und vor großem Publikum

Individuelles Coaching für Einzelpersonen: Und, wer es ganz individuell mag, greift zurück auf ein Einzel-Coaching. Hier werden ganz persönliche Herausforderungen angegangen, mit Themen wie:

- Interkulturelle Kompetenz
- Selbstsicheres Auftreten
- Präsentations-Techniken
- Erfolgreiche Verhandlungsführung

- Der Erste Eindruck
- Bewerbungstraining
- Rhetorik und Überzeugungskraft

und andere Themen – direkt auf die besonderen Bedürfnisse des Einzelnen zugeschnitten. Besuchen Sie uns auf www.knigge-seminare.de

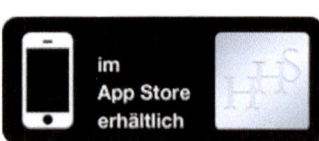